Dolf Lindner · Ignaz von Born

Ignaz von Born (1742–1791).
Stich von Karl Salzer nach einer Zeichnung des Florentiner Malers Giovanni Campigli.
Erstdruck als Frontispiz der „Acta Litteraria Bohemiae" (1775)

Dolf Lindner

Ignaz von Born
Meister der Wahren Eintracht

Wiener Freimaurerei im 18. Jh.

ÖBV

Österreichischer Bundesverlag · Wien

Dieses Buch ist ein Österreich-Thema aus dem Bundesverlag: Teil einer Bibliothek, in der in vielen Facetten und Aspekten ein Bild Österreichs entworfen wird, wie es war und wie es ist – in Geschichte, Politik und Wirtschaft, in Kunst, Kultur und Wissenschaft; Schicksale und Geschicke eines Landes und einzelner Persönlichkeiten von den Anfängen dieses Landes bis heute.

Dem Andenken meiner Eltern gewidmet

Satz: Times 10/11 Punkt
Gedruckt auf Gardapat 115 g
Druck: Wiener Verlag, Himberg
ISBN 3-215-**06079**-5

Inhalt

Vorbemerkung

1979 wurde ich – damals Hauptabteilungsleiter für Kultur im ORF – vom Generalintendanten beauftragt, zum 200. Todestag Maria Theresias eine große Spieldokumentation zu produzieren. Dieser zweistündige Film wurde vom Regisseur Kurt Junek, nach einem Drehbuch von György Sebestyén, realisiert. Eine solche Aufgabe brachte es mit sich, daß ich mich mit diesem Zeitraum des 18. Jahrhunderts speziell befassen mußte. Dabei fielen mir zahlreiche höchst bedeutende Persönlichkeiten auf, deren Wirken in vieler Hinsicht ihre Zeit maßgeblich mitbestimmte. Zunächst war das Joseph von Sonnenfels, der Jurist und Kameralist, der an den Verwaltungsreformen mitwirkte, dem es gelang, die Abschaffung der Folterstrafe (Tortur) durchzusetzen, und der am Entstehen des heute noch gültigen „Allgemeinen Bürgerlichen Gesetzbuches“ mitwirkte. Ich beschaffte mir von der National- und der Wiener Stadtbibliothek die einschlägige Literatur. Dabei stellte ich fest, daß die beiden bisher erschienenen Bücher über Leben und Wirken dieses Mannes über hundert Jahre alt waren. Das war der Anlaß, mich eingehender mit Sonnenfels zu beschäftigen. Resultat: das Buch „Der Mann ohne Vorurteile. Joseph von Sonnenfels (1733–1817)“, das 1983 im Österreichischen Bundesverlag erschien.

Das eingehende Quellen- und Aktenstudium zu diesem Buch brachte mir auch Ignaz von Born, den bedeutenden Montanisten, Mineralogen und Freimaurer, nahe. Über ihn gab es bisher nur eine kurze zeitgenössische Biographie von Johann Pezzl (1792) sowie zwei Arbeiten jüngeren Datums: die ungedruckte Dissertation von Paul Hofer (1955) und das Buch „Das Urbild des Sarastro“ von Edwin Zellweker, das 1956 erschienen ist.

Das Wirken dieses Wissenschaftlers in der Zeit der Aufklärung war von besonderem Anreiz. Man muß bedenken, daß damals die Suche nach dem „Stein der Weisen“, die Goldmacherei und andere Scharlatanerien immer noch geübt wurden. Der realistisch und rational denkende Born hatte ein anderes

Lebensziel – und das sah er in der Konzentration aller neuen wissenschaftlichen Erkenntnisse, vor allem der Naturwissenschaften, im Rahmen einer Akademie. Während seiner Dienstjahre in Prag gründete er dazu eine „Privatgesellschaft der Wissenschaften“ und gab die „Prager gelehrten Nachrichten“ heraus.

Die zweite Hälfte des 18. Jahrhunderts war aber auch die Zeit des Aufkommens der Männerbünde, wie Freimaurer, Illuminaten, Rosenkreuzer, Asiatische Brüder u. a. m. Die Tatsache, daß diese Bünde ihren Mitgliedern eine strikte Schweigepflicht auferlegten und ihre Versammlungen geheim abhielten, machte sie den Obrigkeiten aller Staaten suspekt. Man witterte Verschwörungen, sagte ihnen Grausamkeiten, ja auch Orgien nach. Auf verschiedenste Weisen wurden die Bünde verfolgt und zuletzt verboten. Die erreichbaren Dokumente wurden beschlagnahmt, glücklicherweise jedoch nicht vernichtet, sondern bis heute im Haus-, Hof- und Staatsarchiv aufbewahrt.

Ignaz von Born wurde in Wien, wohin er als Hofrat in die Hofkammer für Münz- und Bergwesen berufen wurde, zu einer führenden Persönlichkeit der Freimaurerei und war auch Angehöriger der Illuminaten. Als Meister vom Stuhl der Loge „Zur Wahren Eintracht“, die den Ruf einer Elitegesellschaft hatte, verwirklichte er im kleinen kurzfristig seine Vorstellung von einer Akademie. Bedeutende Wissenschaftler und die meisten der damals bekannten Schriftsteller gehörten dieser Loge an, die nicht nur das „Journal für Freymaurer“ herausgab, in dem der Wortlaut der bei den Zusammenkünften – den von Born initiierten „Übungslogen“ – gehaltenen Vorträge publiziert wurde, sondern auch „Physikalische Arbeiten der einträchtigen Freunde in Wien“, die auch Nichtfreimaurern zugänglich waren.

Die schwer durchschaubare gegenseitige Durchdringung der einzelnen Bünde führte, ausgelöst durch das (gegen Ende 1785) erlassene sogenannte „Handbillet“ Kaiser Josephs II., zu einer die Situation noch verwirrenderen Freimaurerreform – und letztlich zum Erlöschen des Bundes im 18. Jahrhundert. (Zu einem Wiedererstehen kam es erst etwa neunzig Jahre später, im Rahmen von ungarischen Grenzlogen, da man diesbezüglich in Ungarn liberaler war als in Österreich.)

Die Wirkungen, die von Born als Wissenschaftler, durch seine bedeutsamen montantechnischen Erfindungen, seine Mineralienkenntnisse, seine Einflüsse auf die Freimaurerei und seine vielseitigen gesellschaftlichen Kontakte ausgingen, und nicht zuletzt auch der Versuch, ein Bild vom Leben im damaligen Wien zu zeichnen, waren für mich Veranlassung, dieses Buch zu schreiben.

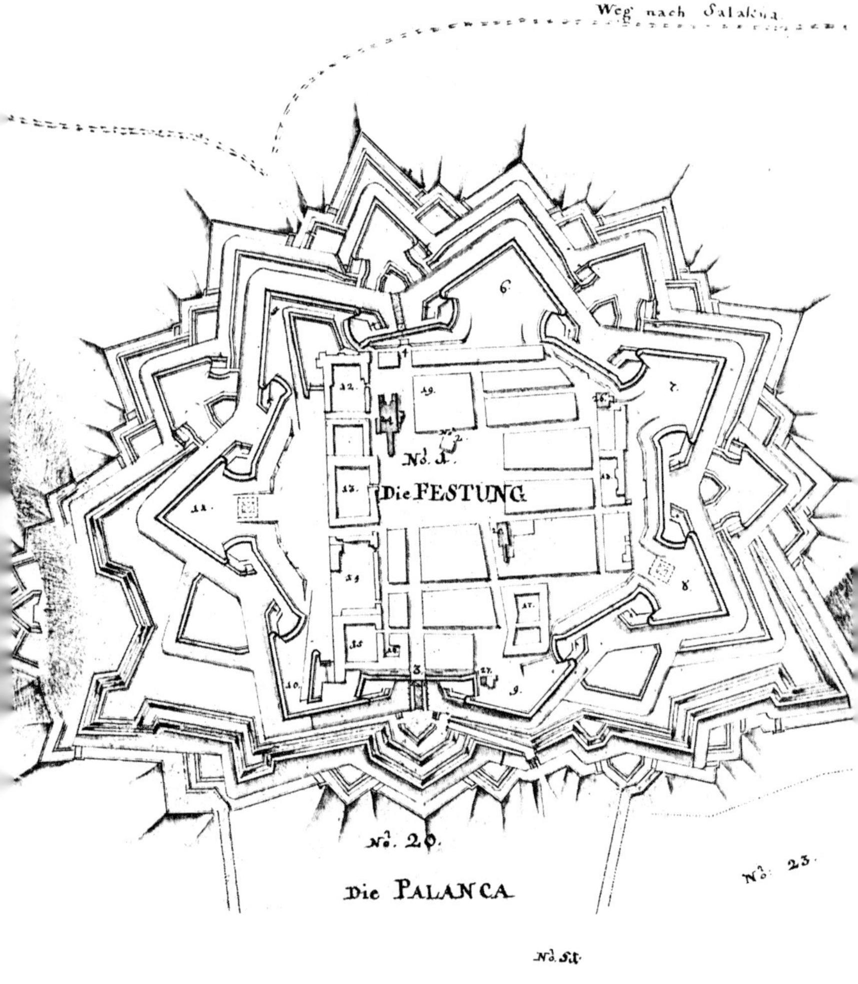

Grundrißzeichnung der Festung Carlsburg (1731)

Auf der Festung Carlsburg . . .

. . . diktierte 1731 der Ingenieur-Obrist-Wachtmeister der Festungs-Bau-Direktion im Fürstentum Siebenbürgen Johann Conrad Weiss eine genaue Beschreibung dieser Festung und erläuterte ihre strategische Bedeutung, vor allem im Hinblick auf in der Vergangenheit immer wieder erfolgte Einfälle durch Tartaren, Türken und andere Völkerschaften. Und der besondere Umstand, daß dieses Gebiet nun in den Besitz der Römischen Majestät gekommen war, ließ die ständige Präsenz von Truppen erwarten, welche das Land vor Überfällen sichern sollten. Die Lage dieser Festung, einst von den Römern Alba Julia genannt, auf einer Anhöhe bot beste Schutzmöglichkeiten.

In dem fünf Jahre später, 1736, erschienenen „Bilderbuch siebenbürgischer Städte“ steht zu lesen, daß die Festung „mit 7 Bastionen, schönen Ravelinen . . . zu einem Haupt-Waffenplatz in Siebenbürgen destiniert worden . . . weil sie auf einer luftigen Anhöhe liegt. . . Kirchen befinden sich in der Festung vier: der Dom, Jesuiten-, Trinitarier- und Franciscaner-Kirchen. Auch hat der römisch-katholische Bischof von Siebenbürgen hier seinen Sitz; auch befindet sich hier das kaiserliche Münzamt, wohin das Gold und Silber aus den Bergwerken im hiesigen Land geliefert und hier geprägt wird . . .“

Um diese Zeit war es, daß ein junger Fähnrich sich um die in der Festung frei gewordene Zeugwartstelle bewarb. Aus dem Hof-Kriegsrats-Protokoll geht der Name hervor: Ludwig Born. (Er sollte in einigen Jahren der Vater jenes Ignaz von Born werden, dem diesem Buch gewidmet ist!) Zunächst wurde er aber zum „Stuckhauptmann“ befördert. In einer alten Dienstanweisung heißt es da über die von einem solchen geforderten Dienste, er habe „die Geschütze in die Batterien einzuführen, sie unter die Büchsenmeister auszuteilen und letztere mit allen Notwendigkeiten für die Bedienung des Geschützes zu versehen . . . Ferner die Überwachung, Conservirung und Reinigung von Geschützen und Zubehör. – Im Gefecht: die Geschütze zu beaufsichtigen, die Mannschaft zu verständigen wann es nötig wurde, dieselben abzukühlen. Nach der Schlacht ließen sie die Kugeln sammeln, calibiren und nach dem Caliber scheiden".

Born schien von seinen militärischen Aufgaben nicht ausgefüllt gewesen zu sein, denn immer wieder übte er Nebentätigkeiten aus. So erhielt er unter anderem die Lizenz, Salz-, Proviant- und Hafertransporte durchzuführen. Ferner begann er sich für die Gegebenheiten einzelner Bergwerke rund um Carlsburg zu interessieren. Als man ihn aber wegen seiner zu großzügigen Dienstauffassung rügte, mußte er sich in äußerst rüdem Ton schriftlich darüber ausgelassen haben, denn im Oktober 1738 beschwert sich der kommandierende General in Siebenbürgen bei der Hofkammer darüber, daß sich dieser Stuckhauptmann Born „mit so ungebührenden terminis vorzugehen unterstanden habe", unter anderem, weil „das für die heurigen Kriegsoperationen einzuliefernde Pulver in so schlechter Qualität conditionirt wäre, requirende solches ihm behörigermaßen zu verweisen"!

Doch all diese dienstlichen Ermahnungen hatten keine Folgen gezeitigt, die Nebentätigkeiten florierten, und die karge Gage wurde dadurch aufgebessert, was wohl auch durch die inzwischen zur Eheerwartung gewordene Liebe zu Maria Katharina Rosina Dentis, der Tochter des Platzmajors von Carlsburg, Karl Dentis, notwendig wurde.

Die Ehe der Eltern

Die Ehe zwischen dem Stuckhauptmann Ludwig Born und der Maria Katharina wurde 1739 geschlossen. Ihr erstes Kind war die Tochter Herula Francisca, geboren am 2. November 1741.

Etwas über ein Jahr später, am 26. Dezember 1742, erblickte dann Ignaz Born das Licht der Welt. Die vorliegenden biographischen Berichte schwanken in den Angaben des Geburtsortes: Carlsburg behaupten die einen, Kapnik (Cavnik), ein kleiner Ort im Oberbergamt Nagy-Bánya, die anderen.

Diese Ungewißheit wird bestehen bleiben, solange nicht eine Kirchenbucheintragung ausfindig gemacht wird. (Die vielseitigen Bemühungen darum sind durch die Erschwernisse seitens der rumänischen Vorschriften erfolglos geblieben.)

Born selbst hat zur Verwirrung beigetragen, weil er 1770 in seinen Reisebriefen Kapnik als sein „natale Solum“ bezeichnete. Da jedoch die Bergwerke dieses Ortes bereits auf dem Boden Siebenbürgens lagen, kann diese Benennung wohl nur mit „Vaterland“ übersetzt werden. (Ich verdanke diese Hinweise Peter Huber.)

Der zweite Sohn, Joseph Antonius von Padua Gottfried Johannes Nepomuk, wurde am 23. Februar 1745 (nicht 1743, wie auch behauptet wird) in der Jesuitenkirche Carlsburg getauft. Ein Jahr später kam der jüngste Sohn, Franz Xaver, zur Welt.

In dieser Zeit begann Ludwig Borns Karriere zu sinken. Offenbar hatten Kontrollen der Gebarung in Carlsburg einerseits, die privaten Machenschaften andererseits dazu geführt, daß man den Stuckhauptmann verhaftete und in Arrest setzte. In einer Eintragung in den Hof-Kriegs-Rats-Protokollen am 15. Oktober 1746 wurde vermerkt, „daß der Stuckhauptmann Bohrn (sic!) den angebrachten Umständen halber sogleich des Arrests entlassen, folglich der vom Zeugamt anbefohlenen Inventur des Carlsburger Zeughauses gegenwärtig zu sein keineswegs verhindert werden sollte“! Bei dieser Inventur kamen Unregelmäßigkeiten zutage, die zur Dispensierung Ludwig Borns führten. Er hatte militärisches Eigentum entwendet und es gemeinsam mit einem Zeugleutnant verkauft.

Es wäre verständlich, daß das alles den damals über fünfzigjähigen Ludwig Born psychisch mitgenommen hatte, zumal sein Gesundheitszustand äußerst labil gewesen sein mußte. Einen Tag vor seinem Ableben, am 28. Jänner 1748, verfaßte er sein Testament, in dem er seine Ehefrau zur Universalerbin bestellte. Seine Bestattung betreffend bestimmte er, „nach christlichem Gebrauch, jedoch ohne großes Gepränge auf militärische Art dahin gebracht zu werden“.

Die exakt aufgenommene Verlassenschaft wurde mit einem Betrag von 400 Gulden (fl.) Rheinisch eingesetzt, dazu kamen noch an Debita activa 75 Gulden hinzu. Die Debita passiva hatten – soweit zu dieser Zeit feststellbar – einen Stand von 3 502 Gulden Rheinisch.

Zum Gerhab (Vormund) der unmündigen Kinder wurde zunächst der in Carlsburg amtierende Münzmeister Philip Jacob Scharff, für die Abrechnungen aus den väterlichen Bergwerksanteilen in Czertes (?) und Nagy-Ág Herr Bernhard Dismas Freiherr von Kempfen bestellt. Diese Anteile erbrachten alljährlich etwa 20 000 Gulden, so daß die Familie auch nach des Vaters Tod hinreichend materiell versorgt war. Die siebenjährige Francisca kam wahrscheinlich in das Hermannstädter Kloster Notre Dame, und Ignaz begann in der dortigen Normalschule.

Doch nur drei Jahre später traf die Kinder erneut ein schwerer Verlust: Mutter Katharina starb (laut Verlassenschaftsakt) am 13. Juni 1751, angeblich in Carlstadt. Nun trat die Militärbehörde auf den Plan. Waisen nach Angehörigen wurden von dort aus entsprechend betreut und versorgt. Mit der Gerhabschaft (Vormundschaft) wurde 1752 der in Wien amtierende Hof- und Gerichtsadvokat Doktor juris Johann Anton Allmayer von Allstern bestellt, der 1753 dafür sorgte, daß die drei minderjährigen Knaben nach Wien überbracht wurden, während Francisca zunächst im Hermannstädter Kloster verblieb. Diese Feststellung begründete sich auf die Tatsache, daß 1753 „de BORN Ign: Transylv: Carolin: Praenob. Parv(ista)" in die Hauptmatrikel des Wiener Jesuitengymnasiums eingetragen aufscheint. Interessanterweise aber lebte Ignaz dort nicht im Internat, sondern zunächst bei einem gewissen Joseph Delins in Kost und Quartier. Wir wissen das aus späteren für den Kaiserlich Königlichen Hof-Kriegs-Rat genau geführten Aufzeichnungen der „Außgab-Gelder" in den Kuratelsrechnungen. So

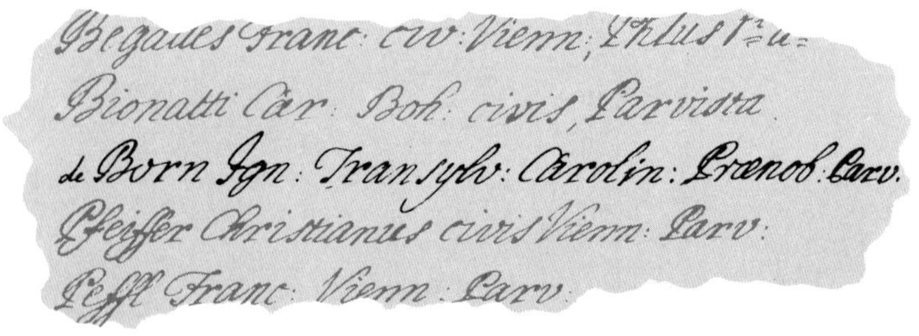
Bionatti Car: Boh: civis, Parvista.
de Born Ign: Transylv: Carolin: Praenob. Parv.
Pfeiffer Christianus civis Vienn: Parv:

Eintragung im Register des Jesuitengymnasiums in Wien, welche Born 1753 als Schüler ausweist

etwa heißt es in der Abrechnung für das Jahr 1758 über den „Militär Pupillen Ignati v. Born, alhier zu Wienn in Studys", daß das „Kostgeld anticipate für diesen Pupillen ... vom 1: Febr: 758: bis Ende Janu: 759 in 4:quartalligen Ratis à 33 Gd 20 X (Kreuzer) mit ausmachenden 133 (Gulden) 20 (Kreuzer)" betrug.

Darüber hinaus bieten diese Detailabrechnungen interessante Einblicke in die Alltagserfordernisse: „... sind in dem abgeloffernen 758:gsten Jahr hernachfolgende Auszügerl (Rechnungen) bezahlt worden ... der bürgerl. Hutmachermeisterin Francisca Draxingerin für drei Hüte für alle 3: Pupillen." Ferner wurden als Ausgaben der Kauf von „Weisste Strümpf" vom „Strümpfwürcker Franz Fölsner", der „Tekkenmacher Mathiae Liechtenwiser für Unterböden, und Tuchenten", dem „Johann Peter Flaschnitz, Kaufmann zum silbernen Schif ... für ... gelieferte samtene ohren Häubl", ferner „die nöthigen Schulbücher, Schreibzeug, und Federkiell" registriert.

Als Jesuitenschüler und Novize

Die Beziehungen der Familie Born zu den Jesuiten schienen besonders gut gewesen zu sein. Alle in Carlsburg geborenen Kinder wurden in der dortigen Jesuitenkirche getauft, und die Namensgebung für den ältesten Sohn, Ignaz, läßt den Schluß zu, daß die Eltern dem Ordensgründer, Ignatius von Loyola, auf diese Weise ihre Reverenz erwiesen.

Im Schulwesen gelang es den Jesuiten in diesen Jahrzehnten, den Lehrvorsprung, den die Piaristen und Schotten innehatten, aufzuholen. Damit war 1735 der Weg frei für ihre Reform der Lehrvorstellungen, die Lateinschule betreffend. Die Lernzeit wurde von vier auf sechs Jahre ausgedehnt, um auf diese Weise eine bessere Vorbildung für ein Universitätsstudium zu erlangen.

Wie durch die schon zitierte Eintragung ins Jesuiten-Schulregister nachgewiesen, trat Ignaz Born 1753 in das Akademische Gymnasium in der Oberen Bäckerstraße, in die Parvistenklasse, ein. Er wurde „auf den lateinischen Unterricht vorbereitet, wobei besonders auf das Deklinieren, Konjugieren und die Orthographie geachtet wurde. In den drei darauffolgenden Klassen sollte die Kenntnis des Latein gefestigt und verfeinert werden, indem man vorzügliches Gewicht auf die Erlernung synonymer Ausdrücke und Fertigkeit in der Phraseologie legte. Daneben ging auch der Religionsunterricht einher, vorzüglich erfolgte er nach dem Katechismus des P. Canisius, und eine Unterweisung in die Anfangsgründe der griechischen Sprache. – In der fünften Klasse wurde die Prosodie gelehrt, wozu man Bruchstücke aus Vergil und Ovid heranzog ... Ferner bemühte man sich um Übersetzungen aus Caesar, Sallust, Livius und Curtius samt den von den Jesuiten selbst verfaßten Beispielen und Mustern der lateinischen Sprache. – In der sechsten Klasse, der sogenannten Rhetorik, wurden die rhetorischen raecepta aus den Werken des Cicero und Quintilian und dem Compendium des Cyprianus Suavius vorgetragen; weiters wurde die griechische Prosodie an Hand von Ausschnitten aus Homer und Hesiod gelehrt; zu diesem Lehrstoff kam noch eine sehr umständliche Unterweisung in der griechischen Mythologie hinzu“ (F. Lackner).

Der Knabe Born studiert von 1753 bis 1759, und seine Lernfortschritte müssen wohl sehr gut gewesen sein, was für einen Externisten besonders anerkennenswert ist, da man ihn sonst nicht aufgefordert hätte, in das Noviziat der Gesellschaft zu kommen. Johann Pezzl schrieb in seiner 1792 erschienenen Lebensbeschreibung Borns: „Die Väter dieses Ordens hatten, nach dem einstimmigen Zeugnis aller ihrer Freunde und Feinde, eine besondere Gabe, schon bei den jüngsten ihrer Schüler die Talente des Geistes richtig zu beurteilen, auszuwählen und zu erraten, welch ein brauchbarer Mann einst dieser oder jener Knabe werden würde. Der junge Born konnte ihrem Scharfblick nicht entgehen, sie entdeckten den künftigen Mann von Genie in ihm ...“

Nachdem Ignaz seine Studienzeit im Akademischen Gymnasium der Jesuiten erfolgreich beendet hatte, waren seine Lehrer überzeugt, daß dieser hochintelligente Jüngling zu einem wertvollen Mitglied des Ordens werden könnte. Man unterzog ihn daher der üblichen Examination. Diese fand am

15. August 1760, wahrscheinlich im Novizenhaus St. Anna zu Wien, statt. Das danach in Lateinisch angefertigte, 18 Punkte umfassende Protokoll wurde von Pater Joseph Gundel, dem damaligen Rektor des Akademischen Kollegs, unterzeichnet. In dem im Wiener Jesuitenarchiv aufliegenden Dokument steht unter Punkt 4 (übersetzt): „Er hat eine ernste Berufung zur Gesellschaft . . ., ist dazu von niemand verleitet oder überredet, sondern getrieben vom Verlangen, Gott in der Gesellschaft (Jesu) zu dienen, um allein die Ehre Gottes und das Heil der Seelen zu fördern."

Zu den persönlichen Umständen des Examinierten heißt es in den Folgepunkten: „Er selbst hat keine offensichtliche oder verborgene Krankheit. An Körper und Gliedern zeigt er keinen Defekt . . . Er hatte Blattern (variolas), sein Äußeres ist aber nicht entstellt." Über die geistigen Voraussetzungen: „Er studierte dieses Jahr Logik mit Erfolg und Hingebung, so daß er unter die Ersten gezählt werden konnte. Er ist von guter Anlage, lenkbar, zu Ehrenhaftigkeit und Tugend strebend, nicht Lastern ergeben. Er kann an Sprachen außer Deutsch ein wenig Französisch und Latein." Es gab auch „kein undispensierbares Hindernis . . . wegen jüdischer oder sarazenischer Abstammung" (gemeint ist wohl mohammedanischer). Er erklärte die Bereitschaft, „sich seiner Erbschaft zu versagen und über sein Vermögen vor dem Noviziatseintritt Verfügungen zu treffen". (Im Originaltext wird das Wort „Tyrocinium" = Rekrutenausbildung verwendet, was dem militanten Charakter des Ordens entspricht.)

Abschließend wurden dem damals 18jährigen „die Gelübde und deren Verbindlichkeit dargelegt . . . und daß er, sofern er zum Noviziat zugelassen werde, mit dem ‚pallium' zu erscheinen habe" (pallium = Mantel, bedeutet aber hier auch seine Wäsche und eine Decke). Nach Überprüfung und Kenntnisnahme dieses Examens durch die Konsulatoren wurde beschlossen, Ignaz Born ins Noviziat aufzunehmen. In den Ordensakten wurde Born als „Novitti Scholastici a. Anni" geführt. Am 16. oder 17. Oktober 1760, schloß sich hinter Ignaz Born die Türe des Noviziats St. Anna. Das Noviziat ist eine zweijährige Probezeit, danach wird man durch Ablegung der drei Ordensgelübde (Armut, Keuschheit, Gehorsam) in den Orden aufgenommen.

Intermezzo anläßlich einer Heirat

Ob nun der Vormund Dr. Allmayer Borns ältere Schwester Francisca noch in Siebenbürgen gesehen hat oder erst nach ihrer Ankunft in Wien, ist nicht eruierbar. Jedenfalls heißt es in einem Schreiben an das „Königliche Hof-Kriegs-Rätliche-Justiz-Collegium" vom 28. Mai 1759: „Euer Excellenz und Gnaden geruhen gnädig sich von mir gehorsam beibringen (!) zu lassen: welchergestalt ich, als . . . verordneter Kurator die Gelegenheit gehabt habe mit dem Bornischen Fräulein Tochter Francisca in eine Bekanntschaft zu kommen und diese Bekanntschaft endlich in einer beiderseitigen Neigung soweit erwachsen sei, daß wir uns einander zu ehelichen entschlossen haben." Soweit hatte dies alles einen acht- und gangbaren Weg; der Grund für dieses Ansuchen war in einem juridischen Problem begründet. Zumal nach dem gültigen Recht die „Pupillin hierinfalls keinen freien Willen hat, sondern an Eur Excellenz und Gnaden Obergerhablichen Consens gebunden ist". Nach der diesem Schreiben beigefügten Abschrift der lateinischen Taufbescheinigung hatte Francisca das achtzehnte Lebensjahr noch nicht erreicht. Es wurde in Beisein des ihr gerichtlich zugegebenen Curators Joseph Hacker (?), beider Rechte Doktor, auch Hof- und Gerichtsadvokat, ein Heiratskontrakt verfaßt, in dem zunächst erklärt wurde, daß sich die Brautleute „bis zu künftigen priesterlichen Copulation ehrlich verlobt" hätten. Von Interesse aber mag vielleicht eine „Spezification deren zur Ausstaffierung der Bornischen Fräule Puppilin erforderlichen Einrichtung und Effekten" sein:

„Erstens für nötige Kleidung samt Zubehör	400 Gulden
Andertens für ein Geschmuck bestehend in zwei Ohrwucken (Ohrgehängen), einem Hals-Päzl (Anhänger) und zwei Ringerl nebst anderer gewöhnlicher Frauen-Zierde	500 Gulden
Drittens für einiger Spiz(en) zu Hauben und Fozeln	350 Gulden
Viertens für Leinwand zur Weißwäsche	200 Gulden
Fünftens für ausreichendes Bett mit einer Couvert-Decken	250 Gulden
	1 700 Gulden"

Ausbruch aus dem Noviziat – die weiteren Schritte

Nur ein knappes halbes Jahr war Born bereit, sich dem Gehorsam und der Zucht jesuitischer Ordensregeln zu beugen. Dann verließ er das Noviziat. In welcher Form sich diese Flucht vollzog, ist leider nicht bekannt, da (zumindest im Wiener Jesuitenarchiv) keine Dokumente auffindbar sind und man auf Vermutungen angewiesen ist. Mit größter Wahrscheinlichkeit erfolgte dieser Schritt bereits im Frühjahr 1761.

Born blieb zunächst in Wien und suchte Kontakte zu Menschen, die ihn verstehen würden und denen er sich anvertrauen konnte. Im Hause des aus Freiburg stammenden, dann in Innsbruck und Wien lehrenden Staats- und Kirchenrechtslehrers Paul Joseph von Riegger trafen sich junge Menschen mit gleichgerichteten geistigen Interessen. Initiator war sein mit Born gleichaltriger Sohn Joseph Anton Riegger, damals schon Jusstudent. (Seine Schwester Antonia ehelichte später Joseph, den jüngeren Bruder von Ignaz.) Die dominierende Persönlichkeit dieses ambitionierten Kreises aber war der um zehn Jahre ältere und eben aus dem Militärdienst entlassene Joseph von Sonnenfels.

Wenn von Gleichgesinntheit die Rede war, so galt diese vor allem der wechselseitigen Kritik und Stilreinigung der Sprache. Abfällige Äußerungen deutscher Autoren (wie etwa von Friedrich Nicolai aus Berlin) über sprachliche und dichterische Nachlässigkeiten in Wien gaben den Anstoß zur Gründung einer „Deutschen Gesellschaft". Die erste „feyerliche Versammlung" fand schon am 2. Jänner 1761, noch ohne Born, statt, bei der Sonnenfels seine „Ankündigung" verlas. Unter anderem hieß es da: „Da alle Landschaften Deutschlands sich mit einer ruhmwürdigen Nacheiferung bestreben, das Gebiet des guten Geschmacks in unserer Muttersprache zu erweitern: so dürfen wir es nicht verhehlen, daß wir diese Verbreitung auch in unsren Gegenden wünschen. Dieser Wunsch stimmt mit der preiswürdigsten Vorsorge unsrer großen Monarchin überein, die schon ehemals der deutschen Beredsamkeit einen öffentlichen Lehrstuhl gewidmet hatte; und er enthält zugleich den einzigen

Endzweck unsrer Gesellschaft, die ich bei Ihnen anzukündigen die Ehre habe. ... wir erweisen unsrem Vaterlande einen Dienst, wenn wir dartun, daß ein vollkommenes Kenntnis der deutschen Sprache bei den Geschäften des Staates, der Wissenschaften, bei den Angelegenheiten aller Stände, ja selbst in unseren häuslichen Verrichtungen erforderlich sind ..." Diese Ankündigung erregte sogar internationales Aufsehen, denn das in Paris erscheinende „Journal étranger" berichtete darüber.

Der Student in Prag

Zunächst war es das Jusstudium, das Born belegte. Möglich, daß ihn sein Schwager Allmayer von Allstern oder Sonnenfels, vielleicht auch sein Kollege Riegger da beeinflußte. Warum Ignaz allerdings deshalb nach Prag zog, darüber können nur Vermutungen angestellt werden. War es sein abruptes Ausscheiden aus dem Jesuitennoviziat? Befürchtete er daraus Repressalien für seine Studien an der von dem Orden stark beherrschten Wiener Universität?

Merkwürdig ist, daß man sich auf keine Dokumente stützen kann, wann Born dort sein Studium aufnahm. Adolf Deutsch schrieb (1931) in seiner Arbeit über Born: „Nach Mitteilung des Prager Universitätsarchivs ist er weder in der juristischen Studenten-Matrik eingetragen noch in der Doktor-Matrik. In den Akten-Faszikeln (der Hofkammer für das Münz- und Bergwesen) finden sich aber noch Notizen, welche feststellen, daß Born (Transsylvanus Carolinensis) in der Zeit von 1. November 1762 bis Ende August 1763 an der juridischen Fakultät inskribiert war und juristische Kollegien gehört hat."

In der Biographie Edwin Zellwekers (1956) heißt es: „Im Herbst 1761 (!) kam Born nach Prag. Die Matriken der Universität bieten nicht viele Anhaltspunkte, doch läßt sich nachweisen, daß Born ... am Carolinum, der alten Prager Universität, durch zwei Jahre bis Ende August des Jahres 1763 eingeschrieben war, die üblichen Kollegien hörte und zum Abschluß seiner Studien bei der vorgeschriebenen öffentlichen Disputation die

Das Universitätsgebäude Carolinum in Prag. Stahlstich um 1848

Thesen seiner Dissertation ‚De finibus iuris naturae‘ (Über die Grenzen des Naturrechts) verteidigte.“

Enttäuschend, daß der Prager Josef Haubelt in seiner 1972 (bisher bloß in Tschechisch) erschienenen „Studie über Ignaz Born“ auch nur schrieb: „Im Herbst 1762 begann er seine Studien, vorerst Jus, in Prag und verteidigte schon 1763 seine Dissertation.“

Nachdem Ignaz de Luca (1792) überliefert hatte, daß Born nach Abschluß seines Jusstudiums „das römische Reich, Holland, die Niederlanden und Frankreich durchreiste“ – ohne dafür einen Beweis zu liefern –, übernahmen alle Biographen die Feststellung als eine Art Überbrückung für diese Zeit. Zellweker verbrämte das noch mit der Formulierung, daß Born „die

Johann Thaddäus Peithner von Lichtenfels, Borns Lehrer in den Montanwissenschaften. Stich von Johann E. Mansfeld nach einem Gemälde von J. Jerschabek

bei wohlhabenden jungen Leuten übliche ‚große Tour'" machte.

Wie dem auch war: Born studierte weiter. Offenbar unter dem Einfluß des Lehrkanzelinhabers für Mineralogie und Montanistik, Professor Thaddäus Peithner von Lichtenfels, begann der Jurist nun Montanistik zu studieren. Maria Theresia hatte mit Patent vom 10. März 1763 an der Prager Universität eine Lehrkanzel für die gesamten Bergwissenschaften errichtet. Die Vorlesungen wurden am 7. November 1763 aufgenommen. Born gehörte zu den ersten Studenten Peithners.

Der damals 36jährige, aus Gottesgab in Böhmen stammende Professor war ebenfalls Jurist und ab 1750 als Assessor am königlich-böhmischen obersten Münz- und Bergmeisteramt tätig. Das gab ihm Gelegenheit zum Studium des Bergrechts und der Berggeschichte, was in der Folge zur Erarbeitung eines Vorschlages über die Einführung eines theoretischen Studiums der Bergwissenschaften im Königreich Böhmen führte. Nach eingehenden Prüfungen wurde er selbst damit betraut und später zum Bergrat ernannt.

Während dieser Montanstudienzeit vollzog sich für Born eine wichtige Veränderung in seinem Privatleben.

Prag, Born und die Montags

Da von Ignaz Born keine privaten Aufzeichnungen erhalten sind, sind wir auf die wenigen Dokumente angewiesen, die bisher aufgefunden wurden. Wir wissen daher auch nicht, wann, wo und wie er während seines Aufenthaltes in Prag Magdalena von Montag kennengelernt hat. Nur aus der Eintragung in das Trauungsbuch der dem heiligen Wenzel geweihten Kirche auf der Kleinseite wissen wir, daß er am 5. August 1765 die Tochter des reichen Bürgers und Armeelieferanten Johann Paul von Montag geheiratet hat.

Auch Ignaz und seine Braut waren zum damaligen Zeitpunkt noch nicht volljährig, und so mußte sich der Schwiegervater vertraglich verpflichten, für den nötigen Unterhalt zu sorgen. Für die Wohnungseinrichtung konnte aus dem vom Vormund verwalteten Vermögen ein Betrag von tausend Gulden behoben werden.

Das junge Paar wohnte erst im sogenannten „Sächsischen Haus“ in der Nähe der Karlsbrücke, übersiedelte dann aber zu den Schwiegereltern. Paul von Montag hatte dieses („Smiritzer“ genannte) Gebäude umbauen und barockisieren lassen. Es heißt heute „Montaghaus“.

Johann Paul von Montag stammte aus einer Offiziersfamilie. Sein Großvater, der 1683 gegen die Türken gekämpft hatte, fiel als Oberst bei Maria Lanzendorf, einem Wallfahrtsort in der Nähe von Wien. Auch Paul selbst nahm als Wachtmeister am Türkenkrieg (1737 bis 1739) teil, avancierte zum Kavallerieleutnant, als er 1747 für Maria Theresia Prag gegen die Angriffe der Koalitionsarmeen verteidigte. Er heiratete die Tochter eines Christoph Danzig. Als 1756 der Siebenjährige Krieg gegen Friedrich II. ausbrach, assoziierte sich Paul Montag mit seinem Schwiegervater, und sie errichteten ein Uniform- und Ausrüstungsunternehmen. Die Einnahmen aus diesem Geschäft waren so enorm, daß die Unternehmer dem Heerführer, Carl von Lothringen, großzügige Kredite gewähren konnten, ja sie stellten ihr Haus als Lazarett zur Verfügung und trugen die daraus resultierenden Kosten!

Das alles konnte für diese Patrioten nicht folgenlos bleiben. Am 26. Februar 1765 wurde Paul Montag nobilitiert. Nach Aufzählung aller seiner Verdienste wurde „gnädigst angesehen und betrachtet die Adeliche und gute Sitte, Tugend, Vernunft und Geschicklichkeit deren uns . . . Paul Montag besonders angerühmt werden“. So lautet die Eintragung in das „Maria-Theresianische Saalbuch de Anno 1763–1767“.

Am 25. August 1766 wurde dem jungen Paar Born eine Tochter geboren. Sie wurde Maria Aloysia Anna getauft und sollte später als „Mimi“ in Wien eine bedeutende Rolle spielen. Bald danach übersiedelte die Familie Born in das Haus „Bei den Markovsky“, wo am 17. Mai 1768 die zweite Tochter, Josepha Theresia Eva, geboren wurde.

Die Bergakademie in Schemnitz

Etwa 500 Kilometer südostlich von Prag, heute in der Slowakei, damals Nieder-Ungarn, umgeben von einem vulkanischen Hügelgelände, liegt der bedeutende Bergwerksort Schemnitz, jetzt Banská Štiavnica. Im sechsten Band von A. F. Büschings großer Erdbeschreibung (1758) steht zu lesen: „Schemnicium, ungarisch Selmetz-Banya, slaw. Sstawnitza, vor

Alters auch Schebnitz und Bana genannt, eine ziemlich große und sehr volkreiche Stadt, welche in einem langen Tal dergestalt gebaut ist, daß die Häuser auf beiden Seiten desselben und an den Hügeln hoch hinauf zerstreut stehen. . . Die Stadt übertrifft alle anderen ungarische Bergstädte an Größe und an Menge der Erzwerke, hat zwei Schlößer, zwei Kirchen, ein paar Kapellen, ein ehemaliges Jesuiten-Kollegium, und eine Bergschule, es ist hier auch der Sitz einer königl. Bergkammer und eines Ober-Kammergrafen."

Die Bergschule, die erste dieser Art überhaupt, bestand schon seit 1735. Da im 18. Jahrhundert für die Bergwerke die Förderungsquoten ständig erhöht wurden, mußten die wissenschaftlichen und technischen Voraussetzungen erweitert werden. Dazu aber bedurfte es fachmännisch ausgebildeter bzw. in der Spezialforschung tätiger Kräfte.

Auf Grund dieser Forderungen „entschloß sich Maria Theresia am 13. Dezember 1762, in Schemnitz eine praktische Lehrschule zu errichten. Schemnitz wurde von der Kommission als die geeignetste Bergstadt angesehen, in welcher alle Einrichtungen für die Praktischen Übungen der Frequentanten vorhanden waren . . . Der Eintritt in die Schule sollte nur dem bewilligt werden, der mit Erfolg die Prüfung in zwei ‚präliminaren Wissenschaften', Arithmetik und Geometrie, abgelegt hatte. Denen, die Lust und Fähigkeit, aber keine Mittel für das Studium der Mineralogie besaßen, sollte ein Stipendium . . . gewährt werden" (J. Vlachovic).

Welche Bedeutung man dieser Institution beimaß, zeigte die im Juni 1763 erfolgte Berufung Nikolaus Jacquins auf den Lehrstuhl für Chemie und Mineralogie. Der aus Leyden in Holland stammende Naturwissenschaftler wurde von Gerhard van Swieten nach Wien geholt, unternahm im kaiserlichen Auftrag weite Forschungsreisen, von denen er seltene Pflanzen und bedeutende Sammlungen völkerkundlicher Objekte mitbrachte. Die Hofkammer errichtete am 13. August 1765 einen zweiten Lehrstuhl, und zwar für Mathematik und Mechanik. Zum Professor wurde der Jesuit Nikolaus Poda, bisher Verwalter des Observatoriums („museum physicum") in Graz, ernannt. Da Thaddäus Peithner Professor aller Bergbauwissenschaften war, arbeitete er mit seinen Studenten auch in Schemnitz, so daß Born seine Studien hier fortsetzen und 1767 beenden konnte.

Das ereignisreiche Jahr 1768

Nachdem Born seine Studien abgeschlossen hatte – das praktische Berufsleben lag nun vor ihm –, unternahm er eine Reise in den Banat. Ohne nähere Datierung teilte er das später seinem Freund Johann Jacob Ferber (in einem Brief von 1770) mit: „Ich habe . . . das Banat schon vor zwei Jahren bereiset . . .“

Inzwischen waren alle amtlichen Vorbereitungen getroffen: auch Born wurde nobilitiert. Im „Maria-Theresianischen Saalbuch de Anno 1768–1775“ steht: „Incolat in dem alten Ritterstand für den Ignatz Edlen von Born. Wien den 17ten Junius 1768 . . . dass er, Ignatz Edler von Born, alle seine ehelichen Leibes-Erben und derselben Erbens-Erben männ- und weiblichen Geschlechts nun und hieführo in unserem Erbkönigreich Böheim, und wahr Landleuthe daselbst der Landes Rechte, und Gerechtigkeiten inner, und ausser Gerichts, active und passive . . . derselben genüssen, sich erfreuen, und gebrauchen sollen, können, und mögen von jedermänniglich ungehindert.“

Im „Schauplatz des landsässigen Nieder-Österreichischen Adels vom Herren- und Ritterstande“ aus dem Jahre 1794 steht über das Wappen: „Es ist ein vierfeldiger Schild. Im ersten und vierten blauen Feld sind drei goldene Kometsterne, welche oben nebeneinander stehen, mit davon ausgehend hinabstehenden goldenen Strahlen. Im zweyten und dritten rothen Feld ist ein weisser Schwann einwärts gestellt zu sehen. Über dem Schild sind zwey offene gekrönte Helme, wovon auf dem ersten ein hoher Federbusch von blauen und mitten dazwischen gelben Straussenfedern; auf dem zweyten Helm links erscheint der weisse Schwann. Die Helmdecke ist rechts gold und blau, links roth und weis oder silber.“

Die Eidleistung erfolgte erst acht Monate später, am 18. Februar 1769, in der Böhmischen Hofkanzlei in Wien.

Das zugleich mit der Nobilitierung verbundene Inkolat versetzte Born in die Lage, ein Gut zu erwerben. Seine Wahl fiel auf das Allodial-Gut Alt-Sedlitsch (Alt-Zedlisch, Sedliště Staré) im Kreis Pilsen. J. Schaller schrieb in seiner 1790 erschienenen „Topographie des Königreiches Böhmen“: „Sedlisste starý, Czedlice, Sedlicze, ein Flecken mit einem sehr niedlich gebauten Schloße . . . gehörte zu Anfang dieses Jahrhunderts dem Frhrn. v. Talmberg . . . Die hiesige Pfarrkirche unter dem Namen der Heiligen Prokop und Udalrich, die schon auf das Jahr 1384 als Pfarrkirche vorkommt, ist 1717 auf die Veranstaltung der Freiin v. Talmberg samt dem Schloße ganz wieder hergestellt worden . . . Der Landmann spricht in hiesigen Gegenden durchgehends deutsch, und suchet eine Nahrung im Feldbaue, Strumpfwirken, Woll- und Viehandel und durch die Bereitung der Wacholderlatwerge" (Wacholdermus als Arznei).

Born erwarb das Gut aus dem Nachlaß des Joseph Ignaz von Langer um 70 900 Gulden, „ohne eine Barschaft leisten zu müßen, was eine Schuldenbelastung der Güter bedeutete" (Haubelt). Schaller berichtete noch, daß das Schloß zu Borns Zeit mit einem kostbaren Münzkabinett, mit einer auserlesenen Büchersammlung, einem Theater und einem botanischen Garten versehen war.

Neben diesem Wohnsitz erwarb Born 1771 von einem Ignaz von Perglass um 92 000 Gulden die in der Nachbarschaft liegenden Ländereien von Tissa, Tirna, Lotha, die allerdings so verschuldet waren, daß er an Bargeld nur 2 300 Gulden zu entrichten hatte. Diese Ländereien besaß Born jedoch nur bis 1774. Er verkaufte sie an seinen Bruder Joseph. Alt-Sedlitsch blieb vierzehn Jahre, also bis 1781, in seinem Besitz. Haubelt errechnete das Einkommen aus diesem Besitz: etwa 1 000 Gulden aus Alt-Sedlitsch, 700 Gulden aus Tissa und Tirna. „Dies war für ein gesichertes Leben einer Landadelsfamilie (!) ausreichend", folgert der tschechische Historiker. Es ist anzunehmen daß Born sich nur sehr bedingt als „Landedelmann" fühlte.

Sonnenfels über Born

Daß die Verbindung zwischen Born und Sonnenfels seit jenem gemeinsamen Wirken für und in der „Deutschen Gesellschaft“ weiter bestand, dafür bürgt ein Brief, den Sonnenfels am 30. November 1768 an den Professor für Beredsamkeit in Halle, Christian Adolf Klotz, richtete und aus dem hervorgeht, daß er wenige Wochen zuvor Gast bei den Borns in Alt-Sedlitsch war: „. . . endlich erhielt ich die letzten Korrekturbogen, und mit künftigen Postwagen sende ich ein großes, großes Paket nach Prag, wo mein Freund, von dessen Gut ich Ihnen diesen Herbst zuschrieb, es unter Ihrer Adresse aufgeben wird.“ Leider ist der genannte Brief unbekannt, vielleicht hätte er Näheres über Borns Wohnsitz enthalten. Das angekündigte Paket enthielt übrigens drei Quartale der von Sonnenfels herausgegebenen Zeitschrift „Briefe über die Wienerische Schaubühne“, einen Band gesammelte kleine Schriften sowie Reden und die Abhandlung „Von dem Verdienst des Porträtmalers“. Die Buchausgabe seiner von August 1766 bis August 1767 erschienenen moralischen Wochen-Publikationen „Theresie und Eleonore“ (nach dem Namen der Frau von Sonnenfels und deren Schwester) hat er Ignaz von Born gewidmet!

Besonders bedeutsam ist ein weiteres Schreiben von Sonnenfels an Klotz vom 21. Jänner 1769, welches eine Charakterschilderung des damals 27jährigen Naturwissenschaftlers gibt: „Bin ich nicht beneidenswürdig, . . . Klotzen, und Born zum Freunde? diesen Mann, den Sie auf mein Wort immer nicht zu viel schätzen können! er ist ihrer Hochachtung wert. Er ist . . . in einer großen Gesellschaft stumm, aber in einem kleinen Kreise seiner Freunde ganz unentbehrlich: hat man sich einmal an seine äußerliche Art gewöhnt, die nichts weniger als glänzend ist: so kann man sich von ihm gar nicht trennen; denn sein ganzes Herz steht seinen Freunden offen; aber ihre Zahl ist so klein, vielleicht sind es kaum drei Menschen, die er so nennet. Er hat einen ganz besonderen Abscheu vor den Großen, und da er mit Vermögen gesegnet ist . . . : seine runde Denkungsart kann sich nicht nach den Krümmungen schmiegen, welche in die Vorzimmer der Großen, und zu ihrer Gunst führen. Diese

Joseph von Sonnenfels, der große österreichische Aufklärer. Gemälde von Johann B. Lampi d. J. (1813)

Entfernung ist Schuld, daß er noch ohne Dienst ist, weil er Menschen, die er verabscheut, keine Aufwartung machen wollte: endlich hat man ihn aufgesucht. Sein Lieblingsstudium ist die Naturlehre, worinnen er eine weitläufige Kenntnis hat, und besonders in dem Teile des Steinreichs: er besitzt in Prag, wo er wohnet, eine ansehnliche und kostbare Sammlung, welche sich auf alle Teile des mineralischen Reichs, und alle Arten von Versteinerungen erstreckt . . ."

Born als Mineraliensammler

Born hatte sowohl in Prag wie auch in seinem Schlößchen in Alt-Sedlitsch sehr umfangreiche Mineraliensammlungen. Für den Montanisten und Mineralogen bildeten sie das wissenschaftliche Arbeitsmaterial.

Aus dem 1971 von Jiři Beran herausgegebenen Buch „Briefe Ignaz Borns an D. G. Schreber und J. Ch. Schreber" können wir uns ein gutes Bild von der Sammler- und Tauschtätigkeit der Wissenschaftler machen. Daniel Gottfried Schreber (1708–1777) war Professor der Ökonomie, der Polizei- und Kameralwissenschaften an der Universität Leipzig; sein Sohn Johann Christian Daniel (1739–1810) war Arzt und Botaniker an der Universität Erlangen. Mit Hilfe der Schrebers konnte Born seine Sammlungen vor allem mit Stücken aus Deutschland vergrößern, aber auch die neuesten wissenschaftlichen Publikationen erhalten. Born revanchierte sich dafür mit Sammlungsobjekten aus Österreich, Böhmen und Ungarn.

Wie rege diese Tauschhandel waren, belegt der Brief aus Prag vom 24. Februar 1768 an Daniel G. Schreber: „Herr Walther hat gütigst auf sich genommen, Deroselbten die anverlangte Nagyager (!) Goldstufe nebst des Sonnenfelsischen Lehrbuch von der Polizei und einer Abhandlung vom Zusammenflusse der Händlung zu überbringen. Herr Prof. Peithner erwartet noch immer die Schemnitzer Mineralien, um Ihnen bei dieser Gelegenheit die versprochne Sammlung von Kobolden (Kobalt!) . . . zu übermachen . . . PS. Eben da ich diesen Brief schließe, erhalte von Deroselben die mir gütigst zugedachten Mineralien. Sie beschämen mich durch Ihr gütiges Betragen gegen mich, das ich auf keine Art zu erwidern imstande bin. Die Täfelgen (Täfelchen) von Dendriten und auch eine Dose davon, mit einem Wort alles, was Ihnen vorkömbt sowohl an Versteinerungen als Mineralien, kaufen Sie nur für mich . . . Keinen islandischen Kristall besitze ich nicht, und Euer Wohledl würde mich damit verbinden. Ich habe aber ein dergleichen Crystallum objecta duplicana selbst in Ungarn gefunden . . . Ich werde . . . sobald ich solchen finde, damit aufwarten . . ."

Einem Brief vom 29. April ist zu entnehmen: „Ich kann Ih-

Daniel Gottfried Schreber, Briefpartner und Freund Borns. Stich von Christian G. Geyser

nen für die Mühe, die Sie sich zur Vermehrung meiner Mineraliensammlung geben, nicht genug danksagen . . .“

Am 6. Oktober 1768 übermittelte er schwedischen Bergräten, „welche mir erst diese Woche wieder ein Verzeichnis von 200 Mineralien, die sie mir mit denen anderen künftiges Frühjahr übersenden werden“, ein Kästchen mit Mineralien. In diesem Brief berichtete Born auch: „Ich habe mit dem Fürsten (Karl Egon) von Fürstenberg letztens einen beträchtlichen Tausch getroffen. Er gab mir für Lipperts ‚Dactyliothek‘, die ich mir voriges Jahr angeschafft, bis tausend Stück Mineralien, worunter sehr schöne Stücke sind . . .“ Gemeint ist damit die zweibändige Ausgabe von Philipp Daniel Lipperts „Dactyliothec, das ist Sammlung geschnittener Steine der Alten, aus denen vornehmsten Museis in Europa zum Nutzen der Schönenkünste und Künstler“, Leipzig 1767.

Eine persönliche Äußerung aus diesem Brief sei noch zitiert: „Übrigens bin ich noch immer auf dem Lande, itzt nur noch Zuschauer und Lehrling. Künftiges Frühjahr aber werde ich mich mit allen meinen Kräften auf die Landwürthschaft verlegen . . .“ Wahrscheinlich bezog sich diese Äußerung auf das naturwissenschaftliche Interesse an der Landwirtschaft.

Einen Beweis für Borns Hilfsbereitschaft findet man in dem Schreiben vom 26. Oktober 1768, in dem er D. G. Schreber begeistert zurief: „Endlich überzeugen Sie mich, daß Sie mich zu ihrem Freunde machen wollen. Wie froh bin ich doch, daß Sie auf den Gedanken verfallen sind, Papiere zu sammeln, sonst würden Sie mir wohl nie das Vergnügen gethan haben, mir Ihre Geschäfte in Böhmen anzuvertrauen, da Sie doch schon längstens hätten überzeugt sein sollen, daß sie niemand mit mehrern Vergnügen verrichte als ich. Sie können sich darauf verlassen, daß ich Ihnen . . . alle böhmischen Papiersorten, und zwar aus jeder Mühle insbesondere, so bald wie möglich zusammbringen werde. Künftigen Fasching gehe ich nach Wien, wo ich ebenfalls alle Papiersorten für Sie sammeln werde. Vielleicht kann ich Ihnen auch zu den kärntnerischen, steirerischen und krainerischen behülflich sein . . .“

Born teilte sodann seinem Brieffreund am 4. Dezember mit, daß er sich für zwei Monate nach Wien begeben würde, und übermittelt seine dortige Anschrift: „A Monsieur Ignace, Chévalier de Born, Seigneur d'Altzedlitsch, Lukawetz et Inchau, à Vienne, bei Hrn. v. Sonnenfels, in der Singerstraße, im Jägeramt, im ersten Stock.“

Ein Brief Borns aus Prag

In der Handschriftensammlung der Nationalbibliothek in Wien findet sich ein Handschreiben Borns in französischer Sprache an einen nicht näher bezeichneten Herrn folgenden Inhalts: „Endlich bin ich imstande meinem Versprechen nachzukommen. Ich sende Ihnen mit der heutigen Postkutsche eine Mineralien enthaltende Kiste. Ich habe diese an meinen Schwager Herrn von Allstern adressiert, welcher in der Singerstrasse im Allsternischen Haus, im dritten Stock wohnt. Sie können sie dort abholen laßen und all das, was Sie die Güte haben mir zu senden, dort abgeben. Ich lege die Aufstellung bei . . . Ich wäre durchaus in Ihrer Schuld, wenn Sie sich die Zeit nähmen das Mineral aus Nagyyag (!) zu analysieren. Ich habe Ihnen ein schönes Stück für Ihr Kabinett geschickt, sowie zwei kleine Stücke, um an diesem wenig bekannten Material Untersuchungen durchzuführen. Ich habe diese auch durchgeführt und würde nur allzu gerne wissen, ob Ihre Analysen mit den meinen Übereinstimmen. Ich lege diesen Mineralien eine kürzlich in Freyburg in Sachsen geprägte Medaille bei, die anlässlich der neu gegründeten Bergwerks-Akademie geprägt wurde. Diese ist für den Herrn Kammergrafen (Theophil Graf Stampfer) bestimmt. Übergeben Sie sie ihm und versichern Sie, daß ich ihm niemals seine Güte vergessen werde, die er mir während meines Aufenthalts in Schemnitz angedeihen ließ . . ." Angeschlossen ist die Liste der fünf übersandten Erzproben: Golderz aus Nagy-Ág, gediegenes Kupfererz von Déva, ferner grünes und weißes Bleierz von Pržibram.

Datiert ist dieser Brief aus Prag mit 13. November 1767. Empfänger war wohl der Arzt und Naturforscher Johann Anton Scopoli. Dieser Südtiroler, der das Amt eines Physikus in dem Bergstädtchen Idria in Krain innehatte, wo er unter anderem Studierende in der metallurgischen Chemie unterrichtete, tendierte natürlich nach Wien. Er wurde des öfteren um Analysen gebeten, so daß die Bornsche Aufforderung durchaus ihm gelten könnte. Außerdem wurde Scopoli 1769 Lehrstuhlnachfolger Nikolaus von Jacquins in Schemnitz, hatte daher wohl auch Beziehungen zum Kammergrafen Stampfer, dem Born die Medaille übersandte!

Da sich Born mit einer analytischen Beschreibung des „Nagyagit" befaßte, wartete er ungeduldig auf die erbetenen Ergebnisse Scopolis, die offenbar auf sich warten ließen, denn am 24. Februar 1768 schrieb er an D. G. Schreber: „Zur vollkommenen Beschreibung des Nagyager Golderzes gehen mir noch Hrn. Prof. Scopolis Untersuchungen in trockenem Wege, die er gütigst übernommen, ab, und sobald ich solche erhalte, sollen Dieselbte auch meine Beschreibung haben."

Da sich Scopoli jedoch mit seiner analytischen Auswertung zu sehr Zeit ließ, gab Born den Gedanken an eine eigene Publikation auf. 1769 erschien Scopolis „De minera aurifera Nagyagiensi“ in Leipzig. Born war es, der eine deutsche Übersetzung davon bei Schreber anregte. Aber er selbst hatte zu Scopolis Ergebnissen kein allzu großes Vertrauen, denn er schrieb an J. J. Ferber: „Sie haben beide gelesen, und werden vielleicht in Zukunft Gelegenheit haben, die wahren Bestandteile dieser seltenen Erzart zu untersuchen und des Herrn Scopoli Versuche zu prüfen.“

Ernennung zum Bergrat

Borns Aufenthalt in Wien erfolgte aus einem besonderen Anlaß. Am 14. Jänner 1769 überreichte er in der Hofkammer für das Münz- und Bergwesen auf dem Ballhausplatz sein Ansuchen um Anstellung als Bergrat. Der Augenblick war günstig, da es zu einigen personellen Revirements kam. Der amtierende Bergrat in Schemnitz, Joseph Graf Colloredo, hatte um Versetzung nach Böhmen angesucht, um dort seine Erfahrungen einzusetzen, was ganz im Sinne der Hofkammer lag. Es ist anzunehmen, daß Born davon Kenntnis hatte. Bereits am 28. Jänner erhielt Born das Bestellungsdekret als Bergrat für Schemnitz.

Der Präsident der Hofkammer, Franz Graf Kolowrat (Kollowrath), schrieb im Vortrag über Born, dieser „bezeiget zu den Bergwesen einen besonderen Lust, welches hiedurch bestätiget wird, daß nemlich der Supplicant durch seine eifrige Verwendung sowohl allen Mathematisch- und Montanistisch-Theoretischen Wissenschaften, sich all schon gründlich qualificiret, als auch auf seine eigene Kosten die Ungarischen wie Idrianischen, Böhmischen und Sächsischen Bergwerke besuchet, und befuhr, somit getrachtet habe, nebst der Theorie auch die praktische Manipulation und Kenntnis vom Bergwesen zu erwerben“.

Daß das alles vorbereitet war, ist auch aus dem schon zitierten Brief von Sonnenfels an Klotz (vom 21. Jänner) erkennbar: „Wegen dieser gründlichen Wissenschaft in allen Teilen der theoretischen und praktischen Metallkunde ist er nun als Bergrat nach Schannitz (soll Schemnitz heißen) ernennet

Ignaz von Born, „Freund der Natur und ihr Beschreiber". Stich von Johann E. Mansfeld nach einem verlorenen Gemälde von Heinrich Füger (um 1787)

worden: er wird hier zwei Jahre den Bergbau studieren: dann ist seine Bestimmung in Wien, oder wenigstens in Prag Berg-Referent zu werden. – Die Naturlehre ist nur seine auserwählte Wissenschaft, aber er schliesst nichts von nützlichen und angenehmen Wissenschaften aus: alle neuen Schriften lieset er, und ebenso studiert er die alten, aus welchem er seine Mineralogiam veterem sammelt: nie haben Sie bei so grossen Einsichten so viele Bescheidenheit gesehen; er lässt es sich kaum merken, dass er ein Buch kennt. Für alles, was Gelehrsamkeit heißt, und für wahre Gelehrte hat er die unbegrenzteste Verehrung, und für Sie also eine Hochachtung, der nichts gleicht: Ihr Werk von geschnittenen Steinen kann er auswendig . . ." Gemeint ist „Über den Nutzen und Gebrauch der alten geschnittenen Steine und ihre Abdrücke" von Ch. A. Klotz, 1768. Da Gotthold Ephraim Lessing gegen dieses Buch heftig polemisierte, kam es mit diesem zu einer argen Verstimmung, in die Sonnenfels, nicht ohne eigenes Verschulden, einbezogen wurde. (Siehe „Der Mann ohne Vorurteil", Seite 111 ff.)

Noch aus Wien berichtete Born am 13. Februar an D. G. Schreber nach Leipzig: „Man hat mich in Ungarn zu Schemnitz als Bergrath angestellet. Ungeacht ich sehr ungern meine stille Lebensart verlasse, wo ich unbemerkt und nur mir untergeben meine Täge vergnügt hingebracht, so nehme ich doch diesen Dienst mit Vergnügen an, weil er mir Gelegenheit verschafft, Ihren und meiner übrigen Freunden Sammlungen zu bereichern. Schon in 6 Wochen soll ich in Schemnitz sein. Dahero muß ich übermorgen von hier fort nach Prag reisen, wo ich meine häusliche geschäfte in Ordnung bringen muß . . ."

Borns erster Brief an Schreber aus Schemnitz stammt vom 6. Juli, er enthält die Aufzählung von Mineralien und Papieren, die an Schreber zum Versand gekommen. Ähnlichen Inhalts sind auch die weiteren Schreiben, nur in dem vom 23. November kündigte Born erstmals an: „Ich reise künftiges Frühjahr selbst nach allen hungarischen und siebenbürgischen Werken . . .", und im letzten Brief dieses Jahres (23. Dezember): „Meine Reise, die ich künftiges Frühjahr nach Siebenbürgen, Banat und Oberhungarn mache, wird mich instande setzen, Sie durch dortige Bergarten wiederum zu bereichern . . ."

Born befuhr eingehend das Revier von Schemnitz, notierte seine Erfahrungen und Erkenntnisse – und brachte zahlreiche Mineralien mit. Wie man einem späteren Brief an J. J. Ferber entnehmen kann, setzte er Studenten der Akademie ein, auf Sammelwanderungen in die Karpaten zu gehen – zu beiderseitigem Vorteil.

Johann Jacob Ferber

Der Name dieses hervorragenden Mineralogen und Montanisten aus Schweden taucht öfters, vor allem in den siebziger Jahren, im Zusammenhang mit Born auf. Ferber wurde 1743 in Karlskrona als Sohn wohlhabender Eltern geboren. Von seinem Vater zum Medizinstudium gedrängt, erweiterte er zunehmend seine Kenntnisse in den Naturwissenschaften. 1760 ging er an die Universität Uppsala, um Astronomie und Mathematik zu studieren, doch zogen ihn Carl von Linnés Vorlesungen und botanische Wanderungen weit mehr an. Nach dem Studium fand er Anstellung beim königlichen Bergwerkskollegium in Stockholm und lernte „diejenigen Provinzen seines Vaterlandes, welche Bergwerke enthalten", kennen. Da er jedoch erkannte, daß das eigene Erleben zielführender sei als das theoretische Studium, unternahm er Reisen zu allen wichtigen Bergwerken Europas. Zu seinen bedeutsamsten Besuchen zählen wohl die in Böhmen (sie fanden 1774 ihren Niederschlag in den „Beiträgen zur Mineralgeschichte Böhmens") und in Ungarn, vor allem in Schemnitz. Man nimmt 1768 oder 1770 als Jahr des Zusammentreffens mit Born an. Wie auch immer, zwischen den beiden entwickelte sich eine sehr wichtige persönliche und wissenschaftliche Freundschaft.

Um ein Bild von Ferbers Persönlichkeit zu bieten, ein Zitat aus der „Gallerie historischer Gemälde aus dem 18. Jahrhundert" (1804) von Samuel Baur: „Die Natur gab ihm einen starken Körper, und einen feurigen ausdauernden Geist, sein Temperament war cholerisch: aber die Herrschaft seiner Vernunft und das Wohlwollen seines Herzens waren so groß, daß ihm eine auszeichnende Sanftmuth, Liebe, und Menschenfreundlichkeit eigen ward." Zahlreiche Universitäten und wissenschaftliche Gesellschaften ernannten ihn zum Ehrenmitglied. Katharina II. von Rußland berief ihn nach St. Petersburg und bot ihm das Amt eines Direktors der sibirischen Bergwerke an, welches er aus gesundheitlichen Gründen ablehnte. 1786 trat er als Oberbergrat in den Dienst Preußens. Drei Jahre später folgte er einer Einladung des Berner Magistrats. Dort erlitt er einen Schlaganfall, dem er 1790 erlag. Ferber war ein für

Johann Jacob Ferber, Wissenschaftler und Freund Borns

seine Zeit exakter Beobachter der Naturvorgänge, und die von ihm verfaßten Werke waren richtungweisend.

Die Beziehungen zwischen Born und Ferber zeigen sich auch daran, daß Ferber als Empfänger und 1774 als Herausgeber der „Briefe über Mineralogische Gegenstände, auf seiner Reise durch das Temeswarer Bannat, Siebenbürgen, Ober- und Nieder-Hungarn", Born hinwiederum im selben Jahr als Herausgeber von Ferbers „Briefe aus Wälschland über natürliche Merkwürdigkeiten dieses Landes ..." fungierte. 1780 folgten die „Physikalisch-Metallurgischen Abhandlungen über die Gebirge und Bergwerke in Ungarn" und, neben vielen anderen Arbeiten, 1787 „Nachricht von dem Anquicken der gold- und silberhaltigen Erze" sowie „Ist es vorteilhafter die silberhältigen Erze und Schmelzhütten-Produkte anzuquicken als sie zu schmelzen?" Abhandlungen, die auch mit Borns Forschen in engstem Zusammenhang standen.

Die Prager „Privatgesellschaft der Wissenschaften“

Borns Überzeugung war geprägt von dem Verlangen, sein und das Wissen gleichgesinnter Männer zu vereinigen. Er war kein versponnener Forscher in der chemischen Küche, der seine Erkenntnisse für sich zu behalten gedachte. Seine Sammlungen, aber auch die anderer, wollte er bereichern. So blieb es nicht aus, daß er sich in den aufgeschlossenen Adelskreisen, unter den Universitätsprofessoren und den im Bergfach tätigen Männern umsah. Was ihm lebenslang als Ideal vorschwebte, war eine „Akademie der Wissenschaften“.

Die Entstehung einer Vereinigung wie der Prager Privatgesellschaft ist an kein genaues Datum zu binden. 1769 und 1770 gelang es Born, Franz Anton Graf Nostitz und Franz Josef Graf Kinsky dazu zu bringen, „fein gebildete Gönner und Pfleger der Wissenschaften und Künste . . ., nicht nur aus dem Adel, sondern auch Fachgelehrte aus dem Bürgerstand“ (J. Kalousek) an diesem Projekt zu interessieren. „Als den Zeitpunkt, in welchem die gelehrte Privatgesellschaft gegründet wurde,“ schrieb der vorhin zitierte Historiker, „können wir am füglichsten das Jahr 1770 annehmen . . . höchst wahrscheinlich nur in losen und formlosen Zusammenkünften, an deren Stelle nicht selten die bloße schriftliche Korrespondenz treten mußte, weil Born, der Leiter der Gesellschaft, wegen seiner Kränklichkeit die nachfolgenden vier Jahre großen Teils auf seinem Landgute . . . zubringen mußte.“

Bedauerlich, daß diese Zusammenkünfte nicht protokolliert wurden und daß es keine Aufzeichnungen über Mitglieder gab, so daß man vielfach auf Vermutungen angewiesen ist. Mit größter Wahrscheinlichkeit können zu den Männern der ersten Stunde, wenn man von den adeligen Gönnern und Born selbst absieht, gezählt werden: der Jesuit Joseph Stepling (Initiator der 1751 erbauten Sternwarte im Collegium Clementinum, Rektor und Reformer der philosophischen Fakultät Prag) und sein Schüler Johann Tessanek (Tesánek), ein hervorragender Physiker. Ebenfalls Jesuit war Anton Strnad. Er studierte bei

Tessanek mathematische Wissenschaft und wurde später Professor für Astronomie. Ganz ausgezeichnet „besetzt“ war die historische Sektion: da war der „Vater der kritischen Geschichte Böhmens“, der Piaristenpater und Rektor des Neustädter Collegiums Gelasius Dobner; der Vizedirektor des Prager Piaristencollegiums Nikolaus Adauktus Voigt, den man mit dem Ehrentitel „Vater der böhmischen Numismatik“ ehrte; Franz Martin Pelzel (Pelcel), der sich den Studien der böhmischen Geschichte und Sprache widmete, was ihm 1793 den damals errichteten Lehrstuhl für böhmische Sprache und Literatur in Prag eintrug; Karl Raphael Ungar war Prämonstratenser, Bibliothekar am berühmten Kloster Strahov, dann Professor für Philosophie und Theologie; zuletzt Joseph Dobrovsky, der erst als Gymnasiast Böhmisch lernte und doch zum Begründer der slawischen Sprachwissenschaft wurde.

Auffällig ist, wie viele Angehörige des Mönchsstandes vertreten waren! Aber die Klosterschulen und Klöster waren immer noch die – wenn auch zielgerichteten – Pflanzstätten der Wissenschaften. Was zur Folge hatte, daß fast alle Universitäten unter dem Einfluß der Orden, vor allem der Jesuiten, standen. Die Zeit der Aufklärung brachte auch in diese Bereiche neues Gedankengut. Das Fortschreiten der naturwissenschaftlichen Erkenntnisse – vor allem der Astronomie und der Physik – brach die bis dahin starren Lehrgebäude auf.

Born und die Prager Freimaurerei

Prag war für Geheimbünde empfänglich. Auf dem Boden der Moldaustadt haben Alchemisten in ihren Laboratorien „gekocht“ und Gold zu machen versucht. Die Rosenkreuzer hielten hier ihre geheimen Treffen ab. Handwerker bildeten Bruderschaften, wie etwa die von „Reiff und Hammer “. Die im Lande verbliebenen Hussiten vereinigten sich als „Brüder des Gesetzes Christo“. Erhalten sind die 12 „Reguln und Gesetze“ einer „Hackebruderschaft“. Da hieß es, schon ganz freimaurerisch: „Soll keiner in diese aufrichtige alte Hackebruderschaft aufgenommen werden, der keinen Charakter hat . . .“

Die erste Freimaurerloge in Prag war die „Zu den Drei Gekrönten Sternen“. Ihre Gründungsumstände und Daten sind dokumentarisch nicht belegbar. 1764, als der Konvent von Altenberge stattfand, hatte sie jedoch bereits bestanden.

Ebenso ungewiß sind die Ursprungsdaten der zweiten Loge von Prag, „Zu den Drei Gekrönten Säulen“. Diese arbeitete nach der „Laten Observanz“ (ein System, das den militärischen Gehorsam gegen die Oberen ablehnte!) und mit einer „englischen Vollmacht, die zwischen 1766 und 1770 erteilt worden sein dürfte“ (E. Krivanec).

1770 kam es zu einer Reaktivierung, an der Ignaz von Born mitgewirkt haben soll. Jedoch auch sein Anfang bei der Freimaurerei ist bisher nicht nachweisbar. Es gibt weder dokumentarische Aufzeichnungen noch persönliche Äußerungen, die Hinweise auf Zeitpunkt und Ort für seinen Eintritt in den Bund bieten. Dazu Johann Pezzl (1792): „Zu welcher Zeit Born Freimaurer wurde, ist nicht genau bekannt; genug, er war es schon unter Kaiserin Maria Theresia . . .“ Ludwig Abafi schreibt in der „Geschichte der Freimaurerei in Österreich-Ungarn“ (1893): „Wahrscheinlich auf seinen ausländischen Reisen in den Freimaurerbund eingeführt . . .“ (?)

Ähnlich vage sind auch die Hinweise auf Borns schon erwähnte Aktivität bei der Loge „Zu den Drei Gekrönten Säulen“. Abafi meinte, daß Born sich nach Beiziehung einiger älterer Brüder ein Patent aus London zu verschaffen wußte, welches ihn ermächtigte, die Loge zu reaktivieren oder sie zu gründen. Ernest Krivanec (1980 in „Die Freimaurerei in Prag“): „Daß Born selbst im Besitze eines englischen Patentes gewesen wäre, das ihn zur Logengründung legitimierte, ist absolut unglaublich; denn er hatte damals nur den Gesellengrad inne. Daß die Loge aber mit englischer Vollmacht gegründet wurde, scheint festzustehen.“

Krivanec verweist aber nachdrücklich auf Borns intensive Tätigkeit im Rahmen der „Privatgesellschaft“ und führt jene Männer an, die auch Freimaurer waren: der Arzt Johann und der Naturforscher Joseph Mayer, der Historiker Franz Martin Pelzel, der Slawist Josef Dobrovsky (kein dokumentarischer Nachweis!), der Bibliothekar Raphael Ungar (war auch Mitglied des Ordens der Illuminaten) und der Naturwissenschaftler Tobias Gruber. Fast alle gehörten sie der Loge „Zu den Drei Gekrönten Säulen“ an. Eine Besonderheit in dieser Loge war es, daß die Brüder meist der Antike entnommene Ordensnamen trugen – wie das sonst nur bei den Illuminaten der Fall war!

Erster Stuhlmeister, 1770, war der Beleuchtungskommissar, Lehnwagenamtmann und ehemalige Kammerdiener Joseph Hammer, sein Nachfolger wurde Wenzel Graf Thun. Zahlreiche Namen von Brüdern dieser Loge sind bekannt – der von Born allerdings scheint nicht auf!

Das Reiseansuchen

Im Hofkammerarchiv für das Münz- und Bergwesen (heute in der Johannesgasse) in Wien erliegt zwischen Aktendeckeln (original verschnürt und verstaubt) der Akt mit der roten Kennzahl 878; unter der Registernummer 1898 findet sich das Gesuch um die Genehmigung für die Reise Borns nach Siebenbürgen, am 2. Mai 1770 verfaßt und von einem Schreiber kalligraphisch verziert, an das „Kays:Königl: Obrist-Camer Grafen Amt: Hochdieselbte geruhen sich gehorsamst Vorstellen zu lassen, weß gestalten ich mit Ende des nächstkomenden Monaths May nach Siebenbürgen zu verreysen bemüssiget seye, theils um bey unserem in Nagyyag gelegenen Gold-werkh nachzusehen, meistens aber um die von meinem Seel: Eltern hinterlassener, in Carlsburg Depositirte, und bey nunmehro erfolgter Großjährigkeit meiner übrigen Brüder zu erheben komender pretiosa übernehmen, wir auch übrige, unser geringes Vermögen betrefende angelegenheiten in Ordnung bringen zu können.

Da ich aber, um mich ausser den Gränzten (Grenzen) dieses Königreichs, in Siebenbürgen 5- oder 6 : Wochen aufhalten zu därften, die Erlaubnus einer Hochen Hof-Stelle zu erbitten habe. ::: erkühne ich mich hierwegen an Euere Excellenz, und Ein Wohl Löbl:Kays:Königl: Oberst-Camergrafen-Amt mich zu verwenden, alß ich bey dieser Meiner Reyse die anligendn übrige Hungarisch- und Siebenbürgische Bergwerke zu besuchen, und mir dadurch eine, ob gleich geringer Käntnis derselben beyzulegen gelegenheit haben werde."

Das Oberstkammergrafenamt als vorgesetzte Behörde leitete das Ansuchen, mit einer entsprechend wohlwollenden Empfehlung, an die Hofkammer für das Münz- und Bergwesen weiter. Am 19. Mai unterzeichnete Graf Kolowrat die erfolgte Genehmigung.

Leider konnte nicht eruiert werden, um welche Effekten seiner Eltern es sich handelte. Aus dem väterlichen Nachlaß ging hervor, daß kaum Werte vorhanden waren, eher Schulden. Die Gewinne aus den Bergwerksanteilen wurden in den Pupillarakten ausgewiesen und vom „Gerhab" verwaltet. Reichtümer werden es wohl keine gewesen sein, doch wäre es denkbar, daß Born diese private Seite seiner Reise in den Vordergrund gestellt hat, um desto sicherer die notwendige Reisegenehmigung zu erhalten.

*

Von den Anfängen des späteren Hofkammerarchivs wissen wir (dank der Forschung Ernst Nowotnys), daß vor Beginn des Dreißigjährigen Krieges, im Oktober 1614, von Linz nach Wien transferiertes Hofaktenmaterial im Hofspital gelagert wurde. Das Hof- (auch Kayser-)Spital wurde unter Kaiser Ferdinand I. im 16. Jahrhundert auf den Gründen vor der Minoritenkirche – als typischer Renaissancebau – errichtet. Im Hof dieses weitläufigen Gebäudes wurde auch das „Ballhaus" gebaut, das dem heutigen Ballhausplatz den Namen gab. Das fast rechtwinkelig angelegte Spitalshaus stand mit einem Trakt etwa wie das neue Innenministerium, der andere Trakt lief fast senkrecht auf die Minoritenkirche zu.

Es ist interessant, zu verfolgen, wie sich das Hofarchiv stetig „verbreiterte" und der Spitalsraum – auch aus Gründen des Patientenzuwachses – mehr und mehr zu klein wurde. So kam es dazu, daß 1758 das Spital auf den Rennweg verlegt wurde. Das Hofarchiv verblieb bis 1848 (also noch zu Grillparzers Zeit!) im Kayserspital. Born hatte also zumeist in diesem Gebäude zu tun, welches erst 1903 (!) – ebenso wie das Ballhaus – abgerissen wurde.

Das alte Hofkammerarchiv auf dem Ballhausplatz. Links das Gebäude des Hofspitals, in dem alle wichtigen Verwaltungsakten der Monarchie aufbewahrt wurden, ehe das Archiv in die Johannesgasse übersiedelte. Rechts das alte Ballhaus, nach dem der Platz den Namen erhielt. Beide Gebäude wurden 1903 abgebrochen. Seltenes Photo aus der Zeit um die Jahrhundertwende

Abenteuerreise ins Land der Kindheit

12. Juni 1770. In dem Bergwerksstädtchen Schemnitz bestieg der 28jährige Bergrat von Born den Reisewagen. In der Reisetasche hatte er die Genehmigung für eine Studienreise in die Banater und siebenbürgischen Bergwerksgebiete. Für ihn war es eine Reise in das Land seiner Kindheit. Was er noch nicht ahnen konnte: Diese Fahrt wurde bestimmend für sein weiteres Leben.

Viele Stunden später erreichte sein Gefährt Pest. Er berichtete: „Diese Stadt, die mit den prächtigen, nach dem neuesten Geschmack errichteten Gebäuden versehen, ist aus Versteinerungen erbaut; der Steinbruch, aus welchem die Einwohner ihre Steine herholen, liegt bei Ofen, einer Stadt, die blos durch die Donau von Pest getrennt wird. Ich besuchte diese kalkichten Hügel, auf denen der beste Ofner Wein wächst.“

Am 14. Juni traf er in Temesvar ein. Diese Stadt war der Ausgangspunkt seiner Forschungsreise. Von hier nahm er seine Briefberichte an Johann Jacob Ferber auf. Schon in seinem ersten Brief beklagte Born die Einseitigkeit der Lehren und der Zustände an den Universitäten, wenn er feststellte: „Hätte ich, außer meinem Bischen mineralogischer Kenntnis, auch nur eine geringe Einsicht in die Botanik, so würde ich vielleicht ... manche Pflanze beobachtet, oder aufgefunden haben, mit deren Benennung und Beschreibung ich Sie jetzt unterhalten könnte. Aber leider! ich bin kein Botaniker, zwar nicht aus meiner Schuld, denn Sie wissen, wie sehr ich das Studium der Naturgeschichte liebe, sondern mehr, weil ich nie Gelegenheit fand, mich in dieser Wissenschaft zu unterrichten. Auf keiner hohen Schule der österreichischen Erbländer, Wien ausgenommen, wird die Kräuterkunde gelehrt, und auch in Wien selbst, ist kein Professor der Naturgeschichte.“

Der Brief aus Temesvar vom 20. Juni befaßte sich mit interessanten volkskundlichen Details: „Die Einwohner des Bannats sind Raizen, Wallachen, und nur uneigentlich auch Deutsche ... Die Raizen sollen eine ursprüngliche Scythische Nation seyn ... von der Abkunft der Wallachen ist man nicht so gewiß. Das Wort Romun (so nennen sich die Wallachen in ihrer

Sprache), welches einen Römer, und einen Übriggebliebenen bedeutet, läßt den Zweifel zurück, ob sie Überbleibsel Römischer Kolonien, oder eines von diesen unterjochten Volkes seyn . . . Die Lebensart dieser Leute ist sehr rauh, und ihre Sitten wild. Ihnen mangelt Religion, Künste und Wissenschaften . . . Die Art sich zu kleiden ist sehr verschieden, doch läuft sie meistens da hinaus: Die Männer tragen lange weiße wollene Beinkleider auf Hungarische Art, aber nicht so enge; Schnürsohlen, aus einem unausgearbeiteten Stücke Ochsenhaut; ein Hemd, das vorne an der Brust offen ist; einen wollenen Rock mit glatten Leib und langen Ärmeln, und eine Peltzmütze oder Filzkappe, auf dem Kopfe. Die Weiber haben lange Hemden, die bis an die Knöchel des Fußes reichen, einen braunen mit bunten Streifen gewirkten Schurz vorne, und eben einen solchen hinten, mit einer Binde um den Leib; (diese zwei Schürzen dienen ihnen statt der Unterröcke . . .) einen Oberrock von groben Tuche, oder auch Pelzwerk, etwas kürzer als die Hemden, und auf dem Kopf einen runden mit Haar, auch nur Stroh gefüllten Kranz, über welchen sie ein gewirktes Tuch zusammen schlagen. Die Mädchen gehen mit unbedecktem Kopfe. . . . sie verheiraten sich sehr jung . . . Man findet Eheleute, wo der Mann nicht über 14 und das Weib unter 12 Jahren ist. . . . Man wird nie ein Weib ohne Arbeit über Land gehen sehen. Sie trägt das, was sie zu verkaufen hat, gemeiniglich auf dem Kopfe. Hat sie ein Kind, so nimmt selbiges diesen Platz ein. (!) An der Seite steckt der Spinnrocken, an dem sie den ganzen Weg über spinnet."

Nachdem Born sich eingehend mit religiösen Bräuchen und der „Unwissenheit und Aberglauben der Popen" auseinandergesetzt hatte, berichtete er von den Begräbnissitten: „Man scharrt den Toten ein, setzt ihm ein Kreutz und einen großen Stein zum Kopfe, damit er kein Blutsauger (Vampyr) werde, gießt Wein und räuchert um das Grab, um die Unholden und Zauberer zu vertreiben . . ."

Ihre Freundschaften wurden auf merkwürdige Weise geschlossen: „Ich habe lange nicht gewußt, was der Wallach dadurch sagen wolle, wenn er sich so ausdrückt: Frat de Cruce, Kreuzbruder, Mangar Cruce, das Kreuz fressen; endlich habe ich es erfahren. Wenn zwey eine unverbrüchliche Freundschaft errichten, so daß sie einander im Leben und im Tode nicht verlassen wollen, pflegen sie ein Kreuz in das Geschirr zu legen, woraus sie essen und trinken, wobey sie sich ewige Treue zuschwören." Doch hatte Born wohl auch erfahren: „Man muß auf diese Handlung Acht haben. Meistens sind es Vorboten von Räubereyen." Und da es von der Räuberei nicht weit zur Bestrafung ist: „Keine Todesstrafe scheut der Wallach mehr, als den Strang. Spieß und Rad wird er dem Strange vorziehen. Warum? Beim Hängen wird der Hals zugeschnürt, die Seele muß sich nun durch einen anderen Weg vom Körper trennen, da ihr der Paß oben zugesperrt ist. Das heißen sie: die Seele auf das abscheulichste besudeln, und ich heiße das: wahre Begriffe von der Materialität der Seele haben."

Aus Orawitza gab er am 26. Juni einen zeitgeschichtlich interessanten Einblick in die Organisation der dortigen Bergwerke, die schon von den Türken betrieben worden sind. „Der Vortheil, den der Bannatische Gewerk vor andern hat, ist, nebst der Wohlfeilheit des Bau-Gruben- und Kohl-Holzes, anderer Requisiten, und derer dem Arbeitsmann nöthigen Lebensmittel, gewiß der Hauptsächlichste, daß sein Bau von Königl. besoldeten Bergbeamten betrieben, und sein Geld ordentlich und regelmäßig verbaut wird . . . In jedem Werke ist von dem Landesfürsten ein geschworner, und von der medicinischen Fakultät geprüfter Arzt bestellt. Nebst seiner Besoldung und Natural-Deputaten, empfängt er von der Brüderlade des Ortes, nach der Menge des Volks, einen gewissen Medicamenten-Gehalt . . . Für dieses Geld ist der Arzt verbunden, jeden Kranken mit Arzneien zu versehen, er mag Beamter oder Arbeiter seyn, sammt Frauen und Kindern . . ."

Natürlich berichtete Born Ferber von seinen wissenschaftlichen Beobachtungen und konnte schon in den ersten Tagen festhalten: „Ich war froh, hier durch meine eigene Erfahrung bestätigt zu sehen, . . . daß man die Erzklüfte hier nirgend suchen und finden solle, als zwischen zwei verschiedenen Gesteinarten. Ich besuchte . . . das Cornudilfaer Gebirge. Als ich die Gebürgsarten der Hangenden und Liegenden . . . untersuchte, versicherte man mich, ersteres bestünde aus Kalk, und letzteres aus Hornstein. Meinem Gebrauche nach trug ich diese beiden Steinarten zu Tage aus, und sowohl bei genauerer Beobachtung derselben, als auch bey den Versuchen an Stahl und Scheidewasser fand ich, das beyde Arten gemeiner körnigten

Kalkstein waren, wovon der eine blos darum von dem gemeinen Bergarbeiter: Hornstein genannt wird, weil er, seines feineren Gewebes wegen, härter zu bearbeiten ist."

Dieses Beispiel läßt erkennen, daß Born ein exakt arbeitender Wissenschaftler war, der sich nicht auf überkommene Meinungen verließ, sondern auch überprüfte. Ein anschauliches Bild gab er von der Arbeitsmethodik in den Gruben: „Bei Befahrung . . . bedient man sich einer Kerze, die man selbst in der Hand halten und sich leuchten muß . . . Jede Grube hat ihren Vorsteher . . . der auf seine Untergebenen Acht hat. Die Grubenarbeit aber wird durch Geding-, Halt- oder Schichtenhäuer verrichtet. Die Gedinghäuer werden auf den Feldorten und Hoffnungsschlägen angelegt. Die Halt- oder eigentlich Gehalthäuer sind eine, außer dem Bannat . . . kaum gewöhnliche Gattung Bergarbeiter, deren Geschäfte ich Ihnen also näher erklären muß. Die Bergbeamten treffen bei der Befahrung der Grube mit dem Bergmann einen Vergleich, vermöge dessen er, gegen einen gewissen Lohn, den Centner Kupfer auf seine Kosten gewinnen, das Ort, worauf er bauet, im Gezimmer unterhalten, die Erze am Tag fördern, scheiden und zur Hütte liefern muß. Dieser Lohn wird nach dem reichern oder ärmern Gehalt der Erze, nach der beschwerlichen oder bequemen Förderung, und nach der Gattung der Gangart, in welcher die Erze brechen, folgend nach der mühsamen oder leichtern Art, sie zu scheiden, bestimmt."

Aus Nagy-Ág, 12. Juli datiert: „Durch was für unübersteigliche Wege, mein lieber Freund! mußte ich mich zwischen schrecklichen Abgründen und der Maros, auf der einen, und steilen Felsen auf der anderen Seite durchschleppen lassen . . . Sobald ich die Grenze von Siebenbürgen zwischen Dobra und Deva betrat, verließen mich die zwei Husaren . . . Die siebenbürgischen Wallachen, weit mehr Menschen als die Bannatischen, und die National-Gränztruppen, wie auch die Strenge der Regierung gegen die Räuber, tragen nicht wenig zur allgemeinen Sicherheit des Landes bei. Vor kurzem hat man drei Räuber, die abscheuliche Mordtaten ausgeübt, in Deva lebendig an einen hölzernen Spieß gesteckt. Diese fast unmenschliche Strafe, ob sie schon auch in Sclavonien und dem Bannat nicht selten ist, hat auf die Einwohner so viel Eindruck gemacht, daß man jetzt auf allen Straßen, auch zur Nachtzeit si-

Das „niederhungarische“ Bergwerksstädtchen Nagy-Ág. Stahlstich von G. Heß nach einer Zeichnung von L. Rohbock

cher reisen kann. Endlich langte ich gegen Abend in Sekeremb – so heißt der unter dem namen Nagyag bekannte Bergort eigentlich – glücklich an.“

Von hier berichtete Born eine Geschichte von seinem Vater: „Die Goldgrube ist ihrer Entdeckung einem Zufalle schuldig. Ein Wallach suchte meinen seligen Vater, welcher in dieser Gegend bei Csertes ein reiches Silberbergwerk baute, auf, und hinterbrachte ihm, daß er täglich eine Flamme in dem Walde über Nagyag aus einer Kluft hervorbrechen sähe, folglich mutmaße, daselbst müsse eine reiche Erzkluft verborgen liegen. Zum Glück war mein Vater baulustig genug, dem guten Manne Gehör zu geben. Er legte also auf dem Orte, den er ihm anwies, einen Stolln an. Er baute einige Jahre umsonst, bis er auf die reichen, schwarzen und blätterigen Golderze stieß, die man anfangs für Eisenglimmer hielt, und die nur erst in der Feuerprobe ihren reinen Goldgehalt äußerten. Dieser glückliche Zufall bewog meinen Vater nun das Werk fortzutreiben . . ."

Auf eine abweichende Darstellung verwiesen mich Simone und Peter Huber, welche sie bei A. Stütz (1803) fanden: „Der nähmliche Wallach . . . habe sein Borstenvieh . . . auf der Buchelmast gehabt; da er demselben nachging, hab er von ungefähr ein Stück Erz gefunden, das ihm auffiel. Er habe es dem . . . Herrn v. Born gegeben, dieser (hat) es in Karlsburg untersuchen lassen, und da man darinn einen beträchtlichen Metallgehalt fand, sey er mit dem Erfinder des Erzes auf dessen Fundort gegangen: Sie hätten unweit davon eine Öffnung entdecket, die ein unterirdischen Bau verrieht, dahinein sich der Erfinder mit seinem Bruder . . . gezogen, sie seyen auf einen alten mit Schlegel und Eisen bearbeiteten Stollen gekommen." Die Autoren folgern: „Dies klingt schon glaubwürdiger als das Märchen mit der Flamme. Sicher ist, daß die Entdeckung der Erzader um 1745 erfolgte und man 1747 den ersten Stollen anschlug."

Eine eindrucksvolle Milieuschilderung enthält der Brief, der am 24. Juli „Bey Földwinz" geschrieben wurde: „Von der Hitz des Tages ermüdet, hungrig und durstig, langten wir in einem elenden wallachischen Dorfe an, wo wir außer Gras für die Pferde nichts fanden. Unser Wirt . . . führte uns unter die Wagenstätte, um uns vor der Sonne zu schützen; wir machten aus einer alten Tonne einen Tisch, dessen kleinen Raum ein Schinken, den uns die sorgfältige Bergschafferin von Nagyag mitgab, Brot und die gewöhnlichen ländlichen Speisen, Käse und Butter, ausfüllten. Ein junger Hund, zwei vertrauliche Hühner und einige Sperlinge, waren unsere Gäste, zu denen sich ein kleiner Junge gesellte, den der Geruch des angeschnittenen Schinkens heranzog. Der lose Knabe gaukelte immer um unsern Tisch, trieb so viele Possen, und ward so munter, daß er mir fast den Wunsch entlockte, einen ähnlichen Sohn zu haben. Am Ende der Mahlzeit setzte sich der kleine Eulenspiegel ungescheut uns zur Seite hin, und verrichtete mit dem besten Anstand von der Welt dasjenige, womit vormals der wahre Eulenspiegel die Gäste in dem Wirtshause einer freien Stadt des H. R. Reiches von der Tafel trieb. Eine geschwätzige Schwalbe atzte über unserm Scheitel ihre Jungen, die mir ein weit angenehmerer Gegenstand waren, als die schwarz-braune Hauswirtin, die in einer

Ecke des Hofes ihre Kinder von Ungeziefer säuberte. Endlich griff ich nach dem Kruge, und erinnerte meinen Reisegefährten, daß wir den Vorabend des Namenstages unseres Ferbers mit einem Glase auf sein Wohl feiern müßten. Aber, Himmel! was für ein Wein! so sauer, daß er auch die abgehärtetste Kehle eines Bettelmönchs würde gekützelt haben. Nein, sprach ich, aus Essig trinke ich meinem Freunde nicht zu, und langte nach dem Wasser."

Viele Briefseiten später berichtet Born, daß er Carlsburg erreicht hatte: „Dieser Ort ist meine Vaterstadt, wo ich zur Welt kam und bis in mein achtes Jahr erzogen wurde. Es liegt in einer angenehmen, flachen mit Tonschiefer und Kalkhügeln umgebenen Gegend. Die Festung steht auf eine Anhöhe, an deren Fuß die Stadt liegt, wo ich, weil die Tore des Festung schon geschlossen waren, übernachten mußte." Leider kein Wort mehr, auch nicht, ob er der Festung einen Besuch abgestattet oder einen Verwandten getroffen hat.

Der Fortgang der Reise, weitere Erlebnisse und Beobachtungen wurden in dem am 28. Juli in Klausenburg verfaßten Schreiben mitgeteilt: „In Torda . . . befuhr ich mit 5 andern Gefährten die Theresieagrube. Wir wurden alle zusammen in einen von starken Seilen netzförmig gestrickten Sack gesteckt, der, als wir durch den Pferdegöpel hinabgelassen wurden, sich nach unten zusammenzog, so, daß wir nur den durch eine Öffnung herausragenden Kopf frei hatten. Über unserm Scheitel auf einem an dem Schurze, woran dieser Sack hing, festgemachten Stück Holz, ein Bergarbeiter, welcher sich an dem Seil mit der einen Hand festhielt, und mit der andern an den Ulmen des Schachts sich von einer oder andern Seite abstieß, um uns im Mittel des engen Schachts zu erhalten, und zu verhüten, damit wir nicht etwa an selben anstoßen möchten . . . Sobald wir die Mündung des Salzstockes erreichten, hingen wir auf allen Seiten frei, und ich sah mit Vergnügen 33 Lachter unter mir – denn so tief ist dieses Salzwerk, – eine Menge Grubenlichter, welche die beschäftigten Arbeiter bei ihren Verrichtungen gebrauchten. Als wir die Sohle erreichten und uns aus unserm Netze losgewickelt hatten, traf ich hier den Vorsteher . . ., der die Höflichkeit hatte, mir alles genau zu zeigen und zu erklären. Man überraschte mich durch ein angezündetes Bund Stroh, das man durch den Fahrschacht in die Grube warf. Es erleuchtete bei

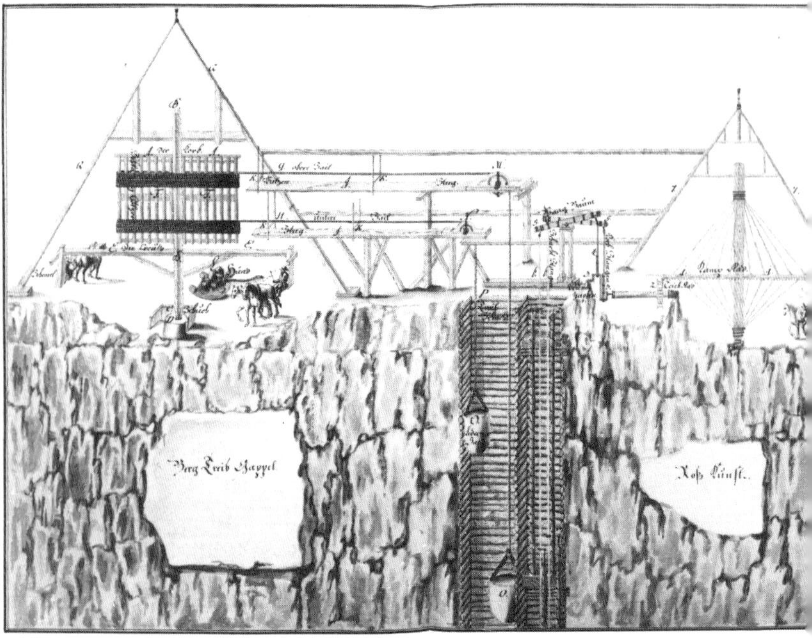

Zeitgenössische Darstellung eines Bergwerksbetriebes im Querschnitt

seinem Herabfallen den ganzen Umfang, wodurch ich die wellenförmige Blössung der Salzschichten, die conische Figur der Grube, welche ohne alles Gezimmer in dem Steinsalze abgesunken worden, genau sehen konnte. Das Licht prallte auf allen Seiten von dem hellen Steinsalze zurück und verursachte einen prächtigen Anblick, der aber, sobald das Feuer erlosch, wiederum aufhörte . . . Nach meiner Ausfahrt zeigte man mir die großen hochaufgetürmten Salzhalden . . . Dieses Salz ist zu keinem Gebrauch bestimmt . . . Die Ursachen welche man mir angab . . .: bei dem Überflusse und Reichtum der Siebenbürgischen Salzgruben schiene es nicht notwendig, mit dem Salze so sparsam umzugehen . . . Diese Ursache könnte schon gut sein, wenn wir sicher glauben dürften, daß unser Erdball nicht länger als etwa noch tausend Jahre bestehen werde: aber bei einer gut eingerichteten Staatswirtschaft, die auch für ihre spätesten

Nachkommen Sorgen tragen soll, scheinet doch eine solche vorsätzliche Zernichtung ... Verschwendung zu sein."

„Zwei Tage brachte ich auf dem Wege von Carlsburg nach Nagy-Bánya zu", berichtete Born in seinem Brief vom 2. August. „Nagy-Bánya liegt in einem von Gebirgen ... umgebenen Tale, in der Szatmarer Gespannschaft. Dieser Ort ist eine königlich freie Bergstadt, und war vor Zeiten mit ihren Bergwerken die beständige Morgengabe der Hungarischen Königinnen ... Die in dieser Gegend liegenden Bergwerke zu Kapnik, Felsö-Bánya, Fekete-Bánya, Lapos-Bánya und Mis-Bánya (kommen) täglich in größern Flor. Ich werde jeden dieser Bergflecken besuchen ..."

Born begann am 6. August mit seinem Besuch in Kapnik. Die ersten Zeilen dieses Schreibens haben bisher für Verwirrung um den Geburtsort von Born gesorgt. Da heißt es: „Bei der Wahl die ich hatte, einen oder den anderen unter das Nagy-Bányer Inspektorat gehörigen Bergort zu besuchen, gewann gar bald der in jedem Menschen verborgene Hang, sein natale Solum allen andern vorzuziehen, die Oberhand. Ich ging daher am ersten nach Kapnik ..."

Die große Katastrophe

Sechzehn Tage vergingen, ehe der nächste Brief geschrieben werden konnte. Dazwischen lag ein Unglück, dessen Folgen Born bis an sein Lebensende zu schaffen machten.

„22. August, 1770" steht auf dem Brief: „Mein langes Stillschweigen ist die Folge eines unglücklichen Zufalls, der mir bald das Leben gekostet hätte. Um das in Felsö-Bánya gebräuchliche Feuersetzen, und die Wirkung, welche durch einen so geringen Holzaufwand erfolgt, genau zu besehen, befuhr ich daselbst die große Grube, zu einer Zeit, als das Feuer kaum ausgebrannt, und die Grube noch voll Rauch war. Durch ein Ungefähr war ich gezwungen, etwas länger in dem Schachte zu verweilen, durch welchen der Rauch zog. Kurz ich verlor meine

Sinne, und man brachte mich erst nach fünfzehn Stunden durch Ziehpflaster und andere Mittel zu mir selbst. Mein Mund war aufgeschwollen, die Augen mit Blut unterzogen, und alle Glieder gelähmt. Ohne die Hilfe eines jungen geschickten Arztes in Nagy-Bánya . . . würden Sie ihren Freund gewiß verloren haben. Vielleicht verlieren Sie ihn aber noch; denn ein gewaltiger Husten und ein schmerzliches Hüftweh, die mich wechselweise martern, sind zureichend genug, meine ohnedies schwach gebaute Maschine zu zerstören. Geschieht dies, so verschaffen Sie mir die Ehre, mein bester Freund, daß man meinen Namen wenigstens in das Martyrologium der Naturforscher eintrage."

Ohne weiteren Übergang gab Born seinen Montanbericht: „Felsö-Bánya gehört unter die älteren Bergstädte, die in einer ununterbrochenen Reihe von einigen hundert Jahren ihren Bergbau forttreiben . . . Man bezwang hier das Gestein, welches grauer Hornstein – Petrosilex – ist, von Alters her mit Feuersetzen . . . Die großen Weitungen, Brüche und Unbequemlichkeiten, welche die sonst gewöhnliche Art des Feuersetzens . . . verursacht haben, brachten hier die Gewerke auf den Gedanken, eine sparsamere und bequemere Art, das Feuer zur Gewinnung der Erze anzuwenden, zu ersinnen. Sie teufen (tiefen) nämlich den Schacht ab, bedienen sich eines eisernen Rostes . . . den man hier Prägelkatze nennet, (darauf) werden . . . lange Stücke Holz gelegt, und sodann angezündet. Wenn dann das Feuer das Gestein losgezogen und mürbe gemacht hat, und das Holz verbrannt ist, so nimmt der Bergmann das lockere Gestein, mit Brechstangen, in den Ulmen und in der Firste weg, und wiederholet seine Arbeit . . . Sie sehen selbst ein, mein bester Freund, daß auf diese Art nur die Spitze der Flammen zu Hilfe genommen wird, um das Gestein mürbe zu machen. Diese Flamme nach den Gegenden zu richten, an welchen es entweder im Hangenden oder im Liegenden seine Wirkung tun soll, haben diese Arbeiter eine Menge Handgriffe, welche sie die Übung gelehrt. Sie wissen, durch angebrachte Wettertüren und durch die Richtung des aufgesetzten Holzes, der Luft denjenigen Zug zu geben, der ihrer Arbeit am vorteilhaftesten ist . . . auf diese Art werden die Erze sehr vorteilhaft gewonnen . . . (dennoch) sind die Wetter in diesen Gruben, wegen der vom Feuer aufgelösten Kiese und andern halbmetallischen Teilen, selbst des Rauches von dem gebrannten Holze wegen stets ungesund, und verursachen dem Bergarbeiter viele Krankheiten, und einen frühzeitigen Tod."

Dann kam Born auf sein Mißgeschick zurück: „Wüßten Sie es, mein Freund, wie hart es mir ankam, mich solange aufrecht zu halten, um diesen Brief zu enden, so würden Sie solchen, als einen der größten Beweise, die Sie von meiner Freundschaft erwarten können, ansehen."

Wieder in Schemnitz

Borns Gesundheitszustand war in höchstem Maße angegriffen. Sobald es möglich war, trat er die „Heimreise" nach Schemnitz an. Von dort berichtete er am 30. August 1770 an Daniel G. Schreber: „Die bösen Wetter haben mich in der Grube zu Felsöbánya, wo ich nach dem Feuersetzen einfuhr, erwischt. Ich lage fünfzehn Stund ohne Sprache und ohne Gefühl, mein Mund schwoll mir recht schrecklich auf, und meine Augen waren ganz Blut. Endlich brachte man mich durch Ziehepfläster zu mir selbst. 6 Täge war ich an allen Gliedern lahm, und den 8ten trug man mich in meinen Wagen und fuhre mich nach Schemnitz, wo ich noch immer das Bett hütte."

In den Briefen an Ferber erzählte er über die Rückreise: „Ich kann Ihnen unmöglich sagen, wie viel ich auf einer Reise von zehn Tagen . . . ausgestanden habe. Man trug mich meistens in und aus dem Wagen. Jeder Stein, an den ich anfuhr, jede Erschütterung des Wagens verdoppelte meine Schmerzen, die ich im ganzen Körper fühle . . . Zu gleicher Zeit, als ich in Schemnitz eintraf, kam auch die Nachricht von dem mir zugestoßenen Unglücke, und, weil das Gerücht allezeit etwas hinzusetzt, von meinem Tode an. Meine Gegenwart war also höchst notwendig, um meine Familie zu versichern, daß diese letzte Nachricht falsch sei."

Born mußte kurz darauf erfahren haben, daß sich im Prager Münzmeisteramt personelle Veränderungen ergeben würden, denn er wandte sich sofort an die Hofkammer in Wien, wo man

Des

Hrn. Ignatz, Edl. von Born,

Ritters, K. K. Berg-Raths, der Königl. Akademie der Wissenschaften zu Stockholm, der Großherzogl. zu Siena, u. der Georg. gelehrt. Gesellschaft zu Padua Mitglieds ꝛc.

Briefe

über

Mineralogische Gegenstände,

auf seiner Reise

durch das Temeswarer Bannat, Siebenbürgen, Ober- und Nieder-Hungarn,

an

den Herausgeber derselben,

Johann Jacob Ferber,

Mitglied der Königl. Großherzogl. Akademie der Wissenschaften zu Siena, und der Ackerbau-Gesellschaft zu Vicenza und zu Florenz,

geschrieben.

Frankfurt und Leipzig, 1774.

Titelblatt der 1774 verlegten Reisebriefe Borns an seinen Freund J. J. Ferber sein Ansuchen wohlwollend behandelte. Er wurde Amtsnachfolger des Grafen Colloredo in Prag.

Diese Veränderung meldete er dem Freund Ferber und fügte hinzu: „Ich weiß nicht ob ich mich über meine neue Bestimmung freuen soll, oder nicht. Freilich werde ich an einen Ort versetzt, wo ich mehr Gelegenheit habe mich hervorzutun; ich komme in das Land, welches ich seit einigen Jahren als mein Vaterland ansehe . . . wo ich schon seit langer Zeit meine Mineraliensammlung aufzustellen beschlossen habe, und wo ich für die Herstellung meiner Gesundheit mehr Sorge werde tragen können . . ."

Zwischenspiel und Beobachtungen in Wien

Obwohl sein Gesundheitszustand noch angegriffen war, reiste Born im Oktober 1770 nach Wien. Er mußte sich der obersten Bergbehörde der Monarchie präsentieren. Gewiß nützte er seine Anwesenheit auch, um Geschwister und Freunde zu treffen. Doch war es ihm auch ein Bedürfnis, Umschau zu halten. Er sah wenig Erfreuliches. Sein Resümee gab er an Ferber weiter: „Sie kennen die Vergnügungen, Annähmlichkeiten, Unterhaltungen und auch die Unbequemlichkeiten dieser Stadt. Sie kennen auch den Zustand der Gelehrsamkeit auf der hiesigen hohen Schule, und beklagten selbst, daß man einen Lehrstuhl für die Naturgeschichte gänzlich vergessen habe. Hätte sich jemand gefunden, der hievon Erwähnung getan hätte, so ist es sicher, daß unsere Monarchin auch dafür gesorgt hätte . . ." Bei aller Anerkennung der bedeutenden Leistungen des aus Holland nach Wien berufenen Gerhard van Swieten als Arzt, Studienreformator und durch tätige Aufklärung mußte er ihm doch nachsagen, daß dieser „kein besonderer Kenner der Naturgeschichte" sei.

Von besonderer Wichtigkeit war Borns Besuch im kaiserlichen Mineralienkabinett, das seit dem Tode des Kaisers Franz I. Stephan von Lothringen (der ein großzügiger Förderer war) kaum mehr betreut wurde. Er erkannte sofort die wissenschaftliche Bedeutung der dort gesammelten Objekte und notierte: „Der Herr Bergrath Jacquin hat ein Mineralien-Cabinet anzulegen angefangen, das er jetzt ansehnlich vermehrt. Seine Beschäftigungen (gemeint ist die Anlage des Botanischen Gartens) ließen ihm noch nicht Zeit genug übrig, solches in Ordnung zu bringen.“ Mit sichtlicher Zufriedenheit aber nahm Born die Tatsache zur Kenntnis, daß es in Wien zahlreiche private Mineraliensammlungen gab. „Die Väter aus den frommen Schulen, in der Savoyischen und Löwenburgischen Academie, haben jetzt auch Lehrer der Mineralogie angestellt, welche ebenfalls ihre Sammlungen ernstlich zu vermehren trachten.“

Die Abende in Wien verbrachte Born, nach eigener Aussage, im Kreise der Familie Sonnenfels. Man könnte sich vorstellen, daß die dabei geführten Gespräche um die Gründung einer Akademie der Wissenschaften, nach den Vorbildern der Londoner Royal Society und der Pariser Académie des sciences, kreisten. Wahrscheinlich wurden dabei auch Namen genannt, darunter Lessing und Klopstock. Leider blieb das nur Theorie. Born reiste nach Prag – und übernahm seine neuen Amtsgeschäfte.

Sammler, Ordner und wissenschaftlicher Publizist

Trotz der neuen Aufgaben, die Born übernommen hatte, fand er nun endlich etwas mehr Zeit, sich seinen Sammlungen widmen zu können, vor allem sie zu ordnen, wie es seinen wissenschaftlichen Erkenntnissen entsprach. Daß er das nicht ausschließlich zum eigenen Gefallen machte, bezeugt die Publikation, die 1772 beim Verlag Wolfgang Gerle in Prag erschien und die der wissenschaftlich interessierten Fachwelt seine Forschungsergebnisse und seine Ordnungsprinzipien, vor allem seiner Fossiliensammlung, also der Versteinerungen, zugänglich machen sollte. Der Zeit entsprechend erschien das Werk in lateinischer Sprache und trug den Titel „Index Fossilium

Index Fossilium
quæ collegit, et in Classes
ac Ordines disposuit
Ignatius S.R.I. Eques
a Born
Dominus in Altsedlitsch
Inchau, Tissa etc:
S.C.R. Majest. in re
metallica et monetaria
a Consiliis
Societatis Regiæ Holmensis
Socius.

Pragæ apud Wolffgangum Gerle 1772.

Titelblatt der 1772 in Prag erschienenen, von Born verfaßten Beschreibung seiner eigenen mineralogischen Sammlung quae collegit, et in Classes ac Ordines disposuit Ignatius. S. R. I. Eques a Born. Dominus in Altsedlitsch, Inchau, Tissa etc.“. Zwei Jahre später folgte dieser Veröffentlichung ein zweiter Band.

Diese bedeutende wissenschaftliche Arbeit begründete seine europäische Anerkennung, denn bald nach dem Erscheinen wurden ihm die Mitgliedschaften der Akademien in Stockholm, Siena, Padua, München verliehen, und 1774 erfolgte seiner Aufnahme in die Royal Society in London. Werk und Ehrungen dürfen aber nicht vergessen lassen, daß Born immer wieder an den Nachwirkungen seines schweren Unfalls zu leiden hatte. So schrieb er Ende Mai 1771 an D. G. Schreber nach Erlangen: „Ein heftiges Sciatique (Ischias) . . . hält mich schon mehr als 5 Wochen im Bette und macht mich zu allem untauglich.“

Doch als sich dieser Anfall besserte, begab er sich, in Begleitung seines Freundes Ferber, auf eine Inspektionsreise in verschiedene Bergstädte, welche sie wohl auch zur Erweiterung ihrer Mineraliensammlungen nutzten. Außerdem gab Born auch noch ein sehr wichtiges Buch heraus, nämlich eine „Kurzgefasste Beschreibung der, bey dem Bergbau zu Schemnitz in Nieder-Hungarn errichteten Maschinen . . . zum Gebrauch der, bey der Schemnitzer Bergschule errichteten Vorlesungen, verfasst von Nicolaus Poda, der Gesellschaft Jesu Priester, öffentl. Königl. Lehrer der mathematischen Wissenschaften . . .“

„Ich hoffe, daß diese Ausgabe sehr gemeinnützig werden soll“, schrieb er und legte damit erneut eine Bekenntnis dafür ab, alles zu tun, um aufklärend zu wirken. In diesem Fall ging es um einen Lehr- und Lernbehelf für den montanistischen Nachwuchs. Noch konnte er nicht ahnen, daß diese Absicht schwerwiegende Folgen haben sollte.

„Prager gelehrte Nachrichten“

Am 1. Oktober 1771 erschien die erste Lieferung (Umfang ein Bogen in Kleinoktav) der „Prager gelehrten Nachrichten“. Verleger war wieder Wolfgang Gerle in Prag. Insgesamt gab es 50 Lieferungen (2 Bände) bis zum 15. September 1772. Die Titelvignette zeigte eine „Allegorie der maßvollen Kritik“.

Diese Publikation war eine kritische Literaturzeitschrift. Veranlassung zu ihrer Herausgabe war „dieses für uns erniedrigende Vorurteil ... mit dem einige, eben nicht aufrichtige Kunstrichter, die Arbeiten ansehen, die in den verschiedenen Provinzen unserer Erblande ans Licht treten“. Es wurde zum erklärten Ziel, „alle in unseren österreichischen Staaten ausgegebenen Werke“ so bekannt zu machen, wie sie es – nach Meinung der „Gesellschaft gelehrter Männer in Prag“ – verdienten.

Die schon bald auftretenden Kritiker der kritischen Zeitschrift bezichtigten die Rezensenten des „Sonnenfelsianismus“. Dennoch sollte der erzieherische Wert dieser Blätter nicht unterschätzt werden. Jedes Mittel war recht (in Deutschland waren zahlreiche derartige kritische Blätter vorhanden), um viele Menschen von den Fortschritten auf wissenschaftlichen und literarischen Gebieten in Kenntnis zu setzen und sie dafür zu interessieren. Freilich war die Schicht, die dafür Interesse fand, eine noch recht dünne.

Während nämlich die bedeutsamen wissenschaftlichen Arbeiten („da es in der deutschen Sprache damals noch keine so gut entwickelte naturgeschichtliche Terminologie gab“) immer noch in lateinischer Sprache abgefaßt wurden, war eine solche deutsche Zeitschrift von besonderer Bedeutung.

Eine Äußerung des Mitgründers der „Gelehrten Gesellschaft“ Franz Graf Kinsky, die dieser in seinem Buche „Erinnerung über einen wichtigen Gegenstand von einem Böhmen“ (1773) machte, ist für diese Entwicklung kennzeichnend: „Ich gestehe, daß ich als ein guter Abkömmling der Slaven das Vorurteil mitgeerbt habe, es müße, wenn die Muttersprache eines Franzosen die französiche und eines Deutschen die deutsche ist, solches für einen Böhmen auch die böhmische sein.“

Bereits im zweiten Stück erschien die Rezension des von

Born herausgegebenen Buches von Poda über die in Schemnitz verwendeten Bergbaumaschinen. Die Besprechung dieser Arbeit gipfelt in den Worten: „Eine Arbeit für die ihm die Nachwelt Dank wissen wird." Dank hat sie nicht dem Verfasser und dem Herausgeber schon gar nicht gebracht.

Ein „Circular" und seine Folgen

Ein vierzigzeiliger Entwurf vom 20. März 1772 erliegt im Wiener Hofkammerarchiv und läßt rigorose Überarbeitungen erkennen; 24 Zeilen wurden gestrichen, der Text aufs äußerste verknappt. Das „Circular" erging an alle Bergmeisterämter: „Nachdeme ohne Vorwissen dieser Hof-Cammer in Montan: verschiedene (das montanisticum betreffende) Schriften und Tractate durch den Truck in Vorschein gekomen, . . . also wurde neuerlich nachdrücklichst verbotten, daß kein in Kaysl:Königl: Pflichten stehender Berg-Rath, oder Beamten ohne außnahme, unter Verlust des Dienstes, weder von der Bergwercks-Manipulation, noch von denen Kunst-Maschinen Schriften herausgegeben . . ."

So muß angenommen werden, daß Borns Veröffentlichung des Buches von Poda mit ein Grund für diese gravierend einschränkende Maßnahme war. Born reagierte in einem Schreiben vom 28. März an D. G. Schreber mit Hinweis auf das zitierte Circular: „Können Sie glauben, daß in einem aufgeklärten Lande so was möglich sei?" Sosehr ihn die Tatsache einer solchen Verordnung getroffen haben mag, in seinen Intentionen ließ er sich davon nicht beirren.

Mit Nachdruck arbeitete er an der Herausgabe der „Briefe aus Wälschland" mit denen J. J. Ferber nach mehrmonatigem Aufenthalt in Italien seine geologischen, mineralogischen und naturwissenschaftlichen Beobachtungen vermittelte. Ankündigung an Schreber: „Nächstens werden die Briefe gedruckt erscheinen . . . Sie enthalten so viel Lehrreiches für einen Mineralogen, daß ich nicht zweifle, sie werden wohl aufgenommen werden. Auch eine Nachricht von denen Quecksilberbergwerkern in Hydria, die dortige Schmelzart, die Öfen und alles, was dahin einschlägt, enthält, habe ich fertig. Ich will einen kleinen Prolog über die Geheimniskrämmereien in den Österreichischen Staaten vorsetzen, aber meinen Namen sorgfältig verschweigen . . ."

Man vermeint einen kerngesunden, allen Hofkammerverordnungen gegenüber ungebrochenen Mann vor sich zu haben. Tatsächlich aber war der Gesundheitszustand Borns alles andere als gut.

Resignation

Die von amtlicher Seite verfügten Einschränkungen einerseits und wohl auch die angegriffene Gesundheit andererseits ließen in Born den Entschluß reifen, in der Mitte des Jahres 1772 an seine vorgesetzte Dienststelle zu schreiben: „Niemand sucht mehr die Pflichten die man als Unterthan dem Staat, in dem ich geboren zu werden das Glück hatte, schuldig ist, zu kennen und zu erfüllen, als ich. Diese waren es die mir den Mut einflösten damals, als ich mich fähig hielt einem Dienste in meinem Vaterlande mit Nutzen vorzustehn, um solchen anzuhalten . . . aber eben diese Pflichten fordern jetzt, da ich mich zur weiteren Verwaltung der mir gnädigst aufgetragenen Berg-Rats-Stelle ganz unfähig finde . . . zu bitten dieses mir anvertraute Amt wiederum abzunehmen."

Und der resignierende Bergrat erklärt diesen Wunsch mit dem Siechtum seines Körpers: „Ich habe fast alle möglichen Mittel angewandt, um von meiner schmerzlichen Sciatique, daß mir den Gebrauch meines rechten Fußes fast gänzlich untersagt, los zu kommen. Statt aber hievon eine Linderung zu spüren, wuchs meine Unpässlichkeit täglich mehr und mehr, so daß ich jetzt schon mehrere Wochen ohne aller Aussicht einer künftigen Besserung im Bette zubringen (muß) . . ." Obwohl ihm der bekannte Unfall auf einer Dienstreise zustieß, betont er nachdrücklich, er wolle dies nicht „als eine Folge der Diensterfüllung angeben und dabey Gelegenheit nehmen . . . eine allfällige Belohnung erschleichen zu wollen".

In dem mit 6. November datierten Dekret wurde Born seine „Bitte" gewährt, wobei ausdrücklich auf die wissenschaftlichen Verdienste des scheidenden Beamten hingewiesen wurde. Allerdings vergaß man auch nicht auf das „Circular" zu verweisen, nach dem auch nach einem Ausscheiden keine den Bergbau betreffenden Bücher, ohne vorheriger Vorlage bei der Hofkammer für das Münz- und Bergwesen, im Druck erscheinen durften.

Gutsherr auf Alt-Sedlitsch

Wie man aus Briefdatierungen weiß, begab Born sich bereits im Juli 1772 auf sein Gut im Kreis Pilsen. Die Ruhe der ländlichen Umgebung tat ihm offenbar sehr gut, denn er schrieb in den ersten Wochen seines Dortseins eine Erzählung literarisch-satirischen Inhalts, der er den Titel „Die Staatsperüke" gab.

Zu dieser Aufenthaltsperiode Borns wußte der zeitgenössische Historiker Ignaz de Luca schon 1778 zu bemerken: „Er pflegte da seine Gesundheit, und genoß durch 4 Jahre, an der Seite einer zärtlichen Gattin die philosophische Muße . . . brachte seine Gedanken zu Papier, übergab sie der Presse, und erhielt einen allgemeinen Beifall. Wenn Böhmen in Ausbreitung so vieler literarischer Kenntnisse einen großen Teil der k. k. Erblande weit hinter sich läßt, wenn sie so vortrefflichen Fortgang in der Bearbeitung ihrer Landesgeschichte, der Naturgeschichte ihrer Gegenden, der physischen und mathematischen Wissenschaften macht, so hat sie alles dieses Born zum Teil zu danken."

Die aus eigener Anschauung getroffene Feststellung fand in der brieflichen Schilderung der tatsächlichen Situation ihre realistische Ergänzung. Das Schreiben vom 2. November an D. G. Schreber läßt Borns finanzielle Lage erkennen: „Ich bin in Verlegenheit, daß ich mit den anverlangten 4 000 th (Ta-

Das Schloß Alt-Sedlitsch (Kreis Pilsen), einst für mehrere Jahre Borns Wohnsitz, wurde 1952 demoliert. Das Foto wurde vor 1945 gemacht und stammt aus dem Besitz von Dr. R. v. Unterrichter, Brixen

lern) nicht dienen kann, indem ich vor einem halben Jahre ein an mein Gut angrenzendes anderes Gut (Tisova) für 69 000 fl erkaufet habe und folgends selbst zu dessen terminweiser Bezahlung Gelder aufnehmen muß . . ."

Die Besitzungen Borns umfaßten eine Fläche von etwa 45 000 Quadratmetern und teilten sich in Ackerboden, Gartenflächen, Weideland, Heu- und Grumetwiesen, Wälder und Fischteiche. Josef Haubelt ist in seiner Studie dem Steueraufkommen Borns nachgegangen und hat errechnet, daß der Ertrag sich etwa auf 1 700 Gulden jährlich belief.

Doch Borns Aufwendungen, seine Sammlungen zu erweitern, und die Ausgaben für den Druck der Bücher und vieles andere mehr ließen ihn kaum ausreichende Reserven anlegen. Die Besitzungen in Tissa, Tirna und Lhota verkaufte Born im Jahre 1774 wieder; Alt-Sedlitsch besaß er bis 1781, also etwa vierzehn Jahre lang.

*

Nachfolgende Fakten entnehme ich dem verdienstvollen Aufsatz über Born von Simone und Peter Huber, die Sedliště Staré kürzlich besuchten, und danke für deren Erlaubnis: „Bedauerlicherweise war vom Schloß, von einigen unbedeutenden Nebengebäuden abgesehen, nichts mehr zu sehen. Nach Auskunft im Ort bestand es bis 1952 und wurde dann, da sich insbesondere das Dach in einem schlechten Zustand befand, eingerissen . . . An Stelle des Schlosses baute man einen flachen, nichtssagenden und heute schäbigen Einkaufsmarkt . . . Ferner war zu erfahren, daß Ignaz von Born die Kanzel in der Altzedlischer Kirche im Jahre 1773 stiftete." (!?)

„Die Staatsperüke“

Diese 27seitige „Erzehlung“ (!), von der behauptet wird, Born habe sie für seine Freunde geschrieben, welche sie dann ohne Kenntnis des Autors und anonym (1773) in Wien erscheinen ließen, ist ein erstaunliches literarisches Zeugnis des 18. Jahrhunderts.

Die Geschichte beginnt damit, daß der Ich-Erzähler, aus einer Gesellschaft müßiger Geschöpfe kommend, sich in seinem Heim auf einen neuen Lehnstuhl wirft:„Aber, Himmel! mit welchem Entsetzen prellte ich von hier zurück, da in einem Augenblick ein halberstickter kläglicher Ton durch meinen ganzen Körper drang . . .“ Der Erscheinung nachgehend, sogar vermutend, daß es der „Nachklang“ der „durchdringenden Stimme der Frau von*** (wäre), die mir vor einer halben Stunde den Kopf so voll lärmte . . .“, durchsuchte er den Raum, um sich erneut auf den Lehnstuhl zu setzen. Deutlich vernahm er das Wort: „Unmensch! Du erdrückst mich . . . Mit kälterem Geblüte hob ich mich nun, beobachtete das Kissen, welches sich nach und nach in die Höhe zu thürmen, und zu schnauben schien. In Eil ergriff ich mein Federmesser und ritzte den Überzug auf. Wie groß war mein Erstaunen! – Eine weite, lange, breite, ehrwürdige Perüke, vor der ich mich, wenn sie mit sechs Pferden daher gefahren wäre, bis zur Erde gebücket haben würde, kroch mit dem Beystand der elastischen Bewegungen ihrer Locken . . . aus dem Polster langsam herfür.“

Nachdem der Ich-Erzähler sich von dem Schreck erholt hatte, begann man zu dialogisieren: „Wie kann ich dir helfen? – Du irrst Sterblicher! versetzte mit noch keuchender Stimme die Perüke. Du kennest die Ziege, die Äsop, Fontaine, und die glückliche Fabeldichter sprechen hörten: Ich bin ein Abstämmling davon. – Verehrungswürdige Hülle dieser lehrreichen Ziege ! rief ich mit Bewunderung aus.“ – Da aber kam er schön an: „. . . mich nennest du eine Ziege? Die Reihe meiner Zufälle, der Verfall meines Geschlechtes, das grausame Edikt, und die natürlichen Folgen davon . . . müßen mich freilich in deinen Augen herabsetzen. Wie hart wird noch mein Schicksal werden!“ Nun begann die Perücke ihre „Lebensgeschichte“ zu erzählen. „Zur Vergrößerung der Majestät“ wurde „einem französischen Haarkrauser gnädigst aufgetragen für den großmächtigsten und unüberwindlichen Monarchen des Königreiches Schetura, eine Perüke in Vorschlag zu bringen ... Was für ein Haufen von Haaren, aus denen mein Erschaffer die würdigsten aussuchen sollte. Sechs türkische Roßschweife, vier Pfund Ziegenhaare, worunter auch die glückliche Locke war, die Phillis, die Schäferin Arkadiens, einer von denen sprechenden Ziegen abschnitt ... Diese Locke ist der edlere Theil meines Körpers ... Haare von Ungläubigen ... Haare von Ertrunkenen, Erhenkten, und sogar der Bart eines Rabbiners – wurden in meinen Körper eingewürket ... Bei einem festlichen Stiergefechte erschien ich das erstemal in meinem Glanze. Alle bückten sich vor mir bis zur Erde. Zwey Jahre genoß ich ungestöhrt meines Glücks, bis endlich eine neue Mode kam, und ich an einen Kammerdiener verschenket wurde ...“

Ab nun ging die Perückenkarriere abwärts. Nach des Kammerdieners Tod reiste sie mit dessen Sohn, doch er „verwahrte mich in einem alten Koffer so übel, daß ich zum Theil denen Ratten im Schiffe zur Nahrung wurde“. Nach den Bedienten kam die Perücke zu „einer Truppe welsche Schauspieler. Gleich Tages darauf erschien Arlekin mit dieser neuen Beute. Man klatschte ihm Beyfall zu, und ich fühlte dabey den schrecklichsten Schmerz, da ich mich von der Höhe meines Glückes bis zum Gelächter des Pöbels herab gestürzet sahe“. Nachdem die Truppe „banquerot“ machte, bemächtigte sich der Friseur des haarigen Nachlasses und „baute aus diesen Ruinen eine Rathsperüke“, die an einen Ratsherren weitergegeben wurde, dem sie „zwanzig Jahre unermüdet und getreu seinen wichtigen Schädel gegen Hitze und Kälte schützte“. Doch eines Tages „las unser Herr Syndicus eine hohe Verordnung“, die damit endete, daß, „welch ein Donnerschlag! die ungeheuren Perüken verrufen“ seien. Auf dem Umweg über einen Juden kam diese an einen Tapezierer, „für einen geringen Preis, stopfte der damit Ruhebetter und Sesseln aus ... “

Der Moral von der Geschichte wich Born mit großem Geschick aus: „Welch Unglück! meine Perüke ist in Flammen. Ich entschlief gleich beim Anfange der Moral, die vielleicht lange gedauert haben mag. Das Licht fiel, ich weis nicht wie, um, ergriff meine Perüke, und nun loderte sie in Flammen auf, ein

Brandopfer dem guten Geschmack! –" So übte Born Kritik am menschlichen Verhalten, sowohl was die Eitelkeit als auch die Dummheit, das Unvermögen und die Pöbelhaftigkeit anlangt.

Stil und Erzählungsablauf wurzelten ganz in der barocken Dichtung, wiesen aber durch die „fatale" Perücke schon einige Jahrzehnte in die Zukunft, da die „fatalen Requisiten" die Literatur zur Gänze beherrschten.

Borns Wirken von Alt-Sedlitsch aus

Was Born jetzt besonders beschäftigte, war die Tatsache, daß dieses so geschichtsreiche Land sich dieser Geschichte kaum bewußt war. Im Umgang mit den Historikern und Wissenschaftlern der „Gesellschaft gelehrter Männer" wurde ihm klar, daß dagegen etwas getan werden müsse. Sein Nachteil war, daß er die tschechische Sprache nicht beherrschte. So initiierte er 1773 die Herausgabe eines Fundamentalwerkes (in lateinischer Sprache): „Effigies virorum eruditorum artificum Bohemiae et Moraviae". Adauktus Voigt verfaßte als ersten Band eine Geschichte der Wissenschaften in Böhmen, dem eine Reihe von kürzeren Biographien großer Männer des Landes, mit Karl IV. beginnend, folgte. Dedikationsträger war der Förderer, Bischof Graf Waldstein.

Die lateinische Sprache erwies sich für eine Verbreitung als Hemmnis. Franz Martin Pelzel, der hervorragende Historiker und Slawist, übersetzte das Werk unter dem Titel „Abbildungen Böhmischer und Mährischer Gelehrter und Künstler". Adaukt Voigt verwies in seinem Vorwort nachdrücklich auf Borns ideellen, aber auch finanziellen Einsatz, „ein der Ehre der böhmischen Nation so zuträgliches Werk zu unternehmen und zu vollenden".

Auch widmete sich Born in der ländlichen Umgebung, begeistert vom floralen Wachstum, seinem Garten, den er als seine größte Ergötzung bezeichnete und für den er von überall her Samenproben bestellte. Am 28. April bedankte er sich bei

Schreber für „gütigst übersandte Samen. Es waren mehrere darunter, die ich noch nicht hatte. Ich habe dieses Jahr ungefähr bis 550 verschiedene Species angesaet, welche mir, da ich noch ein so unwissender Anfänger bin, genug zu schaffen geben werden".

Ferber kam in diesem Jahr wieder einmal zu Besuch. Gemeinsam reisten die beiden nach Eger, wo sie den etwa dreißig Meter aufragenden erloschenen Vulkan Kammerbühl untersuchten. Ernst Proft dazu im Jahrbuch der K. K. Geologischen Reichsanstalt 1894: „Die erste, wirklich wissenschaftliche Nachricht vom Kammerbühl gibt im Jahre 1773 von Born in seinem Schreiben an den Grafen von Kinsky." Dieser am 23. Mai stattgefundene Besuch erwies den vulkanischen Ursprung, und Born empfahl sogar zur definitiven Feststellung dieser Tatsache einen Stollenbau nach der Eruptionsspalte. Dazu kam es allerdings erst Jahrzehnte später. Goethe hatte 1820 Gelegenheit, Kammerbühl zu besuchen, fand dort Lavabrocken, war aber der Meinung, daß man einen Stollen „nach der Berührungsstelle des Basaltes mit dem Grundgebirge errichten" sollte.

Der Brief vom 27. Mai an J. Ch. Schreber faßte die Ereignisse zusammen: „Auf einer kleinen Reise nach Eger habe ich einen Berg, der ganz aus Lava, Bimsstein und grober Puzzolanerde bestande, besehen. Der Krater, aus welchem vormals die Flamme und diese Produkte ausgeworfen worden, ist sehr kenntlich. Es ist merkwürdig, daß unweit davon Basaltgebirge sind. Ich habe eine kleine Abhandlung darüber fertig . . ." Die folgenden Zeilen zeigen einen besonderen „Trick", den Born zur Umgehung des „Circulars" anwenden mußte: „Die Nachricht über das Sal mirabile werden Sie in den Briefen von meiner Reise durch Siebenbürgen, Bannat, Ungarn etc. lesen. Ich mußte die Einkleidung von Briefen, welche ich damals an Ferber geschrieben zu haben vorgebe, wählen, weil man bei meiner Entlassung von meinem Dienste mir solche nur mit dem Bedingnis zugestanden hat, daß ich nie etwas, so die Bergwerke oder Mineralgeschichte betrifft, drucken lassen soll. Diese Briefe mußten also einen andern Herausgeber haben." Wissenschaftliche Abhandlungen in Briefform herauszugeben war damals üblich.

Die anstrengende Reise, die Arbeiten im Garten und am

Schreibtisch müssen die Gesundheit Borns erneut angegriffen haben, denn am 10. November schrieb er wieder an Schreber: „. . . ich bin leider seit 5 Monathen fast stets an mein Bett geheftet und zu allen Geschäften unfähig, ja was das schmerzlichste ist, ich sehe ganz keine Hoffnung vor mir, so bald wiedrum hergestellt zu werden."

Der totgesagte Born

Borns schwankender Gesundheitszustand brachte mit sich, daß im April 1775 das Gerücht auftauchte, er wäre verstorben. Prag erfuhr aus Borns Umgebung, daß daran kein Wort wahr sei; er sei zwar bettlägerig, sonst aber wohlauf.

Erst Jahre später, 1792, nach Borns Tod, veröffentlichte das „Mährische Magazin": „Des Herrn Hofrat von Born Schreiben aus dem Elisium an Hrn. Adaukt Voigt". Einleitend hieß es: „Der gelehrte Piarist P. Adaukt Voigt, war einer seiner innigsten und vertrautesten Freunde. Voll Vergnügen, daß sein vortrefflicher Freund wieder lebe, und gesund sey, benutzte er die Gelegenheit, dem tod verkündigten großen Mann in dem zwischen ihnen angenommenen scherzhaften Tone die Betrübnis seiner Freunde in die Unterwelt zu schreiben, und sich um das Befinden seiner früher abgeschiedenen Landsleute zu erkundigen . . ."

Diesen Brief hatte Born schon am 29. Mai 1775 aus dem „Elysium" beantwortet: „Sterblicher Freund! Nun ist es gewiß, daß die Freundschaft noch jenseits des Grabes fortdaure . . . Glauben Sie ja nicht, daß ein Becher voll Lethe, das Andenken an diejenigen die wir oben liebten, hienieden verlöschen könne", führte Born in diesem heiteren Schreiben aus. „Ich verlangte die Gegend, wo Theophrast, Plinius, Solinus, Xenokrates, Aristoteles, und die übrigen älteren Naturforscher wohnten, zu besuchen. Beim Eintritte . . . empfing mich Mathesius, unser Landsmann, und der Myso-Bohemus Agricola." (Diese beiden Männer waren im 16. Jahrhundert bedeutsame Schriftsteller der Montanistik, denen sich Born verbunden fühlte.)

Er ließ sich nun zu den „Sammelplätzen der Helden, der Könige und Staatsmänner" geleiten und „begegnete" dort dem legendären Čzech, den ältere Geschichtsschreiber für den Anführer und ersten Regenten der nach Böhmen gekommenen Slawen und den Stammvater der folgenden Herzöge halten. Born schloß: „Nun bin ich wieder in der ruhigen Aue unserer Alten, mache täglich neue Bekanntschaft, und lerne von Theophrast, Plinius und anderen . . . Durch Merkuren schicket ihnen die kurze Nachricht und einen freundschaftlichen Kuß Ihr Freund Born."

Neuerliche „Abhandlungen"

„Ich und einige meiner patriotischen Freunde", schrieb Born am 8. Oktober 1774 aus Alt-Sedlitsch an den Bischof von Leitmeritz, den Reichsgrafen Emanuel Ernst von Waldstein, „sind gesinnt, jährlich einen Band von Abhandlungen über die Vaterländische Geschichte, der Mathematik, Naturlehre und Naturgeschichte auszugeben." Damit hatte sich Born abermals wissenschaftspublizistisch engagiert. Die Auswahl der in diesen Abhandlungen beleuchteten Gebiete zeugte für sein Streben, möglichst umfassende Aufklärung und Wissenschaftsförderung der praktischen Naturwissenschaften zu betreiben.

1775 erschien in Prag der erste Band. In seiner Vorrede ließ Born erkennen, wie sehr es ihm um den „Ruhm der Nation" ging; er meinte das durchaus „böhmisch"! Sechzehn Beiträge, darunter von Johann Tessanek, Joseph Stepling, Adaukt Voigt („Untersuchung über die Einführung, den Gebrauch, und die Abänderung der Buchstaben und des Schreibens in Böhmen", „Von dem Alterthume und Gebrauche des Kirchengesanges in Böhmen") und Franz Martin Pelzels „Abhandlungen über den Samo, König der Slaven", geben Autorenkreis und Themenabsichten kund.

Begeisterung erfüllte den Herausgeber, als er im Vorwort zum zweiten Band feststellen konnte, „daß Gelehrte auch ohne öffentliche Aufmunterung und Unterstützung ihrem Vater-

Abhandlungen
einer
Privatgesellschaft
in Böhmen,

zur Aufnahme der Mathematik, der vaterländischen Geschichte, und der Naturgeschichte.

Zum Druck befördert
von
Ignatz Edlen von Born,
Herrn auf Altzedlitsch, Inchau, ꝛc.

der kais. Akademie der Naturforscher/ der Akademien der Wissenschaften zu London/ Stockholm/ Siena/ München/ der Ackerbaugesellschaft zu Padua/ und der Gesellschaft naturforschender Freunde zu Berlin Mitglied.

Erster Band.

Mit VIII Kupfertafeln.

Prag 1775.
Im Verlage der Gerlischen Buchhandlung.

Titelblatt des ersten Bandes der von Born herausgegebenen „Abhandlungen einer Privatgesellschaft in Böhmen“

lande nützlich werden können, wenn sie nur von einem ... erhabenen Eifer für die Verbreitung der Wissenschaften und des Ruhms ihres Vaterlandes beseelt sind". Born forderte die Gelehrten Österreichs, Ungarns, und der anderen Provinzen auf, „sich ebenso uneigennützig zu versammeln, die vielen Lücken ihrer Gegenden, und die physischen und mathematischen Wissenschaften zu bearbeiten, und ihre Entdeckungen und Beobachtungen der gelehrten Welt mitzutheilen". Er selbst druckte in diesem Band seinen „Versuch über den Topas der Alten, und den Chrysolith des Plinius" ab. In diesem Aufsatz ließ Born sein bedeutendes historisches Wissen erkennen, da er sich mit der naturwissenschaftlichen Nomenklatur der antiken Schriftsteller und deren Aufarbeitung in den Folgezeiten auseinandersetzte.

Um Borns Tätigkeit für diese „Abhandlungen" chronologisch fortzusetzen, muß vorgegriffen werden. Daß der dritte Band mit Verspätung erschien, wurde mit Veränderungen begründet, welche mit verschiedenen Mitarbeitern und dem Herausgeber selbst – seiner Berufung nach Wien – vorgefallen sind. Dann die Bemerkung: „Auch in der Entfernung von unserm Vaterlande (!) werden wir soviel es bey uns steht, alles anwenden, um demselben nützlich zu werden ..." Dieses Vorwort ist mit „Wien, den 1. September 1777" datiert. Im Inhalt begegnete man wieder den vertrauten Namen und einem Bornschen „Versuch einer Mineralgeschichte des oberösterreichischen Salzkammergutes".

Die eigentliche Mineralgeschichte bringt detaillierte Beschreibungen der Kalk- und Tonarten, ebenso der Konglomeratgesteine, der sogenannten brennbaren Mineralien (Torf) und der verschiedenfarbigen Salzarten sowie Bemerkungen über die Salzgewinnung. Von Bedeutung für den Aberglauben aber ist der Hinweis auf Alabaster, den man Himmelstein nannte: "Vermutlich wird er so genannt, weil diese Gipsarten meistens am Himmel, das ist an der Furst (First) des Bergwerksstollens angetroffen werden. Indessen mag man unter dem Namen eines Himmelssteines eine geheime Kraft gesucht haben." Ein Zettelchen ist abgedruckt, welches man gemeinsam mit aus Alabaster geschnittenen Herzchen und Kreuzchen als Talismane erwerben konnte: „Tugend und Kraft des Himmelsteins. Auf Latein Petra coelestis, im Land ob der Enns unweit

Traunkirchen zu finden. Der weiße dienet dem weiblichen Geschlecht, der rothe, oder der graue den Männern. Nach Plinii Zeugniß hat er folgende Wirkungen . . .“ Und nun wird aufgezählt, wovor dieser Stein behütet: vor „gähen“ Tod, Blitz, Donner (!) und Schrecken, vor allen Vergiftungen, vor dem bösen Blick, vor „Fraiß“, Ruhr, rinnenden Augen und vieles andere mehr. Und damit die Käufer dieser Wirkung ganz gewiß sein können, wurde das alles „Approbirt durch den Hochgelehrten Herrn Johann Pitterkraut, Doktor der Medicin zu Steyer, wie auch durch den hochgelehrten Herrn Johann Franz Tuelli, ebenfalls Doktor der Medicin zu Rathstadt. Und zu haben bey Herrn Franz Liebenwein, Schulmeister zu Traunkirchen“. Born ergänzte: „Der Himmel vergebe es den hochgelehrten Herren Pitterkraut und Tuelli, wenn sie jemals existirt haben. Daß sie das arme Landvolk durch ihr medizinisches Gutachten in dem irrigen Wahne bestärkten. Unverzeihlich ist es aber, daß Hr. Schulmeister Liebenwein den ehrlichen Plinius mit in das Spiel mischt.“

Weiters steuerte Born „zufällige Gedanken über die Anwendung der Konchylien und Petrefaktenkunde auf die physikalische Erdbeschreibung“ bei. Er vertrat auch hier wieder seinen Standpunkt von der Notwendigkeit des Zusammenwirkens aller Wissenschaften.

Born, der zwar auf den Titelblättern auch der beiden letzten Bände dieser Abhandlungen als Herausgeber zeichnete, wurde offenbar durch seine Verpflichtungen in der Haupt- und Residenzstadt dermaßen okkupiert, daß ihm für diese Tätigkeit kaum mehr Zeit blieb. Mit dem sechsten Band (1784) „wird die Ausgabe der Arbeiten der Gesellschaft unter diesem Titel geschlossen . . . Verschiedene sehr vorteilhafte Veränderungen, die die ganze Gesellschaft betreffen, werden für das Künftige die Arbeiten der Gesellschaft unter einer andern Gestalt an das Licht zu tretten veranlassen“. Gemeint war damit die Hoffnung auf eine Umwandlung in eine „Akademie der Wissenschaften“. Die Anwesenheit Josephs II. in Prag im September 1784 wurde zur Überreichung eines diesbezüglichen Gesuches genutzt. Born, darauf nicht unterzeichnet, dürfte in Wien über Sonnenfels wirksam geworden sein.

Die wenige Wochen später überreichte Antwort war zwar freundlich, der Vorschlag wahrhaft peinlich: „Obwohl der

Zeitpunkt zur Errichtung einer öffentlichen Akademie der Wissenschaften noch nicht gekommen ist (!), so erlauben Se. Majestät dennoch, daß dieser Privatgesellschaft zu ihren Versammlungen den in dem Universitätshause ohnehin leerstehenden (!) Saal eingeräumt werden könne, und die Aufnahme fremder oder inländischer Mitglieder freigestellt werde." Verständlich, daß die Gesellschaftsmitglieder von diesem Bescheid enttäuscht waren. Entmutigen ließ man sich nicht. Als „Böhmische Gesellschaft der Wissenschaften" arbeitete man weiter. Im Mitgliederverzeichnis schien Born als auswärtiges Mitglied auf.

Die Berufung nach Wien

Borns finanzielle Situation muß konstant prekär gewesen sein. Nur so ist erklärbar, warum er ganz plötzlich seinen kostbarsten Besitz, die Sammlung der Mineralien, veräußerte. A. Deutsch schrieb (1931), ohne Hinweise auf Dokumente: „Diese Sammlung ist an Greville, den Bruder des Lord Warwick, in London um 1 000 Pfund Sterling verkauft worden. Born hatte keine männlichen Nachkommen, von denen er hätte erhoffen können, daß sie seine Sammeltätigkeit fortsetzen würden."

Franz Xaver Graf Orsini-Rosenberg war es, der seine Beziehungen zum Kaiserhaus nützte, um Born eine ihm und seinem wissenschaftlichen Rang angemessene Stellung zu verschaffen. Maria Theresia, die für Wissenschaften ein offeneres Ohr hatte als ihr Sohn Joseph, entsann sich wohl des negativen Urteils, welches Born 1770 über die Situation der kaiserlichen Mineraliensammlung abgegeben hatte. Nun sollte er die Gelegenheit bekommen, dort Ordnung zu schaffen. Auf das von Born eingereichte Gesuch hatte sie eigenhändig „Habe nichts dagegen" hinzugefügt.

Die Beamten der Hofkammer hatten ihre Einwände, zumal keine Stelle frei war. Dennoch gab man Born das Gehalt eines referierenden Rats. Am 19. August 1777 erging der positive Bescheid. Wegen der Beschreibung des Naturalienkabinetts wurde ihm ein Extragehalt von 2 000 Gulden jährlich gewährt.

Diese Berufung hatte zur Folge, daß Born mit seiner Familie die ländliche Beschaulichkeit von Alt-Sedlitsch aufgeben mußte, um nach Wien zu übersiedeln. Ein genaues Datum ist nicht eruierbar. Man weiß aber, daß Born eine Wohnung im Hause der Oberen Bräunerstraße 1167 (heute Habsburgergasse 7) bezog.

Daß diese Berufung die Fachwelt interessierte, ist einer Notiz in den „Göttingischen Anzeigen der Gelehrten Sachen" zu entnehmen: „Wien. Eine sehr angenehme Nachricht für uns ist diese, dass Ihro Majestät die Kayserinn dem Hrn. v. Born eine Beschreibung des dortigen kayserlichen Kabinets aufgetragen, wornach sich die Naturkenner schon längstens gesehnet haben. Es ist kein Zweifel, dass dadurch eine Menge unbekannter Seltenheiten aus der Vergessenheit werden gerissen werden."

Kurze Geschichte des Hof-Naturalien-Kabinetts

Die Liebe der Habsburger zu den Naturwissenschaften reicht bis ins 16. Jahrhundert zurück. Ferdinand I. erwies sich als ein großzügiger Förderer, Maximilian II. ließ Gärten mit kostbaren exotischen Pflanzen anlegen und berief den Botaniker Clusius an den Hof. Rudolf II. begründete die Sammlungen physikalischer und astronomischer Instrumente. Viele Namen ließen sich hier anführen, bis hin zu Franz I. Stephan, dem Gatten Maria Theresias. 1748 erwarb dieser die berühmte Sammlung des Florentiner Ritters und Forschers Johann von Baillou, welche damals als eine der ausgezeichnetsten in Europa galt.

Das war die eigentliche Geburtsstunde des Kabinetts. Als Leiter berief man gleich den Vorbesitzer mit nach Wien. Die Sammlung wurde im rechten Flügel des Hofbibliotheksgebäudes aufgestellt. Leopold Fitzinger berichtet in seiner immer noch gültigen Geschichte dieser Sammlung: „Der Kaiser hatte sie so lieb gewonnen, daß selten ein Tag verging, an welchem er sie nicht besuchte. Er kaufte alles, was ihm nur Schönes und

Seltenes von Naturgegenständen angeboten wurde." Da er dort jedoch auch ein chemisches Laboratorium einrichten und einen Jesuiten Versuche anstellen ließ, ist der Beweis für des Kaisers Beziehung zur Alchemie gegeben. Zwar gelang es nicht, Diamanten auf dem Schmelzwege zu gewinnen, doch wurde bewiesen, daß Diamanten vollkommen verbrannt werden können.

1758, nach dem Tode Baillous, übernahm dessen Sohn Ludwig Balthasar das Direktorium, blieb in diesem Amt aber erfolglos.

Nach dem Ableben des Kaisers sorgte Maria Theresia zunächst für dessen Lieblingshinterlassenschaft. Unter Anton Graf von Salm übersiedelte die Sammlung in eigens dafür geschaffene Räume im Augustinertrakt. Zukäufe gab es damals nur noch wenige, und die Betreuung der Exponate war mangelhaft. In diesem Zustand sah (1770) Born die Sammlung und übte heftige Kritik über deren Situation.

Als 1775 Graf Orsini-Rosenberg Oberstkämmerer wurde und von sich aus die Regentin nachdrücklich auf diese Zustände aufmerksam machte, besann man sich alsbald Borns wieder und berief ihn nach Wien.

Born ordnet das Hof-Naturalien-Kabinett

Born erkannte seine Aufgabe nicht allein darin, die bestehende Sammlung in die Ordnung eines gültigen wissenschaftlichen Systems zu bringen, sondern die Bestände so repräsentativ zu ergänzen, daß sie einer kaiserlichen Sammlung würdig waren. Da halfen ihm seine Verbindungen zu Kapazitäten, wie Trebra, Ferber, Schreber, Buffon, und seinen Mitarbeitern aus der Zeit in Schemnitz. Die Popularität der und die Liebe zur Regentin brachten es mit sich, daß ihr zahlreiche private Sammlungen zum Geschenk gemacht wurden. Auch Born selbst brachte verschiedene Seltenheiten ein, er bewirkte auch die Übertragung der bisher in der k. k. Schatzkammer aufbe-

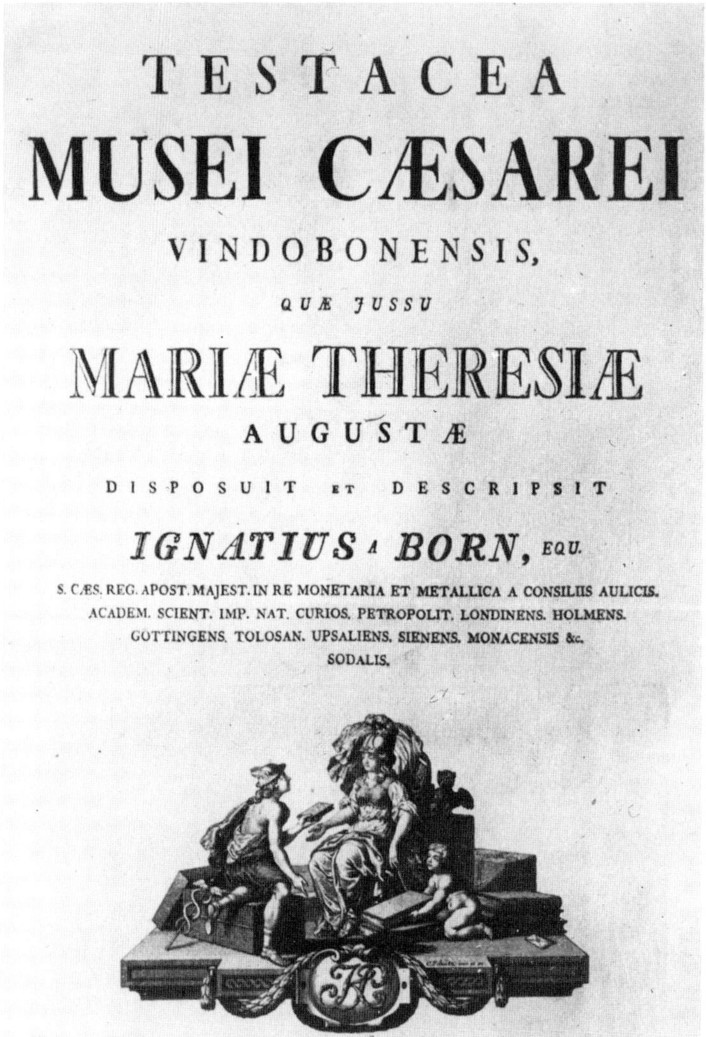

TESTACEA
MUSEI CÆSAREI
VINDOBONENSIS,
QUÆ JUSSU
MARIÆ THERESIÆ
AUGUSTÆ
DISPOSUIT ET DESCRIPSIT
IGNATIUS A BORN, EQU.
S. CÆS. REG. APOST. MAJEST. IN RE MONETARIA ET METALLICA A CONSILIIS AULICIS.
ACADEM. SCIENT. IMP. NAT. CURIOS. PETROPOLIT. LONDINENS. HOLMENS.
GOTTINGENS. TOLOSAN. UPSALIENS. SIENENS. MONACENSIS &c.
SODALIS.

VINDOBONÆ,
SUMPTIBUS JOANNIS PAULI KRAUS.
MDCCLXXX.

Titelblatt aus der Beschreibung der Exponate des Hof-Naturalien-Kabinetts (des späteren Naturhistorischen Museums)

Eine Seite aus der Beschreibung der Exponate des Hof-Naturalien-Kabinetts

wahrt gewesenen Aerolithen, darunter die 1751 bei Agram gefallene Meteoreisenmasse und der 1753 bei Tabor in Böhmen gefallene Meteorstein.

Born hatte das Glück, für seine Aufgabe sehr ambitionierte und idealistische Mitarbeiter vorzufinden, vor allem Karl Haidinger, den Kustos Johann Megerle und Karl von Moll. Born begann seine systematische Arbeit bei den zoologischen Objekten, so daß er – dem Wunsch der Regentin folgend – schon im ersten Jahr sein beschreibendes Verzeichnis der Conchylien dieser Sammlung unter dem lateinisch-deutschen Titel „Index rerum naturalium Musei Caesarei Vindobonensis. Pars I. Testacea. – Verzeichnis der natürlichen Seltenheiten des k. k. Naturalien-Cabinetes zu Wien. Schalthiere. Vindobonae, 1778“ erscheinen lassen konnte. Das war der erste Teil einer sehr großzügig projektierten, alle Zweige der immer größer werdenden Sammlung umfassenden Buchpublikation. Wie ernst es der Regentin damit war, mag daraus ersichtlich sein, daß sie, nur zwei Jahre später, eine mit vielen handkolorierten Kupfern versehene Prachtausgabe dieses ersten Bandes finanzierte. Diese trug auf dem Titelblatt die Bezeichnung: „Testacea Musei Caesarei Vindobonensis, quae jussu Mariae Theresiae Augustae disposuit et discripsit Ignatius a Born, Vindobonae, 1780“. Ein heute noch bewundernswertes und in nur wenigen Exemplaren erhaltenes, bibliophiles Rarum.

Verleihung des Hofratstitels

In einem Gesuch gegen Ende des Jahres 1778 geschrieben, „wagte“ Born die „Allergnädigste Erbland Fürstin und Frau, Frau etc. etc.“ an ein Versprechen zu erinnern, welches diese ihm anläßlich seiner Ernennung zum referierenden Bergrat gemacht hatte, „daß ich bey der nächsten Apertur, oder wenn sich solche nicht eher ergeben sollte, nach Verlauf eines Jahres als wirklicher Hofrath befördert werden würde“.

Diesem Ersuchen mußte eine amtliche Stellungnahme beigefügt werden. Graf Kolowrat, der Präsident der Hofkammer, darauf: „Nun ist mir zwar von dieser angeführten höchsten Zusicherung . . . nichts bekannt, und scheinet also demselben mündlich ertheilet worden zu seyn. Ich kann aber nicht umhin pflichtmässig zu bezeigen: daß derselbe . . . sich dieser ansuchenden allerhöchsten Gnade würdig gemacht habe."

Tatsächlich war zu dieser Zeit in der Hofkammer keine Hofratsstelle frei. Aber während Borns Akt noch auf den Schreibtischen lag, traf in Wien die Nachricht ein, daß Hofrat Christian Traugott Delius während einer Italienreise in Florenz gestorben sei.

Born erhielt mit 5. Februar 1779 den Bescheid, daß er zum Hofrat ernannt sei und eine Besoldung von 4 000 Gulden jährlich erhalte. Das hätte damals gereicht ein sorgenfreies Leben zu führen. Für Born, der ständig tätige Hilfen gewährte, der ein offenes Haus führte, Sammelobjekte kaufte und Publikationen finanzierte, war dieser Betrag bescheiden.

Als Hofrat stand ihm jedoch eine Dienstwohnung, ein „Hofquartier", zur Verfügung, so wurde die Situation etwas gemildert. „Da die Hofburg für die Unterbringung der im zentralistischen Staat dauernd anwachsenden Zahl der Hof- und Staatsbeamten nicht ausreichte, hatten die Behörden die zweiten Stockwerke vieler Häuser der Inneren Stadt Wiens für Quartiere der Beamten beschlagnahmt, für die nur ein Drittel des Normalzinses bezahlt wurde, was die Hausbesitzer als große Last empfanden" (E. Zellweker).

In ein solches Hofquartier, im zweiten Stock des Hauses Kärntner Straße 962 (heute 19), übersiedelte die Familie Born im Laufe des Jahres 1780.

Erzherzogin Maria Anna

Borns Tätigkeit in Wien führte zur Begegnung mit der Kaisertochter Maria Anna (oder Marianna). Von Kindheit an mit musischen Dingen befaßt, lernte sie Musik bei Johann Georg Reuter und Christian Wagenseil, malte gerne und zeigte besonderes Interesse für Pflanzen, Tiere und Gesteine. Sie und Bruder Joseph wurden von der kaiserlichen Mutter besonders bevorzugt. 1757, als Neunzehnjährige, erkrankte sie schwer, und man befürchtete das Schlimmste, doch erholte sie sich wieder, ihre Gesundheit aber blieb labil. Persönliche Kränkungen, wie die Zurücksetzung nach Josephs Vermählung mit Isabella von Parma, trafen sie hart.

Zur Hochzeit ihres Bruders Leopold (1765) reiste sie mit der kaiserlichen Familie nach Innsbruck. Auf dem Wege dahin war Maria Anna erstmals in Klagenfurt, jener Stadt, die für sie so bedeutsam werden sollte. Gemeinsam mit Maria Theresia besuchte sie dort das Elisabethinenkloster. In den Klosterannalen heißt es: „Die Frau Oberin gab der Erzherzogin Maria Anna eine Bittschrift an die Kaiserin, worin man in aller Untertänigkeit um die Unterstützung bat, ein bequemes Krankenhaus für die armen Leidenden erbauen zu können“ (Ch. Pangels). Die Regentin überwies sofort 100 Dukaten.

In Innsbruck starb Vater Franz Stephan, mit dem die Erzherzogin viele Gemeinsamkeiten hatte, vor allem die naturwissenschaftlichen Interessen und auch den Sinn für Wohltätigkeit. Es ist nicht auszuschließen, daß sie, das verschlossene Fräulein, von ihm auch einiges über die Freimaurerei gehört haben könnte. Ihr introvertiertes Wesen, dem der Trubel bei Hofe zuwider war, suchte Zuflucht in den eigenen Sammlungen, die Mineralien und Herbarien umfaßten. Daß sie zum Mitglied der Großherzoglichen Akademie in Florenz ernannt wurde, erfreute sie überaus. Sie griff eine Idee ihres Großvaters, Karls VI., auf und begann eine „Geschichte der Gedenkmünzen“ der Zeit Maria Theresias zu verfassen. Diese 1774 handgeschriebene Arbeit „Sammlung der unter der glorreichen Regierung der Kaiserin Königin Maria Theresia bishero geprägten Denkmünzen“ ist leider nicht erhalten geblieben. Zum Glück hat sie der Münzfachmann Bergmann noch gesehen und genau beschrieben. Er stellte fest: „Es wird glaubwürdig versichert, das Marianna die Medaillen selbst gezeichnet und auch selbst gestochen habe ... Die Sammlung umfaßte 263 paginierte Blätter mit einer chronologisch geordneten Inhaltsangabe."

Maria Anna ließ Born zu sich kommen und zeigte ihm ihre Sammlungen. Born ordnete sie und erkannte dabei ihr großes Wissen und Interesse. Daß diese Begegnung bei Hofe nicht unbemerkt blieb, geht aus einem höchst seltsamen Dokument hervor, welches von Erzherzog Leopold, in einer geheimen Kurzschrift, unter dem Titel „Stato della famiglia" abgefaßt wurde. Über Maria Anna steht dort zu lesen: „... hat keinen Einfluß, sie lebt ganz für sich und zurückgezogen und sieht nur einige Personen ihres Vertrauens. Sie trägt große Frömmigkeit zur Schau. Jetzt beschäftigt sie sich mit einem gewissen Hofrat Born, einem fähigen Mann, eine Sammlung oder ein Kabinett der Naturgeschichte auszubauen, das sehr schön und reichhaltig ist und sie hat einen botanischen Garten in Schönbrunn, aber das alles gibt ihr Gelegenheit eine rege Korrespondenz zu unterhalten und von sich reden zu machen ... was ihr Freude macht, aber der Kaiserin nicht gefällt ..." (A. Wandruszka).

Leider ist auch der von Born angelegte Katalog ihrer Sammlungen verlorengegangen, doch meint Amélie Engels: „Es ist naheliegend, daß Born bei der Ordnung dasselbe System anwandte, das er bei der Neuordnung des kaiserlichen Kabinetts verwendete. Nur konnte er bei der Sammlung Mariannas seine eigenen Grundsätze mehr zur Geltung bringen, da er nicht an alte Bezeichnungen gebunden war. Bei den kaiserlichen Sammlungen mußte er sich bemühen, Neubenennungen zu vermeiden ... Alle Arten von Gesteinen, Tieren und Pflanzen, die den kaiserlichen Sammlungen neu hinzugefügt wurden, kamen auch in das Kabinett Mariannas. Das gilt besonders für ihre Mineraliensammlung. Man hatte deshalb später kein Interesse, diese Sammlung in Wien aufzubewahren, da sie ja als Ergänzung der kaiserlichen Sammlung nicht in Frage kam. Von Born selbst erhielt Marianna mehrere Geschenke, z. B. ein Kästchen mit einer Sammlung aus den Salzwerken von Bochnia und Wielizka und verschiedene Stücke besonderer Korallen und Muschelmergel. Diese reichhaltige Sammlung umfaßte ca. 1 500 Stück edler Metalle. ... Den zweiten umfangreichen

Komplex neben den Mineralien bildete die Insektensammlung. Die Insekten wurden in gläsernen Schubladen aufbewahrt: 43 Skarabäen, darunter auch die Bubrestis Marianna" (ein Käfer).

Als sich nach dem Tode Maria Theresias herausstellte, daß die Erzherzogin nicht mehr am Hofe in Wien bleiben wollte und von Joseph „sanft" gedrängt wurde, entschloß sie sich, nach Klagenfurt zu übersiedeln, wo sie nahe dem ihr lieb gewordenen Elisabethinenkloster eine Residenz hatte. Natürlich war an eine Mitnahme ihrer Sammlungen nicht zu denken. Das neue Domizil hatte dazu nicht die nötigen Räume. Also mußte sie sich entschließen, sich davon zu trennen.

Franz Fürst Esterházy bemühte sich um den Erwerb, zumal es an der Universität von Buda keine besonders ausgestattete Naturaliensammlung gab. Er wandte sich an die Erzherzogin und bot ihr im Namen der Universität 35 000 Gulden. Maria Anna überließ sie ihm aber um 25 000 Gulden. Die Kaufsumme wurde teils in bar, teils mit in Ungarn angelegten Obligationen bezahlt.

Am 13. Februar 1781 wurde der Kauf perfekt gemacht. Born überwachte die Verpackungsarbeiten und stellte ein Verzeichnis auf, welches erhalten geblieben ist und Einblick in die gesammelten Bestände bietet. (Inzwischen sind die Objekte oftmals umgeordnet und teilweise in andere Sammlungen des Landes aufgeteilt worden, so daß eine Rekonstruktion nicht mehr möglich wäre.)

Am 22. April 1781 nahm Erzherzogin Maria Anna Abschied von Wien und reiste, begleitet vom Obersthofmeister Graf Colloredo und dessen Gattin, über Mürzzuschlag und Judenburg nach Klagenfurt. Sie hat ihre Geburtsstadt nie mehr gesehen. Born allerdings hielt den Kontakt mit dieser überaus gütigen, gescheiten und toleranten Frau aufrecht.

Alleinherrscher Joseph II.

1780. Mit der Übernahme der alleinigen Regentschaft durch Joseph II. begann eine neue Ära. Erfüllt vom festen Willen, die Menschen seines Landes glücklich zu machen, erließ er zahlreiche Verordnungen, die den Schlendrian der Hofdienststellen ausmerzen sollten, und veranlaßte seine Mitarbeiter zu Reformvorschlägen. Doch bald erwies es sich, daß nicht alle Erlässe auch tatsächliche Verbesserungen brachten; viele Anordnungen mußten wieder rückgängig gemacht werden, teils weil die Bevölkerung darüber murrte, teils weil die Räte den Monarchen von deren Widersinnigkeit überzeugten. Dennoch entstand zunächst der Eindruck, Joseph wäre ein der sich ausbreitenden Aufklärung aufgeschlossener Regent.

Born, der voll der Hoffnungen war, vor allem in der Annahme, daß der Monarch den Naturwissenschaften gegenüber aufgeschlossen sein würde, erlebte bald arge Enttäuschungen. Zwar wurde dem Hofrat die Auswahl der brauchbarsten Objekte der nachgelassenen Sammlung des General-Gouverneurs der Niederlande, Herzogs Karl von Lothringen, übertragen, und der Kaiser persönlich brachte 1781 eine reiche Sammlung von Zeolithen und Chalcedonen nach Wien, welche er in Hamburg um 1 500 Dukaten angekauft hatte, Joseph war also an einer Erweiterung und Ergänzung der vorhandenen Bestände interessiert, doch für eine wissenschaftliche Aufarbeitung oder die Fortsetzung der von Born im Auftrage Maria Theresias begonnenen Publizierung in Form von Verzeichnissen war er zu sparsam! Das zeigte sich, als der Illustrator der großen Ausgabe, der Hofmaler Franz Joseph Wiedon, in den Ruhestand trat und für ihn kein Nachfolger mehr bestellt wurde.

Born fühlte sich als Wissenschaftler und durch den ihn verpflichtenden Auftrag Maria Theresias an die Naturaliensammlung gebunden! Immer wieder stand er mit Wissen und Tat zur Verfügung, etwa als 1782 die Mineralien der Theresianischen Akademie in den Hofbestand übernommen wurden. Er war es, der die im Zuge der Josephinischen Klosteraufhebungen festgestellten naturwissenschaftlichen Sammlungen in das Hof-Naturalien-Kabinett integrierte.

Kaiser Joseph II. als Römischer König. Stich von Johann E. Mansfeld

Lob für Borns Tätigkeit kam von vielen Seiten. So auch (1781) von dem Wien nicht gerade sehr gesonnenen Friedrich Nicolai, der über einen Besuch in der Sammlung schrieb: „Der Herr Hofrat v. Born, dieser große Kenner der Mineralogie, brachte es endlich dahin, daß alle inländischen Erzstufen, Mineralien und andere Fossilien der an mineralogischen Seltenheiten so reichen k. k. Erblande, und nebst diesem auch viele ausländische gesammelt wurden, und daß die Sammlung Montag jedermann offen stehet. Daraus ist nun eine so beträchtliche mineralogische Sammlung erwachsen, daß derselben in Deutschland, nur die vortreffliche auf der Bergakademie in Freyburg an die Seite gesetzt werden kann." Nicht überlesen sollte werden, daß es Born gelungen war, an einem Tag der

Woche die Sammlung einem interessierten Publikum zugänglich zu machen!

Ein Jahr später, 1782, berichtete der Gymnasialprofessor aus Karlsruhe Heinrich Sanders in seiner Reisebeschreibung: „Die von Hrn. von Born angefangene Beschreibung hat ihr Ende, weil der Kaiser den Maler , der die Originale zeichnete, und 800 Gulden jährlich bekam abschaffte." Born betreffend fügte er etwas ungenau hinzu: „Hr. Hofrat von Born tut nicht viel mehr. Er ist alt (!), und seit 8 Jahren krank, geht elend, schief, nimmt immer Arzneien ein, muß auch jetzt wegen Aufhebung der Hofquartiere ausziehen, und hat doch kurz vor der Kaiserin Tode erst eines bekommen, hoffte darin lebenslang in Ruhe zu sitzen, steckte mehr als 1 000 Gulden hinein, und dafür gibt ihm niemand nichts. Als Hofrat muß er alle Tage viel expedieren . . . hat immer den Tisch voll Akten liegen."

Ein preußischer Protestant im katholischen Wien

Am 9. Juni 1781 legte, aus Regensburg kommend, ein „Kellheimer" (Holzschiff) am Schanzl, gerade der Leopoldstadt gegenüber, an. Mieter dieses Schiffes war der Berliner Buchhändler, Verleger und Schriftsteller Friedrich Nicolai. Er war in Begleitung seines ältesten Sohnes Samuel. Nicolai war in den aufklärerischen Kreisen Wiens nicht unbekannt, seine „Briefe, die neueste Litteratur betreffend", die „Allgemeine Deutsche Bibliothek" sowie seine umstrittenen Romane „Das Leben und die Meinungen des Herrn Magister Sebaldus Nothanker" und „Die Freuden des jungen Werthers", mit dem er sich gegen Goethe auflehnte, waren auch hier gebildeten Lesern bekannt.

Der Grund der Reise war, einen subjektiven Bericht über die Kaiserstadt zu schreiben. Dieser erschien 1783: „Beschreibung einer Reise durch Deutschland und die Schweiz im Jahre 1781. Nebst Bemerkungen über Gelehrsamkeit, Industrie, Religion und Sitten".

Der Berliner Verleger und Schriftsteller Christian Friedrich Nicolai

„Er hatte dieses katholische Wien – das ist sein Reiz und manchmal seine Schwäche – mit den Augen des Protestanten gesehen, eines protestierenden Protestanten. Dem Symbolischen, Tiefsinnigen und Dichterischen katholischer Formen war sein Wesen verschlossen", formulierte Paul Wertheimer in der Einleitung einer Auswahlausgabe dieses Werkes (1921). Nicolai berichtete, was ihm auf seinen Wegen durch die Stadt auffiel; so etwa, daß „von 10 Uhr Vormittags an eine ungeheure Menge Wagen fahren, notwendig sehr viel Unordnung und Unglücke geschehen; wenn es nicht die vortreffliche Polizei und die Geschicklichkeit der Wienerischen Kutscher (welche sogar in unseren Gegenden zum Sprichwort geworden ist) verhütet".

Besonderes Augenmerk richtete Nicolai auf Wien als den „ersten katholischen Ort, wo ich mich aufhielt", und er vermeinte „in einer ganz neuen Welt zu sein. Die große Menge von Geistlichen muß in Wien sehr auffallen und ebenso . . . wie wenig geistlich der größte Teil davon ist". Es erregten den Besucher die sogenannten „Messpfaffen“, „welche blos von einer täglichen Messe leben, wofür sie einen halben Gulden, auch wohl einen ganzen bekommen . . . unter ihnen Leute deren höchst liederliches Leben zum Sprichwort geworden war“. Aus seinen Kirchenbesuchen zog Nicolai den Schluß: „So sehr auf der einen Seite in den Messen die vielen Andächteleien, das Niederknien, Verzucken des Gesichts, Bekreuzen, Schlagen an die Brust, u. dgl. einen Protestanten befremden muß; so befremdend ist von der anderen Seite, die wenige Stille, Ruhe und Andacht, die sich bei der messehörenden Versammlung findet. Ein Hochamt in einer großen Kirche ist wie ein Jahrmarkt: alles läuft untereinander, und man hört ein beständiges Sumsen.“

Mit Nachdruck äußerte er sich gegen den sogenannten Ablaßhandel und meinte: „. . . der Ablaß und dessen Erlangung zerstöret die wahren Begriffe von den moralischen Folgen der Handlungen und ist gewiß eine von den wirksamsten Ursachen der Immoralität, die man in den katholischen Ländern findet; . . . Jeder begehet soviel Sünden als er Lust hat, gewinnet darauf vollkommenen Ablaß . . . glaubt, daß nun alle Folgen seiner Sünden ganz vernichtet sind und sündigt nach Herzenslust weiter . . . Wer Geld hat, kann sogar seine Bußen, seine Gelübde gegen Bezahlung durch andere verrichten.“

Begeistert äußerte sich der Besucher über die musikalischen Eindrücke, vor allem in den privaten Konzerten; über die Tanzmusik befand er, daß das Tanzen danach „viel anständiger (ist), als das bei uns in den engländischen Tänzen eingeführte wilde und heftige Walzen“. Das Theater betreffend schrieb er: „An Pracht und Aufwand ist freilich das Wiener Theater allen anderen Theatern Deutschlands, besonders seit der Abschaffung der extemporierten Stücke, beständig weit überlegen . . .“

Preußischer Hochmut wurde von seiner Seite praktiziert, als er sich mit der hiesigen Literatur befaßte: „Die literarischen Früchte, die Deutschland bisher von dieser neuen Epoche gesehen hat, sind hauptsächlich eine ungeheure Menge von kleinen Traktätchen . . . Gewisse Schriftsteller Wiens führen eine seltsame sauersüße Sprache. Von einer Seite verlangen sie Nachsicht für Österreich, weil daselbst noch alles im Werden sei. Von der andern Seite schämen sie sich nicht, das ganze übrige Deutschland in ihrem lächerlichen Dünkel geradezu zu beleidigen." Als Beispiel zitierte er Blumauer, „der sich nicht zu sagen scheute: ‚Ist nicht Wien der Mittelpunkt, um den sich Deutschlands kleinere und größere Planeten drehen?' ... Wodurch hätte sich Wien denn qualifiziert", fragte Nicolai höhnisch, „daß von daher die deutsche Literatur müßte geführt werden? Etwa, weil da der prächtigste Hof, die reichsten Vasallen, die zahlreichsten Müßiggänger, die manigfaltigsten Zeitvertreibe, die leckersten Schmausereien?"

Wenn er auch „nicht so glücklich gewesen das Angesicht des Monarchen zu sehen", so gab es doch Begegnungen mit Gebler, Sonnenfels und auch mit Born. Über diesen schrieb er u. a.: „... ist einer der ersten Mineralogen Deutschlands und ein Mann von freimütiger philosophischer Denkungsart. Er war eine Zeit lang zu Prag, hat daselbst nicht allein wichtige Verbesserungen veranlaßt, sondern auch durch eigenes Beispiel zu einer vernünftigen Freiheit zu denken, welches in Böhmen früher als in den andern Erblanden aufkeimte, sehr viel beigetragen. Es begegneten ihm in seinem Amte unverdiente Verdriesslichkeiten, daher er es niederlegte und auf seine Güter ging. Seine Verdienste wurden aber erkannt; und er war nach Wien in die oberste Stelle seines Departements gesetzt, wo er durch seine vorzüglichen Kenntnisse sowohl demselben, als auch der Gelehrsamkeit überhaupt große Dienste geleistet hat."

Vernichtend allerdings die Absätze, in denen Nicolai mit der – seiner Auffassung nach – wienerischen Meinung über die Aufklärung – abrechnete: „Aufklärung ist in Wien jetzt das Modewort ... Einer hält Wien jetzt für aufgeklärt, weil er im Kaffeehaus öffentlich über Religion spotten, auf Geistlichkeit schimpfen, und ungestraft eine Nymphe vom Graben auf seine Stube rufen darf. Ein anderer hält es für Aufklärung, daß man jetzt in Ungarn auf Universitäten und in den Kanzleien alles deutsch vortragen soll ... Dies alles ist Einbildung, nicht Aufklärung."

Daß er, der mit allen führenden Männern der Aufklärung in Wien Kontakte hatte, sich so vergaß? Das muß wohl auch „Einbildung" gewesen sein! Die Erregung über dieses Buch, das 1783 erschien, war in Wien überaus heftig. Vor allem in jenen Kreisen, die dem Gast aus Berlin in jeder Weise entgegengekommen waren.

Borns „Monachologie“

Josephs II. Beziehung zur katholischen Kirche blieb im Verlauf seiner zehn Alleinregentschaftsjahre höchst merkwürdig. Betrachtet man eine knappe Chronologie, könnte man von einer Schrittaktik sprechen. Nur vier Monate nach Theresiens Tod erfolgte das Verbot der Ordensverbindungen zu ihren auswärtigen Oberen, dem – zwei Tage später – die Notwendigkeit der kaiserlichen Zustimmung für päpstliche Erläße und Urkunden folgte. Im Oktober 1781 brachte das Toleranzpatent die erlaubte Religionsausübung für Lutheraner, Calvinisten und Griechisch-Orthodoxe, im Jänner 1782 eine ebensolche für die jüdische Bevölkerung. Im Gegenschlag, Tage danach, die Aufhebung aller beschaulichen Orden, die weder Schule halten, Kranke betreuen, predigen oder den Beichtstuhl versehen, das betraf: Kartäuser, Kalmaldulenser, Eremiten, Karmeliterinnen und Kapuzinerinnen.

In dieser Zeit erschien anonym eine lateinische Abhandlung mit dem barocken Monstertitel: „Joannis Physiophili specimen Monachologiae, methodo Linnaeana, tabulis tribus aeneis illustratum, cum adnexis thesibus e pansophia P. P. P. Fast A. A. L. L. et phil. doctoris, curati primarii, magistri chori et rectoris ecclesiae metropolitanae viennensis ad S. Stephanum quas praeside A. R. P. Capistrano a Mulo Antonii lectore theologiae ordinario XXVI. May hora IV. post prandium in vestibulo refectorii conventus defendent P. Tiburtius a vulnere Theresiae et P. Theodatus a stigmatibus Francisci fratres conventualium minorum. Auguste vindelicorum, sumtibus P. Aloysii Merz, concionatoris ecclesiae cathedralis. 1783“. Später – zumeist ohne Angabe des Erscheinungsjahres – wurden deutsche, dem lateinischen Original kaum adäquate, vergröbernde Übersetzungen herausgebracht: „Joannis Physiophili Versuch einer Mönchsnaturkunde nach dem System des Linee, nebst beygefügten Lehrsätzen aus der Allwisserey des P. P. P. FAST der sch. K. und der Philos. Doktors, ersten Kuratens, Chormeisters und Rektors der wienerischen Metropolitankirche zum h. Stephan. Welche unter dem Vorsitze des A. R. P. Capistranus vom Esel des Antonius, gewöhnlichen Lektors der Theologie, den 26. May um 4 Uhr Nachmittags im Refektorio verteidigten werden P. Tiburtius von der Wunde der Theresia, P. Theodatus von den Wundmalen des Franziskus. Aus dem Orden der Mindern Brüder. Aus dem Latein übersetzt. Augsburg, Auf Kosten des P. Aloys Merz, Predigers in der Cathedralkirche".

Bei den beiden im Titel genannten Geistlichen handelt es sich um Pater Patricius Fast, Pfarrer und Prediger von St. Stephan in Wien. Er hatte den Ruf, das Haupt der Antijosephiner zu sein, und war Verfasser nicht nur eines „Katholischen Unterrichts", sondern schrieb auch Pamphlete gegen die damals viel gelesenen „Predigerkritiken". Der als Herausgeber und Finanzier genannte Pater Aloys Merz war ehemaliger Jesuit, betätigte sich als Verleger, Prediger und Verfasser von Flugschriften, die sich gegen Lutheraner, Jansenisten und vor allem gegen die Aufklärer richteten. Er wirkte in Augsburg.

Eine andere deutsche Ausgabe war betitelt „Neueste Naturgeschichte des Mönchthums, beschrieben im Geiste der Linnäischen Sammlungen und mit drei Kupfertafeln erkläret von P. Ignaz Lojola Kuttenpeitscher aus der ehemaligen Gesellschaft Jesu . . .", noch 1802 erfolgte in Frankfurt ein Nachdruck, wobei hier erstmals der Name des Verfassers, „Born, des h. R. Reiches Ritter", angeführt wurde. Übersetzungen ins Französische, Italienische und Englische erschienen zu Borns Lebzeiten.

Diese wohl schärfste Satire auf das Mönchstum rief in klerikalen Kreisen höchste Empörung hervor, und der Fürsterzbischof von Wien, Kardinal Migazzi, wurde angerufen, die Angegriffenen zu verteidigen. Migazzi hatte unmittelbar nach dem Erscheinen die „Monachologie" selbstverständlich gelesen. Sätze, wie „Der Mönch ist ein menschenartiges, bekuttetes, zur Nachtzeit heulendes, durstiges Tier" oder „Der Mensch sucht im Schweiße des Angesichtes sein Brot, der Mönch wird im Müßiggange gefüttert. Der Mensch wohnt unter den Menschen, der Mönch sucht die Einsamkeit und verkriecht sich lichtscheu", boten Veranlassung, beim Kaiser zu intervenieren. Die bischöflichen Einwendungen blieben aber wirkungslos.

Über Borns Urheberschaft wird immer noch debattiert, die einen Historiker leugnen sie, die anderen glauben, daß neben Born auch die Schriftsteller Aloys (Alois) Blumauer und Joseph Ratschky mitgearbeitet haben. Als gültiges Zeugnis kann aber ein Brief von Borns Tochter Maria angesehen werden, den diese am 30. Mai 1785 an Friedrich Münter geschrieben hat: „Sie wissen doch, daß meines Vaters Monachologie in Rom öffentlich verbrannt worden ist?“ (Mitgeteilt von E. Rosenstrauch.)

Die Empörung über das Werk auf klerikaler Seite ist durchaus verständlich. Auch einem Leser von heute wären darin viele Stellen einfach zu derb, wie etwa: „Der Mönch ist ein geistiges, stinkendes, unsauberes, träges und eher Hunger, als Arbeit, ertragendes Tier.“ Ein Zeitgenosse, Johann Pezzl, dazu: „Wenn Born in die Laune geriet Sarkasmen zu sagen, so hörte es sich ihm angenehm zu: da schien Lucians und Swifts Geist gedoppelt auf ihm zu ruhen: aber wehe dem Toren oder der Torheit, auf die sein Satyr fiel! Er hieb nicht etwa bloß mit Ruten: nein, er skalpierte seine Opfer.“

Einige Daten, die Freimaurerei in Österreich betreffend

„Es gehört zu den Pikanterien der Geschichte, daß es gerade ein Kirchenfürst gewesen ist, der Erzbischof Graf Schaffgotsch von Breslau, ein führendes Mitglied der dortigen Loge, der im Jahre 1742 den Reichsgrafen Albert Joseph Hoditz mit der Installierung einer Loge in Wien betraute“ (G. Kuéss/ B. Scheichelbauer). Ihr, der Loge „Aux trois canons“, gehörten bald viele Adelige an: Bruckenthal, Draskovich, Kempelen, Kaunitz, Paar, Salm-Reifferscheid, Sinzendorf, Tinti, Waldstein, Windischgrätz, Zinzendorf und viele andere. Doch ebenso stark war auch das Bürgertum vertreten.

Zwar gab es in den fünfziger Jahren Rückschläge, die jedoch durch den vornehmsten Freimaurer Europas, Franz Stephan, den Herzog von Lothringen (als Kaiser: Franz I.), der schon 1731 in dem Haag in den Bund aufgenommen worden war, aufgeholt werden konnten.

Mit der 1769 erfolgten Einsetzung der Loge „Zur Hoffnung“ begann eine rege Gründertätigkeit: 1770 „Zu den Drei Adlern“ (ihr gehörte Herzog Albert von Sachsen-Teschen an), 1771 „Zum Heiligen Joseph“, 1772 „Zu den Drei Schwertern“ (eine Rosenkreuzerstiftung) und andere. Ebenso wurden Logen in Graz, Klagenfurt, Innsbruck, Linz und Salzburg eingesetzt.

Der preußische Generalstabs-Medicus Johann Wilhelm Zinnendorf, der sich durch all diese Systeme durchprobierte, errichtete nach dem schwedischen System in Potsdam eine Loge. Gestützt auf den Schutzbrief König Friedrichs II. von 1774, gab Zinnendorf sich für „die einzige rechtmäßige freimaurerische Ordensbehörde in ganz Deutschland“ aus.

Da in der Wiener Freimaurerei an diesem System reges Interesse bestand, entsandte Zinnendorf 1776 den dänischen Rittmeister von Sudthausen nach Wien. Der Verlauf der Verhandlungen war positiv, die Errichtung einer Provinzialloge für Österreich hing nur noch vom Eintreffen der Konstitution der Landesloge ab. Da diese auf postalischem Wege nach Wien kommen sollte, bestand die Befürchtung, das Schriftstück könnte zurückgehalten worden sein. Sudthausen hegte den Verdacht, daß diese „Aftermaurer“ sich alle möglichen Ränke erlauben und sich derselben ungescheut bedienen. Gemeint waren Maurer, die der strikten Observanz angehörten. Sudthausen hatte auch ein Schreiben der Großloge an Joseph zu übergeben – in der irrigen Annahme, daß der Mitregent Freimaurer wäre!

Über Vermittlung des Oberststallmeisters Graf Dietrichstein kam es zur erbetenen Audienz bei Joseph. Nach Überreichung des Briefes soll dieser geäußert haben: „Was wollen denn die Herren von mir? Ich bin ja kein Freimaurer!“ Und als erläutert wurde, Preußens König bäte ihn, das von ihm erteilte „Protectorium“ zu bestätigen: „Wie kann ich einem Orden ein Protectorium erteilen, der Geheimnisse zu haben selbst vorgibt, von denen ich nicht unterrichtet bin? Der König von Preußen konnte das wohl, denn er ist selbst ein Freimaurer und weiss, was die Herren treiben!“

Joseph las das Schreiben der „Gesellschaft der wahren Freimaurer“, welche die „Beförderung insgesamt christlicher Tugenden“ zu ihrem wesentlichen Endzweck hat und die der König von Preußen in besonderen Schutz genommen hat. Darauf lenkte der Kaiser wohl ein und bekannte: „Ich habe keinen widrigen Begriff von dem Orden; ich weiss, daß er hauptsächlich wohltätige Handlungen auszuüben bemüht ist. Ich habe daher eine ganz gute Meinung vom Orden und von mir hat er nie etwas Widriges zu befürchten. Ich bin kein Freymaurer, ich kann ja also nicht wissen, ob sie etwas Unrechtes treiben oder nicht." Sudthausen ließ nicht locker und brachte zumindest eine wichtige Äußerung Josephs zuwege: „Ich werde der Großloge antworten, daß ich durch verschiedene mir bekannt gewordene Umstände bewogen wäre, eine gute Meinung von den Absichten des Ordens zu hegen, und daß derselbe sich meines Schutzes so lange versichert halten könnte, als er fortfahren würde, Merkmale seiner menschenfreundlichen Absichten an den Tag zu legen."

Zur Sicherheit bot Sudthausen sich als Überbringer der Antwort nach Berlin an. In einem anschließenden Informationsgespräch über die Freimaurerei zeigte Joseph sich interessiert, vor allem an der Sektiererei! Er meinte: „Man ist auch zu unvorsichtig mit den Aufnahmen. Man nimmt allerhand schlechte Kerle, davon der Orden keine Ehre hat." Darauf Sudthausen: „Sobald aber Logen von einer Großloge gesetzmäßig konstituiert und mit den erforderlichen Vorschriften versehen sind, ist dieses nicht mehr zu befürchten, denn in einer guten Logen werden keine Menschen von einer schlechten Conduite geduldet." Damit hatte er Joseph die Handhabe geliefert, darauf zu dringen, daß sich die österreichischen Maurer zu einer eigenen Großloge zusammenfinden mögen.

Interessant ist die Gesprächswendung, in der Joseph bekannte: „Ich habe selbst verschiedene Male Gelegenheit gehabt, Freimaurer zu werden. Zu Dresden und zu Livorno wurde es mir angetragen." Natürlich mußte Sudthausen diese Situation erfassen: „Euer Majestät haben noch nichts versäumt, wenn Sie es verlangen, in die Geheimnisse des Ordens unterrichtet zu werden." Darauf Joseph: „Auf meine Verschwiegenheit kann man sich zuverlässig verlassen", und vertröstet den dänischen Emissär auf ein Folgetreffen. Dennoch: Joseph richtete am 26. Juni an die „Große Freymaurerloge" in Berlin ein Schreiben, in welchem er wieder beteuerte: „Ich kann aber über eine Mir gänzlich unbekannte Verfassung meinen Schutz nicht ertheilen, soviel aber versichern, daß Männer und Gesellschaften, die nach diesen Vorsätzen handeln, wegen ihrem dabey beobachteten Geheimniss, weder von Meiner Bangigkeit, noch von meinem Vorwitz jemals was zu sorgen haben würden."

Als es 1777 zur Einsetzung der Provinzialloge kam, stand außer Zweifel, daß Johann Baptist Graf Dietrichstein das Amt des Provincial-Groß-Meisters übernahm. Von Berlin aus war dieser Schritt sehr klug, zumal Dietrichstein als Freund und Vertrauter Josephs galt. So aber war eine Unterstellung unter Berlin vollzogen, und bald schon zeigte sich, daß damit eine Reihe organisatorischer Schwierigkeiten verbunden war, vor allem, daß der postalische Kontakt nur schwer aufrecht erhalten werden konnte, da die von Berlin übermittelten Instruktionen in Wien beschlagnahmt wurden. Die nötigen Ansuchen um Genehmigung neuer Logen bzw. Verleihungen höherer Grade blieben daher unbeantwortet.

Als nun auch noch 1778 der Krieg mit Preußen ausbrach, war der Kontakt überhaupt unterbrochen, Zahlungsverpflichtungen der Provinzialloge blieben aus. Der Zerfall war perfekt. Der Kriegszustand bewies, wie undenkbar die Abhängigkeit österreichischer Logen von einer übergeordneten Institution im Feindesland war.

Die Loge „Zur Wahren Eintracht"

Eine umfassend dokumentierte Geschichte dieser bedeutendsten Freimaurerloge im Wien des 18. Jahrhunderts ist noch nicht geschrieben; eine kritische Analyse über die Wirkung dieser Loge auf die wissenschaftlichen und intellektuellen Kreise der Residenzstadt steht noch aus. Auch diese Darstellung beschränkt sich nur auf markante Daten und Ereignisse.

Aus einer der in Wien bestehenden Logen, der 1769 installierten Loge „Zur Hoffnung", lösten sich fünfzehn Brüder und konstituierten am 12. März 1781 die Loge „Zur Wahren Eintracht". In der Gründungsphase wählten die in der neuen Loge zusammengeschlossenen Brüder den Hofchirurgen Ignaz Fischer zu ihrem „Meister vom Stuhl" (Vorsitzenden). Die Loge bestand zunächst aus 9 Meistern, drei Gesellen und drei Lehrlingen.

Den im Haus-, Hof- und Staatsarchiv erliegenden (in der „Wiener Freimaurer-Zeitung“ 1926/27 teilweise abgedruckten) Logenprotokollen ist zu entnehmen, daß man an die Loge „Zum Heiligen Joseph“ herantrat, um „gegen einen billigen brüderlichen Beytrag . . . (bis diese) zu Kräften gekommen seyn und ein eigenens Quartier gemietet haben werde“, in dem Ihrem arbeiten zu dürfen. Man erlangte diese Zusage.

Die erste Reception (Neuaufnahme) in der Loge fand am 20. Juni 1781 statt. Der Zuwachs war in der Folgezeit beachtlich. Erwähnt seien nur als Wichtigste: der Abt des Klosters Klingenzell, Franz Übelacker; Sebastian Graf d'Ayala, Charge d'affairs von Ragusa; Bildhauer Stephan d'Hablainville; Anatom Joseph von Bart. In der 18. Sitzung erfolgte die Ballotage (Wahl durch Kugelung) des Mohren Angelo Soliman, über dessen ungeklärte Herkunft die abstrusesten Spekulationen angestellt wurden. Er war Diener der Fürsten Lobkowitz und Liechtenstein. Der Umstand, daß er innerhalb von vier Wochen in den Meistergrad erhoben wurde, spricht für höchste Gönnerschaft. Immerhin ist es ihm zu danken, daß Ignaz von Born (wie diese Bekanntschaft zustande kam, ist ungeklärt) in die Loge kam. Im Protokoll vom 14. November 1781 steht zu lesen: „Es wurde auf das von Bruder Soliman eingebrachte Gesuch des Bruders Gesellen (!) Ignaz von Born, k. k. Hofraths, dieser Loge inkorporiert und einverleibt zu werden, zur statutenmäßigen Ballotierung geschritten, welche mit 15 helleuchtenden Kugeln ausfiel, sodann Born rektifizirt und mit allen Ehrenbezeigungen unseres königlichen Ordens als Mitglied dieser Loge aufgenommen.“ Auch er erhielt bald den Meistergrad.

Borns maurerische Vergangenheit liegt im dunkeln. Von seiner Arbeit für die Prager Loge „Zu den Drei Gekrönten Säulen“ wurde schon berichtet.

Die Loge „Zur Wahren Eintracht“ hatte ihren „Tempel“ in dem Hause „Zum Silbernen Hut“ des Barons Moser auf dem Bauernmarkt Numero 532 im ersten Stock. Ein Stockwerk darüber arbeitete die Loge „Zum Heiligen Joseph.“ Hier also fand Born wieder in den Kreis der Freimaurer und erwies sich sehr bald als treibende Kraft. Erfüllt von allen Gedanken der

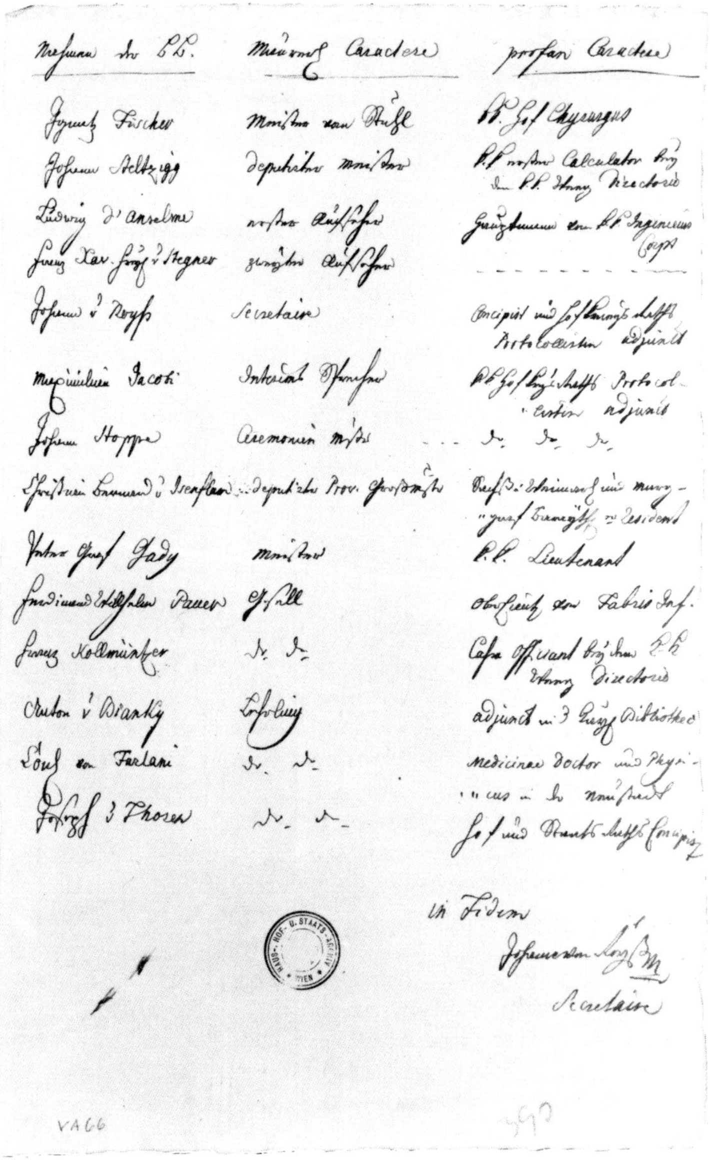

Namens- und Funktionsliste der Gründungsmitglieder der Loge „Zur Wahren Eintracht“ 1781

Aufklärung, drängte es ihn, in der Residenzstadt eine wissenschaftlich höchst effiziente Eliteloge zu errichten.

Die 53. Sitzung vom 9. März 1782 kann man mit Recht (wie mit Sarastro später in der „Zauberflöte") als „eine der wichtigsten unserer Zeit" bezeichnen. Nach den dabei üblichen Ritualen „hielt der H(och) W(ürdigste) M(eister) vom Stuhle, Br. Fischer, eine Beurlaubungsrede, nach welcher er den Hammer ablegte und aus profanen Gründen die Loge verliess". Nach den üblichen Dankesreden für die geleistete Arbeit übernahm der deputierte Meister den Hammer und forderte die fast vollzählig versammelten Brüder der Loge zur Neuwahl eines Meisters vom Stuhl auf. Dabei entfielen von den abgegebenen 34 Stimmen 31 auf Ignaz von Born!

Born als „Meister vom Stuhl"

Zu unmittelbaren Mitarbeitern um den Bornschen Stuhl wurde 1782 als deputierter Meister Ludwig Anselme (der spätere Schwiegersohn Borns) gewählt. Zu Aufsehern wurden Franz Freiherr von Stegner und Ferdinand Wilhelm Pauer bestellt, als Sekretär der Hofbibliotheksadjunkt Joseph Anton von Bianchi. „Zum Beamten wurde auch Br. Angelo Solimano mit einhelliger Genehmigung der Loge vom H. W. (hochwürdigen) Großmeister selbst ernannt."

Born, der die Errichtung einer wissenschaftlichen Eliteloge vorhatte, ging schnell und nachdrücklich an die Reformierung und Neuordnung heran. Zunächst hob er alle bisherigen Logenbeschlüsse auf und forderte die Brüder auf, sich schriftlich zu allen Problemen und offenen Fragen zu äußern. Ein Problem von besonderer Wichtigkeit waren die Neuaufnahmen. In detaillierten Besprechungen wurden alle Voraussetzungen fixiert, die man von einem neuen Mitglied zu erwarten hatte. Und um diese Maßstäbe nicht nur in der eigenen Loge angewendet zu wissen, wurde in einem umfassenden Papier an die Provinzialloge festgehalten, sie sollte „dem Meister vom Stuhl

Ignaz von Born. Stich von Jacob Adam nach einem wahrscheinlich verlorenen Gemälde von Gabrielle Bertrand (signiert: Beirin)

jeder Loge auftragen ... allsogleich nach gemachtem Vorschlag der Suchenden mit beigesetztem Datum dieselben den Schwesterlogen anzumelden, damit jede Loge Zeit haben möge, sich zu erkundigen, ob die in Vorschlag gebrachten Profanen würdig sind, aufgenommen zu werden".

Als wichtige Neuaufnahmen in die „Wahre Eintracht" sind festzustellen: der Dichter Aloys Blumauer, der Oberst von Kinsky und Karl Friedrich Grüwel von der Loge „Balduin" in Leipzig (der angeblich auch Sonnenfels angehört hat, ohne daß es dafür einen Nachweis gibt). Ende Juni 1782 wurde das Gesuchsschreiben Joseph von Sonnenfels' verlesen. Protokoll: „Man schritt zur Ballotage, und sie fiel mit 35 Kugeln helleuchtend aus." Zunächst nahm Sonnenfels am 3. Juli als besuchender Bruder an einer Logenarbeit teil und wurde am 6. Juli als Mitglied dieser St.-Johannis-Loge aufgenommen. Zugleich mit ihm Georg Graf Festetics aus der berühmten ungarischen Magnatenfamilie.

Da im Oktober 1782 der amtierende Bruder Redner dieses Amt niederlegte, wurde Sonnenfels damit betraut. Am 4. No-

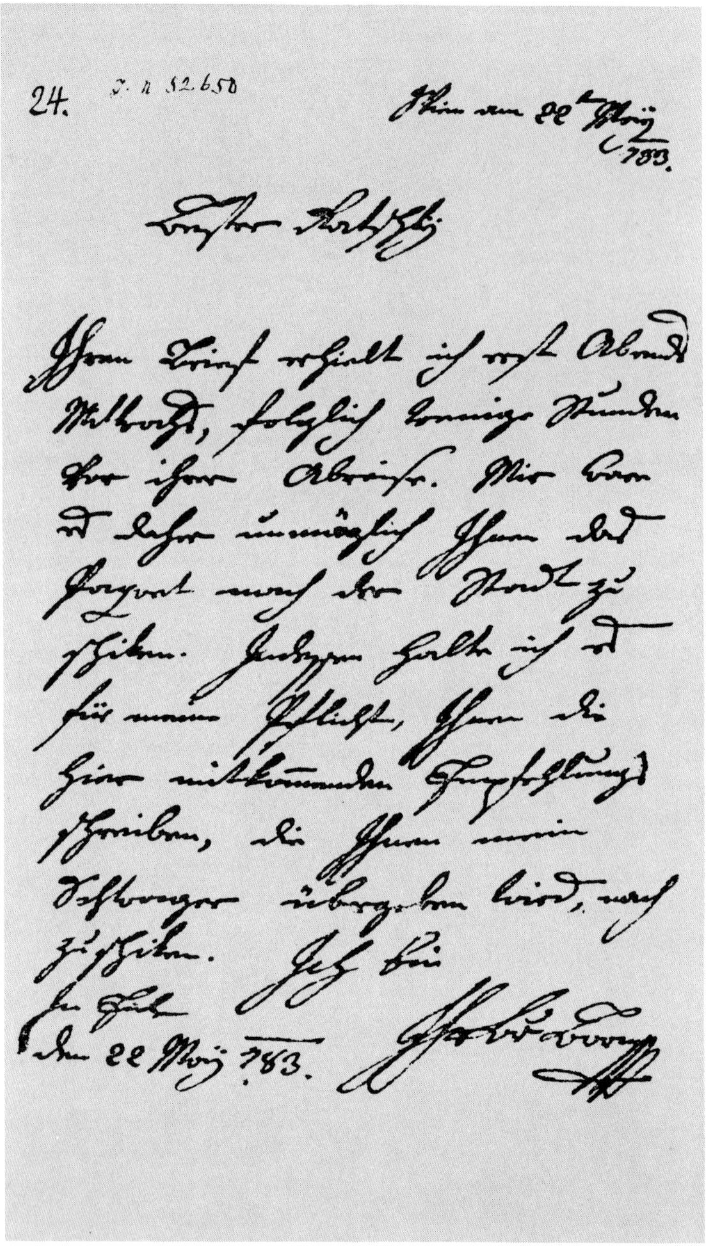

Borns Handschrift: Brief an seinen Freund und Logenbruder, den Schriftsteller Joseph Franz Ratschky

vember hielt dieser seine große Rede „Über den Einfluß der Maurerei auf die bürgerliche Gesellschaft“. Ein ausdrückliches Bekenntnis auch dafür, daß nur aus elitären Logen wirksame aufklärerische Einflüsse auf die bürgerliche Umwelt ausstrahlen könnten. Besonders wurde die Notwendigkeit strengster Auswahlkriterien bei der Aufnahme neuer Brüder betont. Fast drohend forderte Sonnenfels: „Ich erkläre in dieser Versammlung jeden des Verrates gegen die Würde und das gemeine Wohl des Ordens schuldig, der für einen Menschen von unanständigen Sitten eine leuchtende (helle) Kugel einwirft und dadurch die Maurerei mit einem unwürdigen, sie entehrenden Gliede zu belasten beiträgt, die nur dann die Stimme der allgemeinen Hochachtung vereinbaren kann, wenn die Welt jeden rechtschaffenen, edeldenkenden Mann für einen Maurer hält.“ Diese hochgesteckten und idealistischen Ziele fanden im Kreise der Brüder allgemeinen Beifall.

Die äußeren Umstände der Loge wurden verändert: Die gastgebende Loge „Zum Heiligen Joseph“ kündigte im Juni 1782 den Pachtvertrag; man fand ein neues Quartier im Weinbrennerschen Haus „Zum Roten Krebsen“ (in der heute nicht mehr existierenden Preßgasse beim Hohen Markt). Am 7. Februar 1783 wurde die neue Loge geöffnet, und aus diesem Anlaß schrieb Aloys Blumauer eines seiner vielen überschwänglichen Maurer-Poeme. Daraus einige Zeilen:

> Wie baust du mir, frug einst von ihren Zinnen
> . . .
> Die Wahrheit, einen Mann, der ihr
> Der Baukunst Meister schien, wie baust du mir
> Ein meiner würdig Haus, wo ich zuweilen
> Im Kreise meiner Freunde zu verweilen? –
> . . .
> In einer Ferne, die kein Menschenlaut
> Erreicht, in einer Höh’, wovor dem Blicke graut,
> Da, Göttin, will ich mit Vertrauen
> Auf meine Kunst dir einen Tempel bauen.
> Da sollst du einen Platz, von Säulen bloß
> Umschlossen, einfach, aber groß –
> So wie du selbst – zum Aufenthalte haben.
> . . .

Hier soll es nie Unwürdigen gelingen,
In dieses Heiligtum sich einzudringen.
Doch weil kein Schloß hienieden unzersprengbar ist,
. . .
O Göttin, so erlaube mir,
Daß ich an deines Tempels Schwelle,
Zween unbestechliche, bewährte Wächter stelle.
Die Weisheit und die Stärke stell' ich hier
Zu Wächter auf . . .
. . .
. . . Da ging er und begann
Des Tempels Bau nach seinem weisen Plan; –
Und als er fertig war, ließ sich die Göttin nieder,
Versammelte die ihr getreuen Brüder
In ihrem Heiligtum, und hieß sie dann
Den neuen Bau, zum ewigen Gedeihen,
Der Wahrheit und der Eintracht weihen.

Einführung der Übungslogen

Wenn bisher von freimaurerischen Logenarbeiten die Rede war, so waren das rituelle Tafellogen. Diese hatten ihren Ursprung in der Frühzeit des Maurertums, als die Brüder in Ermangelung eigener Logenräume zumeist in Gastwirtschaften zusammenkamen: ein langer Tisch, die Tafel, um den sich die Brüder versammelten, um das Ritual zu vollziehen, an dessen Anschluß ein gemeinsames Mahl stattfand.

Ignaz von Born war es, der in der Loge „Zur Wahren Eintracht", seinen wissenschaftlichen Absichten folgend, als Reformator wirkte. Das begann mit seiner Stuhlmeisterfunktion, als er die Brüder aufforderte, daß sie „alles Erhebliche, was sie bei unserer Tafelloge vorgetragen oder abgelesen haben, dem Bruder Secretär geben möchten, daß er es ad acta legen kann". Mit „ad acta" war nicht gemeint, es zu archivieren, sondern es bestand die Absicht einer Publikationsreihe, für die bereits Materialien gesammelt wurden!

Als nächster Schritt ist der Vorschlag zu werten, daß stets „verschiedene Brüder unsere Arbeitslogen mit ihren Reden auch erbauen sollten, wodurch auch die Monotonie, in welche einer verfallen mußte, wenn er immer allein spreche, behoben werde“. Beide Vorschläge fanden Zustimmung. Damit aber war eine neue Logenform gefunden, die der Übungsloge.

Am 21. Oktober 1782 legte Born ein detailliertes Programm vor und erbat sich dazu schriftliche Stellungnahmen. In der Präambel hieß es: „Jedes Institut muß nach einem wesentlichen Endzweck zielen, wenn es Dauer und Selbstbeständigkeit haben soll . . . Meine Pflicht, die ich mit der Würde, die Sie mir auftrugen, übernahm, fordert, daß ich ihnen in den gewöhnlichen Instruktionslogen die Gesetze, Gebräuche, Zeremonien und die Fragen und Antworten, welche für die verschiedenen Grade unseres Ordens vorgeschrieben sind, vortrage . . .“, und daran schloß er die Neuerungen, mit welchen er den gewöhnlichen Instruktionslogen eine andere, zweckmäßigere und feierliche Gestalt zu geben beabsichtigte. Nun sollten „jene Brüder, welche dazu die Erlaubnis angesucht und erhalten haben, eigene Aufsätze über solche Gegenstände (vorlesen), auf deren Kenntnisse und Bearbeitung uns unsere Gesetze selbst anweisen. – Der Stoff dazu darf also nur aus einer der freien Künste, aus der Moral, aus der Naturlehre im weitesten Verstand, und aus der Mathematik entlehnet werden; Theologische Streitigkeiten, Juristerey, und Dinge welche die politische Staatsverfassung betreffen, gehören nicht zu unseren Arbeiten, da sie mit der Maurerei in keiner Verbindung stehen“.

Um jedoch diese Ergebnisse nicht ausschließlich der Loge vorzubehalten, regte er an, diese „zugleich den Profanen (in der Diktion der Freimaurer nicht diesem Bund Angehörende) als Beiträge zur Erweiterung irgend einer Wissenschaft, oder zum lehrreichen, und erbauenden Unterhalte“ zugänglich zu machen. Die der Naturlehre bzw. der Mathematik zuzuordnenden Vorträge sollen als „Physikalische Arbeiten der einträchtigen Freunde in Wien“, jene aus anderen Wissenschaften oder der Moral als „Unterhaltungen der einträchtigen Freunde in Wien“ publiziert werden. Um gleich einen wohltätigen Zweck damit zu verbinden, schlug Born vor, daß der mit dem Vertrieb beauftragte Buchhändler dafür eine gewisse Summe an die Armenkasse entrichten müsse.

Die nach diesen Ausführungen eingegangenen 21 schriftlichen Stellungnahmen (sie sind teilweise abgedruckt in dem 1984 von der Großloge von Österreich herausgegebenen Werk „Über die Übungslogen der gerechten und vollkommenen Loge Zur Wahren Eintracht im Orient zu Wien 1782–1785") waren überwiegend positiv, 18 sogar einhellig begeistert. Nur drei Brüder (Jacobi, Grüwell und Scharf) warnten davor, die Loge in eine „Gelehrte Gesellschaft" umzufunktionieren. Ludwig Anselme etwa schrieb: „Die freien Künste, Naturlehre und Moral sind nicht nur HaubtGegenstände (!) unserer königl. Kunst, sondern sie begründen auch jene Wissenschaften in sich, die dem profanen Menschen und dem Maurer zur Zierde dienen. Alte und junge BB (Brüder) werden durch gute Beispiele zu einem tätigeren Geschäft, zu einer Mitwirkung aufgemuntert werden, Sie werden sich auf die Wissenschaft verlegen, Sie werden Männer werden, die die Pflichten des Weltbürgers, die das menschliche Herz, die Tugenden, die Laster und die Beweggründe kennen lernen . . ."

Die erste Übungsloge

Schon die erste Übungsloge, die am 4. Nomber 1782 abgehalten wurde, zeigte den Ernst, mit dem man an die Verwirklichung dieses Vorhabens heranging. Glücklicherweise sind die Protokolle erhalten geblieben. Sie bieten überzeugende Einblicke und revidieren die allgemeine Ansicht, daß sich die Brüder damals mehr mit Alchemie (Goldmacherei) und Magie befaßten.

Werfen wir einen Blick in das erste Protokoll, welches hier auszugsweise wiedergegeben sei: „1: Nach geöffneter . . . Loge, las der H:W:M:v:St: (Born) . . . den Ersten Abschnitt seiner Abhandlung vor, in welcher Er die Aegyptischen Mysterien mit jenen der Maurerei erörtert. Er stellte . . . den Werth der ältesten Aegyptischen Urkunden . . . so wie die Grösse des Verlusts, und der Vernichtung der Heiligen Jahrbücher vor, und zeigte uns dann . . ., aus den Bruchstücken der aegyptischen Geschichte, die er in den Werken des Herodot, Diodorus, Plutarch und anderer älterer Schriftsteller aufgesammlet hatte, und aus den übrig gebliebenen Ruinen, die vormalige Grösse, den Reichtum, die Macht, die Bevölkerung, die weise Verwaltung dieses so merkwürdigen Landes: welches alles er aber als eine Folge der Weisheit und Kenntnisse der aegyptischen Priester ansieht, die Er uns in der nächsten Übungsloge weitläufiger auseinander zu setzen versprach. – 2: Las B: Scharf eine Abhandlung über die Kabala der Hebräer vor. Seine Ansicht ist, seine Gedanken über den Werth dieser Wissenschaft . . . mitzutheilen, und den Unterschied der ächten Kabala von der falschen anzugeben. – Um sich aber verständlich zu machen, schikte Er . . . einen zureichenden historischen Begriff von der Bedeutung, dem Ursprung, und dem Lehrsysteme der Kabala voraus, und gab Begriffe von der theoretischen und praktischen, mystischen und philosophischen Kabala . . . – 3: Führte B: Durdon Züge aus dem Charakter Salomons an, als Beyträge zur Schilderung dieses erhabenen Königl: Maurers. – 4: Machte den Schluß der B: Sprecher (Sonnenfels) mit der Rede über den Einfluß der Maurerei auf die Bürgerl. Gesellschaft . . ."

Insgesamt wurden zwischen dem 4. November 1782 und dem 5. Dezember 1785 21 derartige Übungslogen abgehalten. Aus der Fülle der dabei zur Verlesung gekommenen Arbeiten seien einige wichtige Themen bzw. Titel herausgegriffen. So etwa sprach der Schriftsteller und Beamte Joseph Franz Ratschky „Über die Wohltätigkeit des Maurers", der Hofbibliotheksadjunkt Joseph Anton von Bianchi legte seine Untersuchungen über die Magie der alten Perser und die Mithrischen Geheimnisse dar. Als „Gast" (von der Loge „Zur Wohltätigkeit", der er als Meister vom Stuhl vorstand) sprach Hofrat Otto Freiherr von Gemmingen-Hornberg „Über die Schwärmerey in der Freymaurerey" und meinte damit die Gespaltenheit der Maurer in sich, verursacht durch die Vielzahl der Systeme. Der Professor für Philosophie in Wien und Leuven Joseph Ernst Mayer verlas seine „Abhandlungen über die Verbindung der Wissenschaft und der Künste mit der Maurerey". Der Exjesuit, Zensor und Schriftsteller Aloys Blumauer („Ein Dichtergenie der ersten Größe" nannte ihn die Biedermannschronik) referierte „Vorerinnerung über die Veranlassung, den Zweck und die eigentliche Bestimmung des Maurer Journals", und das Arbeitsprotokoll vom 3. November 1783 vermerkte, „daß auch die Maurerey durch Aufklärung und philosophische Untersuchung, sowie die Religion, mehr gewinnen, als verlieren müsse". Born sprach auch „Über die Mysterien der Inder", wobei er auf den Ursprung der Inder sowie die Lehren und Sitten der Brahmanen einging. In der 13. Übungsloge (19. April 1784) „Las Br. Ratschky ‚Über den Einfluß der Maurerey auf die Erziehung des Jünglings' ... der Hw. M. v: Stuhl (Born) über den ‚Ursprung der Tafellogen' und Br. Blumauer: ‚Glaubensbekenntnis eines nach Wahrheit ringenden Maurers'".

Rückblickend auf diese Ergebnisse, schrieb Born an den Freund Reinhold: „Noch immer arbeiten wir nach unserem ersten Plan. Nach und nach schließt sich immer ein geschickter junger Mann nach dem anderen an unsern Kreis; Eintracht unter den helldenkenden Köpfen und guten Schriftstellern Wiens ist noch immer unser Streben, und die Verbreitung der Aufklärung unsere Arbeit."

In der im vorhergehenden Kapitel schon zitierten Publikation „Über die Übungslogen ..." erläutert Alexander Giese (seit 1975 amtierender Großmeister der Großloge von Österreich) diese Übungsarbeiten so, „daß Ignaz von Born diese Übungslogen etabliert haben wollte, weil er nicht allein darauf vertraute, daß das Ritual den menschlichen Fortschritt die Ausbildung zur allseitig erfahrenen und gebildeten Persönlichkeit gewährleisten könne. Er drang auf dieses intellektuelle Herzstück, das Baustück, in der Logenarbeit, weil er gleichermaßen mit dem Gefühl den Verstand, mit der Emotion die Vernunft gefordert wissen wollte. Das ‚Bornsche Programm' ist zum Vorbild für alle späteren Maurer in Österreich geworden".

Logenalltag in der „Wahren Eintracht“

Nachdem Ignaz von Born am 15. März 1783 für ein weiteres Jahr als Stuhlmeister bestätigt wurde, war eine seiner Tätigkeiten, die Aufnahme eines Suchenden einzuleiten, die unter strenger Geheimhaltung stattfinden mußte. Es ging um den 25jährigen Karl Leonhard Reinhold, Jesuit (bis zur Ordensauflösung), dann Barnabit. In diesem Orden war er Philosophielehrer und Novizenmeister. Von Kindheit an mit der Poesie verbunden, wurde er Freund der Schriftsteller Alxinger, Leon, Ratschky und Haschka. Diese erklärten ihm das Gedankengut der Aufklärung und förderten seine Annäherung an die spekulative Philosophie. Davon so angetan, schloß er sich dem „Verein der vorzüglichsten Wiens . . . unter der Leitung des edlen und geistvollen Ignaz v. Born“ an. Er wurde Freimaurer.

Um nun jeglicher klerikaler Verhinderung zuvorzukommen, wurde Reinholds Aufnahme den anderen Logen *nicht* angezeigt. Reinhold wurde Mitarbeiter der von Blumauer redigierten „Real-Zeitung“, ehe er im Herbst 1783 dem Kloster entsprang und zunächst ins protestantische Leipzig floh, von wo aus er weiterhin Beiträge für die Zeitung lieferte.

Die „Logenhausdichter“ Alxinger, Blumauer, Leon und Ratschky erwiesen sich, wenn auch nicht immer mit literarischem Wert, zu jedem Anlaß dichtbereit. Kaiser Josephs Geburts- und Namenstage, aber auch die Borns und dessen Tochter Mimi sowie die zahlreichen Schwesternlogen boten ihnen genügend Anlässe. Diese poetischen Ergüsse erschienen 1783 als „Gedichte und Lieder verfaßt von den Brüdern der Loge zur Wahren Eintracht im O(rient) v(on) W(ien)“. Es mutet erheiternd an, wenn die Vorrede vermerkt: „Schon der selige Lessing machte die Bemerkung, daß die Reden und Lieder der Freymaurer meistentheils schöner gedruckt, als gedacht und gesagt seyen.“

Allgemein kam es zu einer weiteren Verbreitung des Maurertums, da alle Logen ständig Aufnahmen durchführten, wobei das gegenseitige Informationssystem zu funktionieren schien. Das aber brachte mit sich, daß mit größerem Nachdruck auf die Geheimhaltung der Logen und der rituellen Vorgänge gedrungen werden mußte, da vielfach versucht wurde, Spitzel in die Logen einzuschleusen. Unbeirrt davon publizierte die Loge „Zur Wahren Eintracht“ ihre Arbeiten.

Aus Anlaß des 41. Geburtstages von Born fand eine festliche Tafelloge mit Schwestern (Gattinnen, Bräute, Freundinnen und Töchter, denen aber die Teilnahme an rituellen Logen nicht gestattet war) statt, bei der Aloys Blumauer wieder zur Feder griff und ein „Kettenlied“ verfaßte, einen Hymnus auf das Amt des Meisters vom Stuhl in der Person Borns:

Auf, Brüder, und reicht euch die Hände!
Ein Rätsel ist Anfang und Ende
  An unserer Kette dem Blick:
Von Osten aus gehen die Glieder,
Und kehren im Kreise dann wieder
  Von Westen nach Osten zurück.

Doch hängen wir alle im Kreise
An Einem, der liebend und weise
  Uns Brüder versammelt umher.
Und wenn wir die Kette dann schlingen,
so sehn wir nach Osten und singen:
  Ihr Anfang und Ende ist Er!

Auch die anwesenden Damen blieben nicht unbedichtet; hier die letzten zwei Strophen der „Schwesterngesundheit“:

Doch, Schwestern, all das Herzeleid,
Was über uns zu jeder Zeit
  Durch euch verhänget worden,
Und was ihr noch uns zugedacht,
Hat eine wieder gut gemacht
  Aus eurem Schwesternorden.

Und diese teure Schwester war
Die Frau, die uns den Mann gebar,
  Den wir zum Meister wählten;
Drum auf, ihr Brüder, seid bereit!
Ihr soll allein das Feuer heut
  Aus unsern Mörsern gelten.

(„Mörser“ sind die speziellen Trinkgläser der Freimaurer.)

„Genius Bornii“

Der Bildhauer und Logenbruder Franz Anton Zauner schuf 1785 die mit freimaurerischen Symbolen versehene, 86 cm hohe Plastik „Genius Bornii“

Ignaz von Born wurde mehrfach in Bildern dargestellt (sie sind in diesem Buch auch reproduziert). Die einzig bekannte plastische Umsetzung seines „Genius“ bedarf jedoch näherer Erläuterung.

Franz Anton Zauner, Bildhauer, 1746 in einem kleinen Ort in Tirol geboren und aus bäuerlichen Verhältnissen stammend, kam 1766 nach Wien, arbeitete an den Säulen der Karlskirche mit und lernte unter anderem bei Franz Xaver Messerschmidt. 1782 wurde er von Kaunitz an die Akademie berufen und erhielt dort zwei Jahre später eine Professorenstelle. Zu seinen bedeutendsten Arbeiten zählen: der Brunnen im Ehrenhof von Schönbrunn, eine Sonnenfels-Büste, das Laudon-Grab und das Reiterstandbild Kaiser Josephs II. vor der Nationalbibliothek.

Was hier aber besonders interessiert, ist die Gestaltung des „Genius Bornii“ aus dem Jahr 1785. Zauner war „Bruder“ in der Loge „Zur Wahren Eintracht“. Diesen persönlichen Begegnungen mit dem Meister vom Stuhl ist also die vorgenannte Darstellung zu danken.

„Zauner hat für die Huldigung Borns die Form eines Genius gewählt und damit in zweifachem Sinn seinem Werk eine Allegorie zugrunde gelegt: zum einen ist der Genius ein römischer Schutzgott, womit der Geist der antiken Mythologie beschworen wird, zum anderen spielt wohl auch das Wort GENIUS in der späteren Bedeutung eines genialen Menschen eine gewisse Rolle. Es war sicher nicht unbeabsichtigt, die am Sockel der Figur eingezeichnete Namensgebung im Dativ, GENIO BORNII = dem Genius Borns, zu setzen . . . Zwei Wesen sind dem Genius beigegeben. Zu seiner Linken hält er eine an einer Kette gefesselten Eule, auf der Rechten trägt er die Göttin des Lichts. Ausgehend von der Tatsache, daß Eulen bei Tage nichts sehen können, ist die Eule als ein Symbol der Blindheit und der Finsternis aufzufassen. Gerade der Freimaurer als ‚Suchender‘ hatte im Sinne der Aufklärung der Blindheit der Menschen entgegenzuwirken, was durch die Fesselung mit einer Kette unterstrichen wird. Dabei trägt die Kette noch zusätzlich zwei Maurersymbole, die in der bisherigen Literatur noch nicht erwähnt wurden. Das obere Ende bildet ein Dreieck, das unterste Kettenglied ist ein Ring (= Kreis). Das Dreieck stellt die im Ritus immer wieder beschworene Dreizahl, die Trinität dar, der Kreis ist Sinnbild für die Geschlossenheit des Bundes und des Weltenkreises.“

Soweit Viktor Vitali, dessen bisher noch ungedruckter, sehr aufschlußreicher, die Maurersymbolik in allen Details nachgehender Arbeit dieses Zitat auch entnommen ist. Ihm ist bisher der Nachweis von vier Exemplaren dieser Darstellung gelungen.

Frauen und die Freimaurerei

Diese Zeilen scheinen notwendig, weil oft von Schwesternabenden bzw. Tafellogen mit Schwestern die Rede ist. Dabei handelte es sich um gesellschaftliche Freimaurerzusammenkünfte, an denen Gattinnen und Bräute teilnahmen, nicht zuletzt auch um die persönlichen Freundschaften enger zu knüpfen.

Damit taucht die Frage auf, ob und warum die Freimaurerei als frauenfeindlich gilt. Interessanterweise befaßte sich damit schon 1783/84 das Logenbuch der „Wahren Eintracht" (herausgegeben von E. Lorenzi, 1979) in seinem ersten Abschnitt, und zwar mit „Vorwürfen und Einwendungen, welche von unwißenden Fremden gegen die Freymaurerei können gemacht werden, und die ein Freymaurer muß widerlegen und beantworten können". Da heißt es als Frage des Profanen: „Daß das Frauenzimmer von ihrem Orden ausgeschloßen wird, macht ihn bey denselben verdächtig, besonders da man eben so große Proben hat, daß es verschwiegen sey, als von deren Mannspersonen?" Darauf hat ein Maurer zu antworten: „Wir zweifeln gar nicht an der Verschwiegenheit des Frauenzimmers, und haben alle Hochachtung für dasselbe, allein ganz andere und wichtigere Ursachen bewegen uns, es vom Orden auszuschließen." Erneute Profanfrage: „Gehören diese Ursachen zu ihren Geheimnissen?" Antwort des Maurers: „Nein, ich kann sie ihnen sagen: a. Erfordert die Vorsichtigkeit, der Bosheit keine Gelegenheit zu geben, uns der Fehler zu beschuldigen, die man einer Gesellschaft, worin sich Frauenzimmer bey verschlossenen Türen befänden, um so viel eher aufbürden würde, da Verläumder bereits von den verschloßenen Thüren Gelegenheit genommen haben, wiedrige Urtheile von uns zu verbreiten, obgleich keinem Frauenzimmer zutritt zu uns erlaubt wird." Das Fragen geht weiter: „Wenn die Logen blos aus verheyratheten Männern und ihren Frauen bestünden?" Die Antwort: „Dann hoffe ich, daß unser Vornehmen bey solchen Versammlungen, Gelegenheit zu den witzigsten Schmähschriften geben sollte, die sich nur erdenken ließen." Und erneut: „Haben Sie mehrere Gründe, das Frauenzimmer auszuschließen." Maurer:

„Ja. Wer bei uns will aufgenommen werden, muß sein eigener Herr seyn. Daß Frauenzimmer stehet aber entweder unter der Gewalt ihrer Eltern oder Männer, und könnte solchem nach nicht sich selbst gebieten."

„Physikalische Arbeiten der einträchtigen Freunde in Wien"

... lautet der Titel einer wissenschaftlichen Vierteljahresschrift, „Aufgesammelt von Ignaz Edlen von Born, k. k. wirklicher Hofrath ... der kaiserl. Akademie der Naturforscher; der Akademien der Wissenschaften zu St. Petersburg, London, Upsal, Stockholm, Göttingen, Toulouse und mehrerer gelehrten Gesellschaften Mitglied".

In dem „An den Leser!" überschriebenen Vorwort erläuterte Born als Herausgeber: „Männer, deren Bestimmung es ist, sich ganz den Wissenschaften zu widmen, haben sich mit andern, die sich bloß zu ihrem Vergnügen damit abgeben, verbunden, und den Entschluß gefaßt, das ihrige zu der allgemeinen Aufklärung mit vereinten Kräften beyzutragen. Diejenigen aus ihnen, welche sich mit Physik, Mathematik und Naturgeschichte beschäftigen, treten itzt hervor, um theils ihre eigenen, theils die an sie geschickten Arbeiten, welche sie der Aufmerksamkeit des Publikums würdig halten, öffentlich bekannt zu machen."

Born, der die Herausgabe 1783 übernahm und sie trotz großer Schwierigkeiten bis 1788 führte, trat als Autor überhaupt nicht in Erscheinung. Von den Autoren der zum Abdruck gekommenen wissenschaftlichen Aufsätze gehörten sieben der Loge „Zur Wahren Eintracht" an. Die behandelten Themen reichten von einer geographischen Beschreibung Sibiriens, des Bergwerkes von Bleiberg (Kärnten), verschiedenen Abhandlungen über den siebenbürgischen „Spiegelglaskönig", der „Beschreibung einiger Vögel aus dem Geschlechte der Papageyen und Kolubri (sic!) von den Küsten der Südsee" bis zu einer „Beschreibung der im kaiserl. Naturalienkabinett aufbewahrten Zeolithen“ (feldspatähnliches Mineral). Abbé Denis schrieb über die „Seltsame Veränderung einer Weißpapel“, Bergrat von Ruprecht erläutert seine „Versuche: über die Auflösbarkeit des Goldes in metallischer Gestalt durch die dephlogistisirte Kochsalzsäure“. Johann Freiherr von Paccassi schrieb einen „Versuch über die Rektifikazion elliptischer Bögen, und die Quadratur sphäroider Dreyecke“, Adauktus Voigt „Über die Naturgeschichte Böhmens“, und Karl Haidinger legte den „Entwurf einer systematischen Eitheilung (sic!) der Gebirgsarten“ vor. B. F. Hermann beschloß die Erscheinung mit seinen unfänglichen „Bemerkungen auf einer Reise durch Oesterreich, Salzburg, Bayern und Schwaben. Im Jahre 1781“.

Diese Aufzählung gibt einen „respräsentativen Querschnitt“ durch das thematische Angebot. In der Vielfalt dieser Abhandlungen zeigt sich die Notwendigkeit damals der intensiven Forschungen auf allen Gebieten. Und trotz des Anklingens im Schriftentitel an die „einträchtigen Freunde“ ist in keiner Zeile ein Hinweis auf die Freimaurerei zu finden.

Im neuen Hause waltet Mimi

Die Gründe für diese Übersiedlung sind unbekannt. Möglicherweise war die im ersten Stockwerk des sogenannten Gatterburgschen Hauses, Dorotheergasse 1144 (heute 12), gelegene Wohnung für den stark gehbehinderten Hofrat leichter erreichbar. (Das Haus war 1710 in den Besitz des Kriegs- und Finanzrates Constantin Josef Reichsrat von Gatterburg gekommen.)

Auch der neue Wohnsitz blieb ein vielfrequentierter Treffpunkt. In seinem Memoirenbuch berichtete Karl Heinrich Ritter von Lang, der in diesem Jahr, 1784, Privatsekretär beim Würtembergschen Gesandten in Wien war: „Das Gesandtschaftshotel befand sich in der Dorotheergasse, zwei Treppen hoch, in dem das erste Stockwerk von dem kaiserlichen Hofrat und berühmten Mineralogen von Born besetzt war, bei dem

Das Portal des „Gatterburgschen Hauses" in Wien, Dorotheergasse 1144 (heute 12), in dem Born zuletzt lebte und auch starb. Aufnahme aus dem Jahr 1946

sich täglich die glänzendsten Zirkel von berühmten Reisenden und Gelehrten versammelten, die aber meinen Gebieter wenig reizten, vielmehr durch ihr Begegnen auf der Treppe sichtbarlich belästigten."

Kindheit und Jugend der beidenBorntöchter Maria (Mimi) und Josepha sind bisher von der Forschung vernachlässigt worden. Beide wurden noch in Prag geboren. Ihr Vater wird aus beruflichen Gründen kaum viel Zeit gehabt haben, sich um sie zu kümmern. Ob sie von ihrer Mutter oder einer dazu angestellten Frau erzogen wurden, wissen wir nicht, ebenso nichts von ihrer Schulbildung.

In den Blickpunkt traten die beiden jungen Damen erst in Wien, genauer gesagt seit den Besuchen von Georg Forster und Friedrich Münter im Familienkreis. Ersterer bezeichnete die damals 18- und 16jährigen Mädchen als „ein paar liebenswürdige Frauenzimmer von viel Belesenheit und Aufklärung". Daß die beiden sich, wie es für Töchter damals üblich war, auch mit Musik beschäftigten, muß als selbstverständlich angesehen werden. Forster notierte in seinem Tagebuch, daß Mimi allerliebst sei, er besichtigte ihre Muschelsammlung, erhielt von ihr ein Exemplar geschenkt, und als er Vater Born fragte, wie er sich denn dafür revanchieren könnte, riet dieser ihm: „Ich soll ihr ein Busserl dafür geben."

Nicht weniger engagiert verlief der Besuch Friedrich Münters, mit dem ein langwährender, interessanter Briefwechsel folgte. Nachdem Münter abgereist war, schrieb Maria ihm: „Dank mein Bester daß Sie ohne Abschied von uns gingen und also nicht die Freude hatten *Mimi* weinen zu sehen – gute und glückliche Reise – bleiben Sie nur so froh als Sie's nach Ihrem eigenen Geständnisse bis izt waren . . ."

Auf Art und Wesen von Mimi weist ein Brief, den sie im Dezember 1784 dem in Italien weilenden Münter schrieb: „Mit bloßen Knien auf einem großen, großen Sack dürre Erbsen – die Hände kreuzweise auf die Brust gelegt – ein funkelnagelneues – unabgenagtes Ciliziom (Mönchsgewand) auch um den Leibe gebunden – die Augen Coqueluche vor Weinen, die Stimme heiser vor Schluchzen – matt vor Fasten und bleich wie die gipsernen Zehnkreuzer-Engelchen – knie ich vor Ihnen wie weiland Sancta Magdalene – ich erkenne meine unverzeihliche Todsünde – weiß, daß ich vor jedem Gerechten verdammt bin –

Der Dichter und Freimaurer Aloys Blumauer, der Mimi leidenschaftlich, aber vergeblich verehrte. Stich von Johann Kaspar Weinrauch

daß mein lasterhaftes Leben ohne gleichen ist, daß ich Sie umsonst um Barmherzigkeit anrufe, denn aus ist's mit mir – wäre ich nur ein Engländer, so hätt' ich doch den Mut mir eine Kugel vor den Kopf zu schießen – und so meinem Elend ein Ende zu machen – ... nein, so arg ist's nicht – meine große greuliche Sünde ist – daß ich Ihnen so lange nicht geantwortet habe – vergeben Sie mir – und dann hat die Sache ein Ende ... Noch immer bleibt Ihr Plätzchen bei unserm Kaffeetisch und in unsern Herzen leer und wird wohl immer unbestellt bleiben ... ach, alles ist traurig – ich trinke keinen Kaffee mehr – und hatte gestern und ehegestern Migraine. Kommen Sie bald zurück – um uns alle froh zu machen ... Nun adieu, ich schreibe entre chien et loup, und weil es schon ein bischen finster ist ... so muß ich schon im allen Ernst adieu schreiben. Marie B.

Mein Vater sagt Ihnen recht viel Schönes. Blumauer, der mir den Bleistift leiht, grüßt 3 x 3."

Blumauer, der sich stets in Borns Umgebung aufhielt, ver-

Maria (Mimi), die ältere Tochter Ignaz von Borns. Schattenriß aus Dr. C. F. Meischners „Collectio Umbrarum Viennensis" (1784)

ehrte Mimi sehr, ja es wurde sogar von einer Heirat gesprochen. Doch dazu kam es nicht. Daß die junge Dame um freimaurerisches Tun wußte, beweist die Weitergabe des Grußes „3 x 3", welcher auf das dreimalige dreifache Händeklatschen Bezug nimmt.

Mimi war bei den Tafellogen besonders gerne gesehen, betätigte sich bei Festarbeiten, etwa am Johannestag, auch als Näherin kunstvoller rosenförmiger Schleifen und erhielt dafür, gemeinsam mit einem rosengeschmückten Hut, ein von Blumauer verfaßtes Gedicht mit dem Titel „An die Schwester Rosennäherin" überreicht:

Gute Menschen, die sich innig lieben,
Und in brüderlicher Eintracht üben,
Senden dieses Angedenken Dir:
Rosen nähtest Du für Deine Brüder,
Rosen geben sie zum Dank Dir wieder.
Ehre, Schwester, diese Dankbarkeit!

Als Blumauer 1785 an Wassersucht erkrankte, mußte man das Äußerste befürchten. Das Gerücht von seinem Ableben verbreitete sich. Maria Born im September an Münter: „. . . Die Nachricht von seinem Tod ist falsch – ob sie es lang bleiben wird, weiß sein über ihn waltender Genius . . . Hunschovsky und Stoll, überhaupt die hiesige Äskulapische Assemble haben ihm schon das Todesurteil gesprochen – wie viel wir alle an ihm verlieren, wissen Sie, und gewiß trauern Sie so aufrichtig in Ihrer Seele um seinen Geist, als er es verdient – mag ihn dort: ich weiß nicht w o, wirklich ein Himmel voller Geigen sein hiesiges traurig durchbrachtes Leben entschädigen – und giebt es Heilige – so wünsche ich ihnen Köpfe und Herzen um ihn zu lieben w i e er es verdient – Noch träumt *er selbst* keine Gefahr, leidet also weder physisch noch moralisch, auch denk ich wird sein Todt ganz leicht seyn, und Freund Hain wird ihn ohne Geschrey, und Qual aus der Welt ziehen – er ist zu dürr schon, um lange noch zu schmachten – ich wünsche mir ein ähnliches amen einst meinem Leben aber ja, vorhinein ein recht langes Leben“ (nach E. Rosenstrauch).

Zum Glück bewahrheiteten sich alle diese Befürchtungen nicht, Blumauer erholte sich wieder. (Er starb erst am 16. März 1798.) Seine Bindung an Maria war überaus stark, und sein Wunsch war, sie als „Patin“ des ersten Bandes seiner „Aeneis“-Travestie zu sehen, aber er hat, wohl wegen des zu befürchtenden und dann auch eingetretenen literarischen Aufsehens, davon Abstand genommen. In das ihr gewidmete Exemplar schrieb er:

> Der Himmel wird für das, was du in deinem Leben
> Für einen bösen Jungen (Wechselbalg der „Aeneis“) einst getan,
> Dir künftig lauter gute geben,
> Und ich will dann sie auch dir aus der Taufe heben.

In diesem Jahr 1785 lernte Maria den aus adeliger Raguser Familie stammenden 27jährigen Senator Tommaso Graf Bassegli kennen und lieben. Über ihn schrieb Mimi im März 1786 an Münter in einem von Edith Rosenstrauch in der Königlichen Bibliothek Kopenhagen aufgefundenen Brief, aus dem zu zitieren sie mir gestattet: „Bassegli . . . ist auf einige Zeit nach *Ragusa* . . . ich erwarte ihn täglich und *dann* (den Tag kann ich Ihnen noch nicht genau bestimmen): dann solls hochzeitlich zugehen . . . Ich bin bis über die Ohren *verliebt* – bin eben so sehr *geliebt* und nie ist also ein vollstimmigeres *dulce jubilo* gewesen als das mein Herz izt fühlt . . ." (Die Hervorhebungen – im Original unterstrichen – stammen von Maria von Born.) Etwas später bekannte sie, daß sie Blumauer seit einem halben Jahr nicht mehr getroffen habe; die Ursache – ihre Beziehung zu Bassegli – lag auf der Hand.

1784 – große Ereignisse kündigen sich an

Als die Residenzstadt und ihr Umland Anfang des Jahres durch die aus den Ufern getretene Donau arg in Mitleidenschaft gezogen wurden, stellten sich die Freimaurerlogen Wiens in den Hilfsdienst. Sie entsandten ihre Schatzmeister in die betroffenen Gebiete, um die Betroffenen nach Maßgabe ihrer Bedürftigkeit zu unterstützen. Der Mangel an Lebensmitteln, der sich in den Vorstädten Rossau und Leopoldstadt besonders auswirkte, führte dazu, daß die Logen dort täglich gekochtes Fleisch, Zugemüse, Milch und Brot verteilten.

Am 12. März erfolgte die Wiederwahl Borns als Meister vom Stuhl. Im Protokoll dieser Arbeit wurde vermerkt: „Als der Meister (Born) den Hammer niederlegen wollte, ersuchte ihn der von der Loge substituierte Redner Holzmeister, den Hammer zu behalten, den er bisher mit solcher Würde und zum Wohle der Loge geführt habe. Der Meister hat dem Gesuch der Loge gewillfahrt, den Hammer nun zum drittenmal angenommen und sodann die Wahl des Dep(utierten) Meisters anheimgestellt . . ."

Der für dieses Amt vorgesehene Bruder Thun stellte jedoch den Antrag, man möge lieber Bruder Sonnenfels wählen, der „mehr Vorzüge und mehr Verdienste um die Maurerei und die Loge im besonderen habe". Da Sonnenfels an dieser Arbeit und Wahl nicht teilnahm, ergriff Bruder Anselme das Wort und erklärte, daß Sonnenfels der Loge angezeigt habe, daß er dieses

Amt profaner Geschäfte halber nicht übernehmen könne! Im Protokoll dieser Arbeit steht auch: „Es zeigt der Meister vom Stuhl an, daß der h. w. Provinzialgroßmeister Br. Dietrichstein sein Amt niederlegen und auch die Maurerei decken wolle, die Provinzialloge habe ihn aber ersucht, den Hammer wenigstens so lange zu behalten, bis die Sache wegen des Gesetzbuches ausgemacht sei."

Diese wichtigen personellen Nachrichten aus der Spitze der österreichischen Freimaurerei lassen erkennen, daß sich Veränderungen abzeichneten. Man stand immerhin vor der Errichtung der unabhängigen österreichischen Landesloge. Nun hatte es wohl innerhalb der Brüderschaft verschiedene Auffassungen gegeben. Wichtig an diesem Schritt aber war, daß man dem Kaiser gegenüber die maurerische Eigenständigkeit beweisen wollte, da sich offensichtlich Josephs Haltung der Maurerei gegenüber verschlechterte. Abgesehen von den üblichen Intriganzen gegen die Freimaurerei, schien der Kaiser durch die verschiedenen maurerischen Systeme und deren Vermischung mit Rosenkreuzern, Illuminaten und Asiatischen Brüdern beunruhigt und verunsichert.

Die Umstände, daß Sonnenfels eine führende Logenposition mied, daß Dietrichstein sein höchstes Amt zurücklegen wollte, können nicht als Zufall gesehen werden. Immerhin ließ Dietrichstein sich umstimmen, und Sonnenfels übernahm eine Funktion innerhalb jenes Gremiums, das für die Selbständigkeit des Ordens in Österreich arbeitete. Daß Born in all diesen Gremien mitwirkte und darum kämpfte, seine aufklärerisch-akademischen Vorstellungen zu verwirklichen, lag auf der Hand.

Zum Beweis sei auf die Tatsachen hingewiesen, daß man im Logenrahmen eine eigene Bibliothek einrichtete, die es den Brüdern ermöglichen sollte, Bücher nach Hause nehmen zu können. Man folgte damit – im Sinne der Aufklärung – den schon vorher eingerichteten sogenannten „Lekturenkabinetts", wie sie in Wien etwa Bianchi 1772, Zahlheim und Trattner 1777/80 errichtet hatten, allerdings mehr aus gesellschaftlichen Gründen. Daß im Falle der Loge die freimaurerische Literatur überwog, war klar.

Als nun auch noch das „Journal für Freymaurer. Als Manuskript gedruckt für Brüder und Meister des Ordens. Heraus-

Jacob Schmutzer gestaltete die Mitgliedsurkunde für die Einheitsloge „Wahrheit“ (Wien 1786)

gegeben von den Brüdern der (Loge) zur wahren Eintracht im Orient von Wien. Gedruckt bey Christian Friedrich Wappler“ erschien, hatte Born einen ganz wesentlichen Vorstellungsabschnitt verwirklicht. Diese Publikation (auf die noch näher eingegangen wird) erschien regelmäßig bis zum Jahre 1786 als Vierteljahreshefte.

Da auch die von Born noch in Prag 1775 begonnenen „Abhandlungen einer Privatgesellschaft in Böhmen zur Aufnahme der Mathematik, der vaterländischen (böhmischen) Geschichte und der Naturgeschichte“ in die „Abhandlungen der Böhmischen Gesellschaft für Wissenschaft“ eingegliedert wurden, war das eine Bestätigung von Borns Wollen, zumal er gerade damit bewiesen hatte, daß seine Art der Veröffentlichungen gesammelter Aufsätze sich bewährte.

Vom 19. April 1784 ist uns ein Schreiben Borns erhalten, welches er an Karl Leonhard Reinhold, damals in Leipzig, richtete, das dessen Schicksal erhellt, uns aber auch Borns Umwelt in Wien vermittelt: „Daß die Lojoliten (Jesuiten) in Leipzig es hieher berichtet haben, daß Sie in Leipzig sind . . . wird Ihnen Blumauer schon geschrieben, und Ihnen zugleich Geld übermacht haben, um nach Weimar zu reisen, wo Sie unter Wielands Schutze u. in seiner Gesellschaft leben sollen, bis wir hier entweder ihre ungeahndete Rückkehr erwirket haben, oder Ihr Orden aufgehoben seyn wird, welches, geliebts Gott! doch bald geschehen muß; denn das Aufheben der Klöster geht noch immer fort . . . Gemmingen hat Sie schon vorhinein an Wielanden empfohlen. Blumauer gibt Ihnen auch ein Schreiben, u. so reisen Sie nun in Namen des höchsten Baumeisters nach Weimar. Wenn Sie Musse haben, so schicken Sie uns Abhandlungen, Reden, Gespräche oder was Sie immer wollen, für unser Journal; wo die Zensur nicht so strenge ist, als in foro fori. Denn z. B. Ihr Mönchsgeist, der in Gemmingens Journal eingerükt werden sollte, hat die Zensur nicht passiert. Sie können jeder philosophischen Abhandlung bald so eine Wendung geben, dass sie für eine maurerische Schrift gelten kann. Blumauer wird Ihnen für jeden Bogen 2 Ld'or (Louisdor) entrichten. Für Ihren Unterhalt in Weimar werden wir nach Kräften sorgen, und ich hoffe es soll Ihnen an keinem Bedürfnisse mangeln. Gewiss aber werden wir was immer für Wege einschlagen, um Sie bald wieder in unseren Kreis zu schliessen."

So sorgte man von Wien aus für den Emigranten, der nach Weimar übersiedelte, Mitarbeiter von Wielands Zeitschrift „Teutscher Merkur" wurde und 1785 dessen Tochter Sophie heiratete.

Die Große Landesloge von Österreich

Das Hauptproblem der damaligen Freimaurerei in Österreich war ihre Abhängigkeit von der Großloge in Berlin, ein Umstand, den der Kaiser nicht dulden konnte, wie er auch die Abhängigkeit der geistlichen Orden von Rom bekämpfte. So lag es nahe, daß sich die Mitglieder der Provinzialloge intensiv damit beschäftigten, gegen den Widerstand Berlins, eine eigene Großloge von Österreich zu installieren.

„Jahrelange Verhandlungen waren notwendig, um die zahlreichen Logen in den österreichischen Erblanden, welche verschiedenen freimaurerischen Systemen huldigten . . ., hiezu geneigt zu machen. Die Logen der ‚Strikten Observanz' hegten Befürchtungen, ihre ihnen ans Herz gewachsenen ‚Ritter-Grade' aufgeben zu müssen; die Logen der Zinnendorfschen ‚Großen Landesloge in Berlin' konnten sich nur schwer zur Trennung . . . entschließen . . .; die meisten ungarischen Logen bekannten sich zur ‚Draskovich-Observanz' . . . einem auf ungarischem Boden entstandenen Hochgradsystem . . ." (G. Kuéss/B. Scheichelbauer).

Auch dabei spielten die Brüder der Loge „Zur Wahren Eintracht" nicht unwesentliche Rollen. Es ist interessant, daß Born sich im Hintergrund hielt, während Sonnenfels gewichtige Fragen stellte. In der 130. Sitzung hielt er seine Rede, die Großloge betreffend, voll bewußt, daß, „was in diesem Augenblicke beschlossen, wird, ein ewig bestehendes Gesetz für die Zukunft sein wird", und er mahnte nachdrücklich die Anwesenden, sie „müßten daher mit dem Blicke nach der Zukunft hinaus". Sonnenfels beendet seine Ausführungen mit dem Bekenntnis, daß die Brüder der eigenen Loge „mit desto größerem Eifer in allen Fällen zu den besten des Ordens die Hand zu bieten".

Max Kulka, der Herausgeber dieses Logenprotokolls, meinte, „daß die Rede Sonnenfels' wesentlich zu einer Verzögerung der Errichtung (der Landesloge) beigetragen hat". Es dürften auch Personenfragen eine gewisse Rolle dabei gespielt haben. Wollte Sonnenfels Born als Meister der Großen Landesloge ins Spiel bringen? Oder fühlte er sich nach wie vor seinen Gönnern, den Dietrichsteins, verbunden?

Am 24. April 1784 kam die Große Landesloge von Österreich zustande. Damit erfüllte sich der Wunsch vieler Brüder. In einem zwei Monate später verfaßten Rundschreiben an alle „Landes- und Provincial-Logen" hieß es: „Die Größe zu welcher die M(aure)rei unter dem wohltätigen Einfluß der Duldung im Orient der k. k. Staaten seit Kurzem heranwuchs, der mächtige Zuwachs an Kräften, den sie durch Beitritt so vieler neuer Mitglieder und die daraus entstandene ansehnliche Vermehrung ihrer einzelnen Verbrüderungen erhielt und die unvermeidliche Verwirrung bei einer solchen einzelner Körper, deren jeder, ohne einen bestimmten Zusammenhang mit dem Ganzen, sich nur um seine eigene Axe (sic!) drehte, veranlasste die Hw. Provincial-Großmeister von Böhmen, Ungarn, Siebenbürgen und Oesterreich, auf Mittel zu denken, um allen diesen einzelnen Körpern einerlei Form und einerlei Richtung nach einem bestimmten allgemeinen Mittelpunkt zu geben ... Ein gemeinschaftlicher Vereinigungspunkt aller dieser zerstreuten Körper, der innerhalb des Umfanges ihrer Wirksamkeit läge und eine weise Unterordnung ihrer Kräfte, welche sie von außen zusammenhielt, ohne ihre innere Freiheit zu stören, schien ihnen hierzu das dienliche Mittel und sie glauben dasselbe in einer neuerrichteten Großen Landesloge in Wien, als dem künftigen Mittelpunkt aller in den k. k. Staaten befindlichen Logen gefunden, dadurch aber die sämtlichen maurerischen Körper der österreichischen Monarchie zu einem zusammenhängenden, wohlgeordneten Ganzen gebildet zu haben." Die Namen der zugleich installierten Dignitäre lesen sich höchst eindrucksvoll: Landesgroßmeister wurde Johann Baptist Graf (später Fürst) Dietrichstein-Proskau, Obersthofstallmeister; sein Vertreter Karl Graf Pálffy, ungarischer Hofvizekanzler und Provinzialgroßmeister von Ungarn; 1. Großaufseher: Georg Graf Bánffy, siebenbürgischer Hofvizekanzler und Provinzialgroßmeister von Siebenbürgen; 2. Großaufseher: Franz Anton Graf Stampach, Vizepräsident des Appellationsgerichtes in Prag, Provinzialgroßmeister von Böhmen; Großsekretär: Ignaz von Born, wirklicher Hofrat; Großschatzmeister: Johann Baptist von Puthon, Bankier.

Man gab sich eine 25-Punkte-Verfassung und verankerte dort alle Rechte und Verbindlichkeiten. Die Oberhoheit dieser neugegründeten Großen Landesloge erstreckte sich auf die einzelnen zu Provinziallogen zusammengefaßten Logen; in Österreich waren das siebzehn, in Böhmen sieben, in Ungarn zehn, in Siebenbürgen drei, in Galizien vier. Die zunächst allgemeine Zufriedenheit über das Zustandekommen der Großloge von Österreich wurde jedoch bald durch Ereignisse getrübt, mit denen man nicht gerechnet hatte. Kaiser Joseph war auch jetzt nicht einverstanden, dem Orden beizutreten, was man erhofft hatte; er erklärte sich nicht einmal bereit, seinen offiziellen Schutz auszusprechen. Duldung war das einzige Zugeständnis, und selbst diese war an die Bedingung geknüpft, daß die Anzahl der Logen nicht wesentlich zunähme und „alle Dependenz jeder Art von ausländischen Obern aufhöre".

Maria Anna und „ihre" Loge

Nachdem Maria Anna, die Schwester Kaiser Josephs II., 1781 nach Klagenfurt übersiedelt war, bedeutete das keineswegs, daß ihre Kontakte mit Wien aufgehört hatten. Vor allem mit ihrem wissenschaftlichen Berater und Freund Ignaz von Born blieb sie weiterhin in Verbindung und über ihn auch mit der Loge „Zur Wahren Eintracht"; belegbar durch Schreiben unter anderem vom 13. März 1783, in dem man sich für ein (leider) nicht näher bezeichnetes Geschenk bedankte und als „schwachen Beweis unserer Verehrung die beigelegte Liste aller Brüder, die unsere Loge bilden", übermittelte. Die Offenlegung der Mitgliedernamen einer, wenn auch hochgestellten, profanen Persönlichkeit gegenüber muß als außerordentlicher Vertrauensbeweis angesehen werden, wie auch die in Anwendung gebrachte maurerische Formeln zum Beschluß des Schreibens, da es heißt: „Wir haben die Ehre, Eure Königliche Hoheit durch unsere heilige Zahl zu begrüßen . . ."

Das Schreiben vom 12. April 1785 ist eine Huldigung besonderer Art: „Muß aber nicht auch ein Orden, der in allen seinen Arbeiten nichts anderes bezweckt, als die Grundlagen der Religion und das Heil der Menschheit im Auge behalten, die Existenz einer Prinzessin, die sich durch Frömmigkeit und

Wohltätigkeit auszeichnet, als eines der kostbarsten Geschenke betrachten. Wenn wir nun die Tugenden dieser Prinzessin huldigen, können wir unsere Stimme nur mit jener der öffentlichen Meinung vereinigen; und doch schulden wir ihr noch Dank aus einem heiligeren Grunde, aus einem, den nur wir wissen können" („Wiener Freimaurer-Zeitung", 1931).

Der Personenkreis, mit dem sich die Erzherzogin in Klagenfurt umgab: Graf (und Gräfin) Franz Josef von Enzenberg („Le beau Frantzl", wie ihn seine Taufpatin Maria Theresia nannte), Gubernial- und Revisionsrat, später Vizepräsident des Appelationsgerichtes, seit 1782 im Amt des Obersthofmeisters, ein hochgebildeter Mann, Kunst- und Mineraliensammler, Verfasser einer Reihe gefälliger Gelegenheitsgedichte; zweiter Mann im kleinen Hofstaat war Johann Polikarp Graf Christallnigg, Geheimer Rat, später Intendant der landständischen Bühne in Klagenfurt; ferner der Abt von St. Paul im Lavantal, Wolfgang Anselm II. (eigentlich Anselm von Edling), mit ihm verband Maria Anna sich in vertrauter Freundschaft, mit ihm konnten alle alltäglichen Ereignisse besprochen werden, er war auch ihr Beichtvater. Nennen wir weiters Michael Durdon, wahrscheinlich Haushofmeister von Max Thaddä Freiherr (später Graf) von Egger, dessen Schloß Thalenstein häufiger Treffpunkt war, ferner Freiherrn von Hallerstein und den Montanwissenschaftler Karl von Ployer, dann haben wir fast alle Dignitäre und Brüder der 1783 in Klagenfurt installierten Loge die, mit allerhöchster Bewilligung, den Namen „Zur Wohltätigen Marianne" annahm!

Born reiste in Begleitung Blumauers zur Logenkonstituierung nach Klagenfurt, um dort die übergetretenen Brüder aus der „Wahren Eintracht" zu umarmen: von Egger, der erste Meister vom Stuhl, Durdon (Sekretär), von Ployer und von Christalnigg, der in Wien der Loge „Zur Gekrönten Hoffnung" angehört hat. Aus einem Schreiben vom 15. Februar 1784 ist zu entnehmen, daß die neue Loge ihre Arbeit aufgenommen hatte. Die Zusammenkünfte fanden im Morlinschen Hause auf dem Völkermarkter Platz statt.

Daß Born darüber hinaus auch noch mit der Erzherzogin in Kontakt war, geht aus einer von ihr verfaßten Notiz hervor: „Herr von Born in Wien bezahlte durch 3 Jahre die Unterhaltung eines Krankenbettes."

Weltumsegler Georg Forster in Wien

Auf der Reise zu seinem neuen Dienstort, der Universität im polnischen Wilna, traf der schon erwähnte, damals dreißigjährige Georg Forster, der drei Jahre lang mit Kapitän Cook die südliche Hemisphäre umsegelt hatte, am 29. Juli 1784 in Wien ein. Er wollte hier sowohl wissenschaftliche wie gesellschaftliche, vor allem aber freimaurerische Kontakte finden. Dem prominenten Gast war ein legendärer Ruf vorausgeeilt, denn wie man seinem genau geführten Tagebuch entnehmen kann, war er in der Donaustadt sofort Persona grata.

Bereits am ersten Abend besuchte er ein Praterfeuerwerk und visitierte den Graben: „Hier sitzen manchmal 100 Männer und Weiber auf Stühlen auf der Straße und nehmen Gefrorenes." Er machte Besuch bei dem Buchhändler Gräffer, wo er zahlreiche Persönlichkeiten traf, ging danach „zum Traiteur in eine F(rei) M(aurer) Gesellschaft wo ich u. a. fand Hrn. Prof. Dr. (med. Johann) Hunczovski, . . . Hrn. v. Alxinger den Dichter . . . und noch viele andere. Kurz eine Gesellschaft von 17 munteren, lebhaften, freundschaftlich verbundenen Leuten. Es wurde hier, da es Ignatii Tag war, des lieben Borns Namenstag gefeiert. Ich mußte unzählige mal hören wie lieb er mich hätte . . ." Dieser weilte in Klagenfurt und kam erst eine Woche später zurück.

Forster lernte Tobias Philipp Gebler („er scheint ein gutmütiger Sachse zu sein") und Baron van Swieten („hat eine etwas hohe Miene, die vielleicht nur Miene ist und weiter nichts) kennen und philosophierte mit ihnen. Mit Jacquin besuchte er den Botanischen Garten und machte dabei eifrig Notizen.

Am 8. August traf Born in Wien ein. Forster begab sich sofort ins Haus Dorotheergasse, in dem Born seit mehr als einem Jahr logierte. „Bei Hofrat v. Born große Versammlung von M(aurern) angetroffen. Hr. v. Sonnenfels . . . Ratschky, Reiter, Haidinger ... Mittagessen daselbst. – Blumauer und Hunczovski, Borns Bruder Joseph, der Capitain an der Militärakademie in (Wiener) Neustadt ist. Madm. de Born . . . Nach dem Caffee liest Blumauer sein Glaubensbekenntnis des M(aurers) vor, Fräulein Mimi spielt auf dem Klavier und ist sehr kirre (zutraulich). Ich gehe zum alten (!) wieder, wo Graf Cobenzl, der Geistlicher war. Mimi fast zärtlich."

Auch am nächsten Tag, wieder bei Borns, besichtigte er des Hausherrn Mineraliensammlung. Der Dichter Retzer war da, aber wichtiger war Forster der Kontakt mit den beiden Töchtern: „Mit Frl. Mimi viel geschnackt . . . Peppi spielt auf dem Flügel."

Danach kam der „Schmeichler" (wie er sich selbst nannte) auch in seinen amourösen Bemühungen weiter. Nach dem Mittagsmahl „sehr viel mit Mimi gesprochen. Confidences mutuelles. Schwester- und Brüderschaft – mit Peppi auch gesprochen und das gute Kind geküßt". Der Kreis erweiterte sich, er lernte Professor Watteroth und Peppis Liebhaber, ihren späteren Gatten, Ludwig Anselme, kennen. Dazwischen begab er sich wieder einmal in Borns Arbeitsraum, „mit ihm gesprochen . . . von M(aurerei) und hauptsächlich von meiner Anstellung in k. k. Diensten".

Am 13. August besuchte Forster mit Born die Loge „Zur Wahren Eintracht", wo er eine Rede hielt und erfreut die Begrüßungsworte notierte, „worin ein großes Compliment für mich". Zwei Tage später nahm er an einer (ihm zu Ehren?) veranstalteten Tafelloge im Gasthof „Rother Krebs" teil und registrierte 84 Personen, darunter zahlreiche Frauen und Töchter.

Am 19. August stattete er Joseph von Sonnenfels einen Besuch ab: „Daselbst de Jaquet, die schöne liebe Kitty Jaquet, die erste hiesige Schauspielerin . . . Die Sonnenfels (Gattin) heist Therese, ist eine gar gute, brave, liebe, nicht schöne aber würdige Frau und ich ehre sie als eine von meinen Müttern . . . Die Jaquet eine wahre Romanheldin, ein schönes, großes, dickes, herrliches Mädchen, mit großen schwarzen Augen, womit sie einen scharf ansehen kann; doch sinds nicht im mindesten böse Blicke."

Am 24. August begab er sich zur Audienz beim Kaiser. Nach zwei Wartestunden „endlich zum Kaiser. Er sieht mich scharf und fragend an. Ew. M. haben befohlen, daß ich Ihnen aufwarten soll. – ‚Sie gehen nach Polen?' – Ja, Ew. M. – ‚Ist denn da eine Universität?' – Ja, Ew. M. – ‚Kennen Sie jemand in Polen?' – Nein, Ew. M. – ‚Können Sie schon die Sprache? Sind Sie schon in Polen gewesen?' – Nein, Ew. M., ich bin zwar bei Danzig in Poln(isch) Preußen geboren, aber ich war nie in

Der Weltreisende, Schriftsteller, Freimaurer und spätere Republikaner Georg Forster, der sich bei seinem Wienaufenthalt mit Born befreundete. Porträt von Ernst Hader

Polen und kann auch die Sprache nicht. – ‚Ich sehe nicht ab, wie Sie mit den Polen auskommen werden; was wollen Sie denn da machen?' – Naturgeschichte lehren. – ‚Ich dächte anstatt Wissenschaften müßte man ihnen erst das abc lehren.' – Ew. M., die Wissenschaft der Natur lehrt die Dinge kennen, von denen wir einzig und allein unsere Begriffe entlehnen, kennt man die Dinge, so combiniert und vergleicht man richtig und es wird schon in den ersten Anlagen der Erziehung viel Irrtum und Vorurteil vermieden. – ‚Wenn Sie Leute finden die Sie verstehen, ists schon gut, aber ich fürchte sehr das Gegenteil . . ich kenne die Polen, sie werden viele Worte machen, aber vom Halten ist nicht die Rede. Sie bleiben gewiß nicht lange da; . . . ich denke ich sehe Sie bald einmal wieder.' Zehn Minuten hatte das Gespräch gedauert."

Am 14. September mußte er für „Abschiedsvisiten durch

die ganze Stadt“ fahren, und am Folgetag notierte er: „Hr. Bosch bringt das Wachsportrait und 12 Abdrücke, welche so verteilt werden: daß 1 Sonnenfels, 1 Haddicks, 1 Laura, 1 Janette (Raab), 1 Weber, 1 Hunczovsky, 1 Born, 1 Thun, 1 Pallasti, 1 Graf Zinzendorf, 1 Jünger bekommt. – Um 8 Frühstück bei Katy (Jaquet) der ich das Wachsportrait oder Original schenke und von ihr eine atlasne Brieftasche couleur de rose, mit der Schiffer (Chiffre) ihres Namens erhalte. . . . Abschied von meiner lieben süßen Freundin . . . Zu Born. Peppi, Abschied, Mimi war nicht zu Hause.“

Donnerstag, 16. September: „Um $10^1/_2$ endlich trüb und ausgebeutelt in meinem Wagen ab . . .“ Zwei Tage später schrieb er, in Olmütz, ins Tagebuch: „Ich ging mit dem traurigen Gedanken, mein liebes, l i e b e s Wien verlassen zu haben, in der Hitze bergan, nah am Weinen und ganz trübe und trostlos; oft sah ich mich nach der Gegend um, wo es liegen müßte, und allemal stieg dann meine Wehmut, ohne daß ichs ändern oder hemmen konnte.“

Friedrich Münter

Als zweiter wichtiger Besuch traf am 30. April 1784 der auch schon erwähnte Dr. phil. Friedrich Münter in Wien ein. Der 23jährige Däne, protestantischer Theologe, Philologe und Philosoph, der es später zum Bischof von Seeland bringen sollte, reiste offiziell mit einem königlich-dänischen Stipendium. Sein Auftrag lautete, die „Codices manuscriptes Novi Testamenti“ aufzusuchen (die man in den Klöstern von Ragusa vermutete), um die Bibelhandschriften zu kollationieren.

Aufträge, die mit seiner Freimaurer- und Illuminatenzugehörigkeit zusammenhingen, waren ihm wichtiger. In seiner im Frühjahr 1784 für die Aufnahme in die Loge „Zum Rautenkranz“ in Gotha verfaßten Selbstbiographie führte er aus: „Vaterland, Freiheit und Poesie, waren die drei Hauptideen meiner Seele . . . und nun kam noch die Vierte: Maurerei. Ich war im

Herbst 1780 in Kopenhagen aufgenommen, hatte sehr schnell drei Grade bekommen, spürte eifrig der Geschichte des O(rdens) nach und erriet dies Geheimnis wenige Tage nach meiner ersten Aufnahme." Daß Münter auch in den Illuminatenorden aufgenommen wurde, ist folgender Formulierung zu entnehmen: „In diesem Sommer ward ich durch die Freundschaft der teuren Brüder Aemil u. Accacius Mitglied dieser Verbindung u. ich segne den glücklichen Tag u. werde ihn immer segnen." Die genannten Namen sind Decknamen der Illuminaten.

Schon auf der Universität Göttingen traf er unter anderem mit dem dort studierenden Grafen Tomaso di Bassegli aus Ragusa (dem späteren Ehemann von Maria Born) zusammen, der ihm mit seinen verwandtschaftlichen Kontakten bei seinem Forschungsauftrag weiterzuhelfen versprach.

Seine Tage in Wien waren vor allem vom Hause Born bestimmt. Schon am Ankunftstag notierte er: „Born, ein trefflicher offener, freundschaftlicher, ungezwungener Mann. Er ist ein Opfer der Naturgeschichte, die arsenikalischen Dünste eines Bergwerkes u. die zu stark gebrauchte Hilfe des Opiums haben ihm den einen Fuß gelähmt . . . Ich sah bei ihm den Alxinger, den Retzer und Blumenauer" (sic!). Mittags speiste er „herzlich froh bei Born. Seine älteste Tochter (Mimi) spielte mir auf dem Klavier vor". Daß da auch Forster anwesend war, registrierte der Tagebuchschreiber nicht. Vielleicht, weil eben dieser, nach eigener Niederschrift, „mit der Mimi coquettiert".

Diese Mimi war für ihres Vaters Gäste ein besonderer Anreiz. Daß das damals achtzehnjährige Mädchen das Umschwärmtsein genoß, kann man ihm kaum übel nehmen, zumal es ja zugleich Hausfrau war, denn Borns Gattin trat bei diesen Teffen offenbar kaum in Erscheinung, was die Vermutung bestärkt, daß die Ehe der Borns nicht gut war. Am 3. September war Münter „mit Born im Club in dem ich viele Brüder kennen lernte . . . nach dem Club ging ich . . . zu Blumauer . . . in Borns □ " (das freimaurerische Symbol für „Loge").

Münter begann mit seiner Arbeit in der kaiserlichen Bibliothek „am Fragment von Julius Africanus de eis quae in Perside per Nativitatem Christi contigerunt . . . Schrieb das Fragment De vita Christi von Hippolythus Thebanus ab. Es ist sehr dummes Zeug, aber es gehört doch mit in die Kenntnis der Zeiten."

Im „Club“ lernte er Sebastian Franz Graf von Ayala kennen, Charge d’affairs von Ragusa: „. . . ein feiner, sehr feiner Italiener . . . er versprach mir gute Adressen sagte mir aber zugleich, daß ich mich auf viele Hindernisse gefasst machen möchte, denen ich kaum in einer so kleinen Republik entgehen könnte.“ Ayala war Ehrenmitglied der Loge „Zur Wahren Eintracht“.

Mit Born und den beiden Töchtern besuchte Münter das Naturalienkabinett und ließ sich von Karl Haidinger die Schätze zeigen. Am 25. September steht im Tagebuch: „Nach Tisch schrieb ich meinem Vater.“ Aus diesem Brief (im Kopenhagener Archiv) veröffentlichte Edith Rosenstrauch folgende Stelle: „. . . von Born habe ich Ihnen schon oft geschrieben. Je mehr ich ihn kennen lerne, desto mehr nimmt meine Achtung und Liebe gegen ihn zu. Sein Haus ist mir das einzige hier, in dem ich aus und ein gehe . . . es ist der Sammelplatz der Brüder seiner Loge; und diese sind aus den interessantesten Menschen von ganz Wien gesammelt.“

Erst am 10. Oktober tauchte Sonnenfels im Tagebuch auf: „. . . ein schöner Mann, voller Freiheit und Offenherzigkeit; das ganze Gespräch aber gehört nicht hierher.“ Die Annahme ist naheliegend, daß es sich um Fragen und Probleme der Illuminaten drehte. Sonnenfels gehörte dem Orden unter dem Namen Fabius-Numa an. Zu diesem Zeitpunkt machten sich in Bayern Anzeichen einer Illuminatenverfolgung bemerkbar.

Am 14. Oktober beging Münter seinen 23. Geburtstag, den man offenbar nicht besonders feierte. Erst am folgenden Tag schrieb er: „. . . bekam von Born eine schöne Medaille . . . auf die Stiftung der Universität Lemberg geschenkt.“ Drei Tage später schrieb er einen wichtigen Brief an den Meister vom Stuhl seiner Kopenhagener Loge, Werner Abrahamson, über die Maurerei in Österreich (auch dieser Brief liegt im Kopenhagener Archiv): „Hier steht die M(aurerei) auf gutem Fuß. Alle □ (Logen) haben sich von der G(roßen) L(andes) L(oge) zu Berlin losgerissen u. wohl daran getan . . . sie erkennen alle Brüder als echt, arbeiten aber nur in den drei Graden (Johannesmaurerei) . . . Die Berliner sind wider die Österreichische G(roße) Landes L(oge) sehr aufgebracht u. mögten ihr gerne . . . Reputation nehmen und alle □ für falsch erklären, wenn sie’s nur könnten . . .“

Besonders aufschlußreich ist die Auswertung seines „Maurerischen Tagebuchs". Aus diesem geht hervor, daß die Gründung der Großloge von Österreich (1784) weitgehend vom Kaiser Joseph gefordert wurde, „wenn er fortfahren sollte, sie zu schätzen", heißt es da, „sich einen inländischen G(roß) Meister wählen. Darauf kam das Schisma mit Berlin. Die 6 Logen: Wahre Eintracht. Wohltätigkeit. Beständigkeit. Gekrönte Hoffnung. Rother Adler u. Palmbaum traten zusammen, errichteten eine Distrikts □ zu einem Bunde – die gleichsam die G(roße) L(andes) L(oge) für alle Österreichischen Staaten ist. ... Der L(andes) G(roß) M(eister) ist Graf Dietrichstein, ein Mann, den man hat nehmen müßen, seines Ansehens wegen, übrigens ein Rosenkreuzer".

Über Borns Loge notierte Münter: „Die ganze Bornische □ ist eine Art Akademie der Wissenschaft. Alle Menschen von Kopf die in Wien sind u. zum ⊙ (Orden der Illuminaten) halten, sind in dieser u. in Gemmingens Zur Wohltätigkeit u. dadurch ist sehr viel aufs Publikum gewirkt. Im Winter hält Born Meisterübungen, die in ordentlichen Vorlesungen bestehen (Übungslogen). Keiner aber darf vorlesen als Illuminat (!) ... Aus diesen R(ede) Übungen entsteht meist das Journal für Br(üder) Meister das Born herausgibt ..."

Dann kam der 19. Oktober: „Den ganzen Tag lief ich umher Abschiedsvisiten zu machen; aß bei Borns ... u. war auch noch den Abend ein paar Stunden zu guterletzt bei Borns, dann stahl ich mich weg, ging heim ... So ist also der Aufenthalt in Wien geendet."

Die Charakterisierung jener „Leute, die ich während meines Aufenthaltes in Wien kennen gelernt", umfaßt 58 Persönlichkeiten, darunter natürlich auch Born, über den es heißt: „Vom ganzen Bornischen Haus rede ich hier nicht. Sie stehen in jedem Blatt meines Tagebuchs. Nur das: Forster nannte die (Frau) Bornen gewöhnlich die Königin Makbeth" (sic!).

Münters Reise führte ihn zunächst nach Triest und Venedig. Die Überfahrt nach Ragusa war einer dort ausgebrochenen Pestepidemie wegen nicht möglich. So blieb Münter „in geheimer Mission" in Italien, fuhr über Padua, Bologna und Florenz nach Rom. Da „versicherten ihm sachkundige Leute, daß er in Ragusa keine Handschriften finden werde" (E. Rosenstrauch).

Wolfgang Amadeus Mozart, Joseph Haydn und Leopold Mozart als Freimaurer

Wahrscheinlich sind Born und Mozart zum ersten Male an jenem 3. April 1779 in Salzburg zusammengetroffen, an dem Mozarts Schwester Maria Anna in ihr Tagebuch schrieb: „. . . in dom in der cerimonie . . . hernach war mr: borm (!) bey uns . . .“ Trafen sie sich auch bei der Akademie am 17. März 1784 in Wien? Mozart hatte einige Tage später die stattliche Liste der „Souscribenten“ an seinen Vater geschrieben, in der auch „de Born“ angeführt ist, ebenso Sonnenfels.

Mozarts Freimaurermitgliedschaft wurde durch den kurpfälzischen Hofrat und Schriftsteller Otto Freiherr von Gemmingen-Hornberg eingeleitet, den er schon auf seiner Parisreise 1778 in Mannheim kennengelernt hatte und zu dessen Melodram „Semiramis“ er die Musik komponierte. Gemmingen ist in die Wiener Loge „Zur Gekrönten Hoffnung“ aufgenommen worden und gründete ein Jahr später mit sechs anderen Brüdern die Loge „Zur Wohltätigkeit“, deren Meister vom Stuhl er wurde.

Wie man weiß, verständigten sich die Logen untereinander, wenn „Suchende“ Aufnahme begehrten. Im Falle Mozart kam es zu einer interessanten Verzögerung; mit Datum 5. Dezember 1784 erging seitens der „Wohltätigkeit“ die Ankündigung: „Vorgeschlagen: Kapellmeister Mozart. – Unser abgegangener Secr: Br: Hoffmann vergaß diesen vorgeschlagenen bey den sehr ehrw: Schwester ⧉ auszuschreiben, . . . und wir wollen daher kommende Woche zu seiner Aufnahme schreiten.“ (Der hier genannte Sekretär Leopold Aloys Hoffmann, ein eifriger Freimaurer, wurde später ebenso eifriger Freimaurerfeind!)

Da gegen den „Capellmeister“ kein Einwand erhoben wurde, konnte er am 14. Dezember „Um $^1/_2$7 Uhr im 1. Gr(ade)“ sein Freimaurerdasein beginnen. Die Begegnung Mozarts mit der Loge „Zur Wahren Eintracht“ fand am 24. Dezember (!) 1784 statt, da er sich als „besuchender Bruder“ im Präsenzprotokoll eigenhändig unterschrieb.

Der besondere Ruf der Loge Borns hatte zur Folge, daß man feierliche Anlässe, wie Gesellenbeförderungen oder Meistererhebungen, dort abhielt. So war es auch bei Mozart, wie dem Protokoll vom 7. Jänner 1785 zu entnehmen ist: „. . . Nach geöffneter Lehrlings- und Gesellen-Loge wurden . . . sodann der Br. Wolfgang Mozard (sic!) auf Ersuchen der s. ehrw. □ Zur Wohltätigkeit in den 2ten Grad mit den gewöhnlichen Zeremonien befördert." In der Folge trug Mozart sich mehrmals im Präsenzprotokoll der Loge ein.

Vermutlich auf Mozarts Betreiben wurde auch Joseph Haydn Maurer. Am 10. Jänner 1785 wurde der „fürstlich esterhazische Capellmeister" angekündigt, am 24. „helleuchtend Ballotiert", und seine Aufnahme war für den 28. Jänner terminisiert. Mozart kam, um diesen feierlichen Akt an der Seite des älteren Freundes mitzuerleben. Aber Haydn kam nicht. Dazu ein Schreiben Haydns vom 2. Februar an den Grafen Appony, seinen Bürgen, in dem er festhielt, „daß man mich am verflossenen Freitag mit Sehnsucht erwartete, um meine Aufnahme welcher ich mit schmerzen (!) entgegensehe, zu befördern, da ich aber durch die Nachlässigkeit unserer Husaren das Einladungsschreiben nicht zu gehöriger Zeit erhalten habe, so hat man diese Unternehmung bis künftigen Freitag verschoben. O wäre heute schon dieser Freitag! um das unsägliche Glück zu geniessen, unter einem Zirkel so würdiger Männer zu sein."

Die Aufnahme Haydns fand am 11. Februar statt. Mozart war nicht anwesend. Haydns Freimaurertum aber war damit auch schon wieder beendet; er verblieb im Lehrlingsgrad; schien weder in der eigenen, noch als Besucher in einer anderen Loge auf. Seine „schmerzen" und „das unsägliche Glück" haben das Aufnahmeritual nicht überdauert.

Als dritter Musiker wurde am 28. März von der Loge „Wohltätigkeit" angekündigt: Kapellmeister Leopold Mozart, Wolfgangs Vater. In Anbetracht des Umstandes, daß der „Suchende" nur vorübergehend in Wien weilte, erhielt er Dispens, wurde am 6. April als Lehrling aufgenommen und nur zehn Tage später zum Gesellen befördert. Am 22. April – in Anwesenheit Wolfgangs – wurde er in der „Wahren Eintracht" zum Meister erhoben. Er hatte dieses Anlasses wegen seine Rückfahrt nach Salzburg verschoben.

Weder in Leopolds noch in Wolfgangs Briefen haben sich auch nur Andeutungen erhalten, die mit ihrer Zugehörigkeit zum Bund in Zusammenhang gebracht werden könnten. Vielfach wird vermutet, daß Briefe solchen Inhalts nach Mozarts Tod von dessen Witwe vernichtet worden sein könnten!

Daß auch Wolfgang den Meistergrad erhalten hatte, steht außer Frage; wahrscheinlich wurde ihm dieser im Rahmen einer Feier in der „Wohltätigkeit" zuerkannt, deren Aufzeichnungen leider noch nicht aufgefunden wurden.

Mozarts erste Freimaurer-Komposition ist das Lied „Gesellenreise", das am 26. März 1785 komponiert wurde (KV 468). Der Text stammt von Joseph Franz Ratschky. Das Datum der Uraufführung ist nicht gesichert, doch könnte sie anläßlich von Mozarts Gesellenbeförderung erfolgt sein.

„Journal für Freymaurer"

Mit der Loge „Zur Wahren Eintracht" war es Born auf freimaurerischer Ebene gelungen, wichtige wissenschaftliche und geistige Kräfte zu vereinen. Wirkung aber konnte nur entstehen, wenn diese Erkenntnisse einem größeren Kreis interessierter Personen zugänglich gemacht werden konnten. Wenn auch – nach außen hin – die Einschränkung auf die Mitglieder des Bundes gemacht wurde, war allen Beteiligten klar, daß die Wirkung dieser Blätter weit darüber hinausgehen würde.

1784 wurde mit der Herausgabe begonnen. In der „Vorerinnerung" schrieb Born: „In der Zeit, da der bessere Theil der Menschheit bemüht ist, die Vernunft von der drückenden Bürde heiliger und profaner Vorurtheile zu befreyen, ist es vielleicht ein minder befremdendes Unternehmen, ihre Rechte auch da geltend zu machen, wo man es bisher als ihren höchsten Triumph ansah, sie zu verläugnen. Man machte diese entehrende Forderung an die freygeborene Prüferin alles Wahren und Guten in all den Religionen und geistlichen Orden, die ihr Dasein entweder der Schwärmerey eines erhitzten, oder der

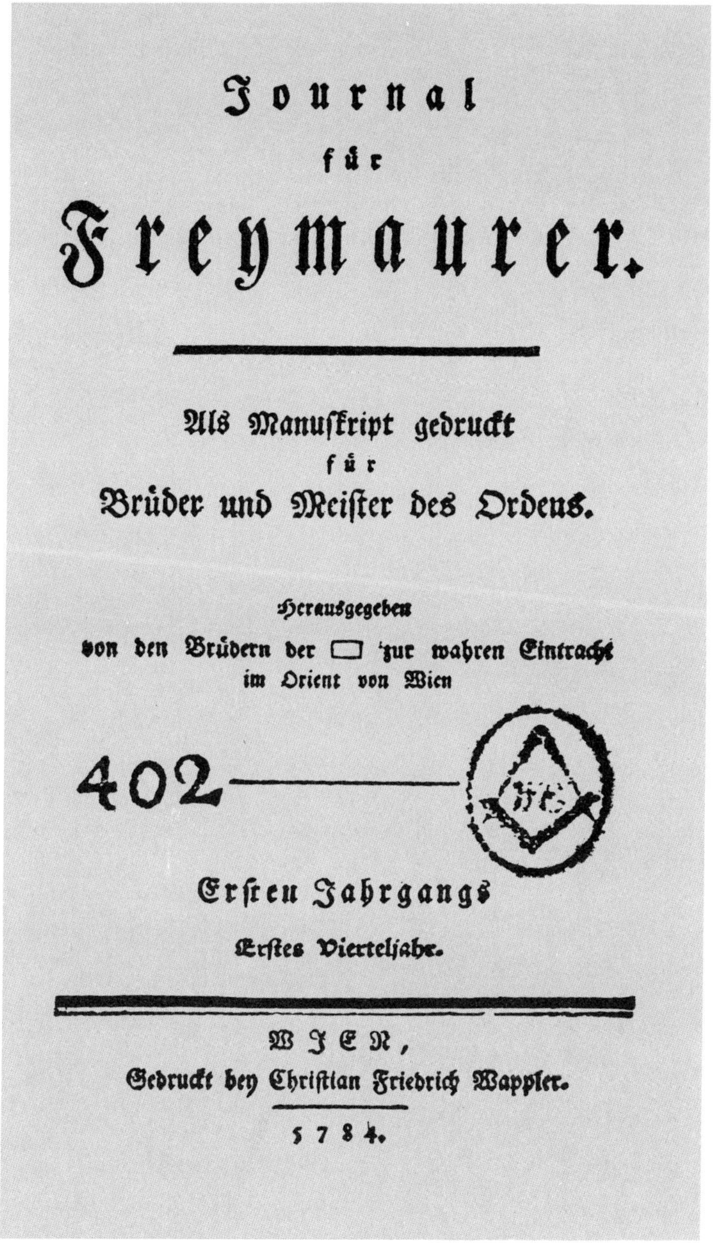

Journal
für
Freymaurer.

Als Manuskript gedruckt
für
Brüder und Meister des Ordens.

Herausgegeben
von den Brüdern der □ zur wahren Eintracht
im Orient von Wien

402

Ersten Jahrgangs
Erstes Vierteljahr.

WIEN,
Gedruckt bey Christian Friedrich Wappler.
5784.

Das „Journal für Freymaurer“, in dem die Vorträge der von Born initiierten Übungslogen publiziert wurden spekulirenden Klugheit eines verschmitzten Kopfes zu danken hatten. Die Forderungen, welche die Stifter solcher Orden an den Menschen machten, waren meistens so beschaffen, daß sie mit den Rechten der Menschheit und der Vernunft unmöglich bestehen konnten. Da sie also nicht hoffen durften, ihre Institute auf Überzeugung zu gründen, so gründeten sie dieselben auf Glauben, weil sie aus ihrer eigenen Erfahrung wußten, daß die Sphäre des Glaubens viel weiter als die des Wissens sey, und daß es für ihre Absichten weit zuträglicher seyn würde, die Menschen zu überreden, als sie zu überzeugen . . . Wohl uns, verehr. Brüder, daß Freyheit zu denken, und Gleichheit aller natürlichen Rechte ein wesentliches Grundgesetz unseres ehrw. O(beren) ausmachen . . .“

Zwölf Vierteljahresbände in drei Jahrgängen (1784 bis 1787) erschienen. Nahezu alle wichtigen Brüder der Loge „Zur Wahren Eintracht“ sind mit Arbeiten vertreten, die zumeist während der von Born eingeführten Übungslogen gehalten wurden. Die behandelten Themen lassen sich in drei Gruppen gliedern, die jedoch miteinander zusammenhängen: die historischen Fragen, die eng verknüpft sind mit den Mysterien und den Geheimbünden, die wissenschaftlichen Themen und der Nachrichtenteil, dessen Bedeutung für die Forschung nachträglich immer wirksamer wurde.

Zitat aus der 1967 erschienenen Festschrift der Großloge von Österreich: „. . . es schreiben hier vor allem die bürgerlichen Intellektuellen, weniger die adeligen Brüder . . . Viele Brüder waren zeitweise Jesuiten gewesen oder hatten Jesuitenschulen besucht. Das lateinische und griechische Erbe, wie es seit dem Barock tradiert wurde, war allen präsent.“ Born und Sonnenfels müssen, trotz der Adelsprädikate, zu den „bürgerlichen Intellektuellen“ gereiht werden.

Borns Leitgedanke war, „den entferntesten Spuren der Entstehung der Maurerey ebenso nachzuspüren, wie allen zufälligen Ähnlichkeiten, die sie mit den geheimen Gesellschaften aller Zeiten und Völker gemeinsam hat“, nachzugehen. Damit waren die Absichten verbunden, die Maurerei wissenschaftlich zu fundieren und allen Scharlatanerien aufklärend entgegenzuwirken. (Der Leser wird einige der im Folgenden genannten Arbeiten wiedererkennen, da sie schon früher – im Zusammenhang mit den Übungslogen – Erwähnung fanden.)

Born selbst machte den Anfang mit seiner Arbeit „Über die Mysterien der Ägypter“. Er hatte diesen Aufsatz in den ersten drei Übungslogen 1782 verlesen und eröffnete damit auch die Journalbände. Es lag nahe, gerade diese Arbeit mit der neun Jahre später entstandenen Oper „Die Zauberflöte“ des Bruders Mozart und des Exbruders Schikaneder in Zusammenhang zu bringen. Aber alle derartigen Spekulationen entbehren jeglicher historischen Dokumente. Darauf soll später noch eingegangen werden. Wichtiger erscheint die bisher kaum rezipierte Tatsache, daß Born damit der wissenschaftlichen Ägyptenforschung ebenso wie der allgemeinen Orientalistik und Religionspsychologie Anstöße zu intensiverer Forschungsarbeit gegeben hat.

Im zweiten Beitrag referiert Sonnenfels: „Von den Einflüssen der Maurerey auf die bürgerliche Gesellschaft“. Er glaubte ihn darin zu erkennen, daß „die Zahl der tugendhaften Brüder zu vergrößern, und durch das Wohl der Staaten das gemeinsame Wohl der Menschheit zu befördern“ sei. Sehr deutlich zeichnet sich in diesen beiden Auffassungen die Gegensätzlichkeit ab: Born, der rationalistisch verfahrende Esoteriker, und Sonnenfels, der Exoteriker mit metaphysischem Hintergrund.

Dieser erste Band enthält weiters die Reden Aloys Blumauers „Des Maurers Wort“ und „Über den Charakter des Maurers“ sowie dessen großartiges Gedicht „Gebet eines Freymaurers“. Joseph Franz Ratschky ist mit der Rede „Über die Wohlthätigkeit des Maurers“ und Sonnenfels mit „Exodus, oder über das Anhalten und die Bürgschaft“ vertreten. Den Beschluß machen lyrische Arbeiten der Brüder Leon, Blumauers und Ratschkys aus Anlaß der „Geburtstagsfeyer unseres Hochw. Großmeisters von Born. Begangen von den Brüdern der □ zur wahren Eintracht im Orient von Wien, den 26. des 12. Monats. 5783“ (= 26. Dezember 1783).

Im zweiten Vierteljahresband war Born nicht vertreten, doch setzte der Kustos der Hofbibliothek, Karl Joseph Michaeler, den Trend der Ursprungsforschung mit dem Beitrag „Über Analogie zwischen dem Christenthume der ersteren Zeiten und der Freymaurerey“ fort. Außerdem wurde – neben anderen bedeutsamen Arbeiten – die sechs Jahre verspätete Darstellung von „Voltaire’s Aufnahme in den Freymaurerorden“ gebracht.

Im dritten Quartalsband schrieb Born „Über den Ursprung der Tafel-Logen", und der Orientalist der Hofbibliothek, Joseph Anton Bianchi, setzte mit „Über die Magie der alten Perser und die Mithrischen Geheimnisse" die Forschungsarbeiten fort.

Der Abschlußband des ersten Jahrganges enthält mit Borns „Über die Mysterien der Inder" eine Auseinandersetzung mit dem Hinduismus, der für ihn von den Ägyptern herzuleiten sei. Immerhin restringiert er in dieser Arbeit, daß derartige Untersuchungen der alten Mysterien nicht den Sinn haben, die Verwandtschaft der Religionsbegriffe aufzuzeigen, sondern im Hinblick auf die Maurerei, „ob unsere Lehre mit jenen die in den Mysterien beobachtet", übereinstimmt.

Der zweite Jahrgang (1785) begann mit der „Geschichte des pythagoräischen Bundes" des Philosophieprofessors Anton Kreil. Borns Mitarbeiter am Naturalienkabinett Karl Haidinger setzt in seinem Beitrag der Magie zu, indem er sie als Betrug und als Spekulation auf die Dummheit der Menschen geißelte. Zum ersten Mal tauchte hier ein Hinweis auf die einsetzende Verfolgung der Illuminaten in Bayern auf. Born befaßte sich eingehend mit der „Geschichte einiger merkwürdigen Verfolgungen der Maurerey in den neuesten Zeiten". Dabei zeigte er die Gegebenheiten bei der Verfolgung in Portugal in den vierziger Jahren des 18. Jahrhunderts auf, schloß daran eine Darstellung der Vorgänge bei der Maurerverfolgung in Neapel 1775/76 und endete mit einem Bericht der im Jahre 1779 ausgebrochenen Maurerhetze im deutschen Aachen. Dieser Aufsatz schloß mit den prophetischen Worten: „Noch bleibt uns ein anderes Schauspiel übrig. Eine Herde schlauer Füchse machte den Anschlag eine über ihren Jungen brütende Henne zu erwürgen. Sie wird zurückgescheucht; aber listig genug wartet sie auf einen günstigeren Augenblick und es gelingt ihr das Nest zu erbeuten. Dies ist das Bild der Verfolgung gegen die Maurer, angezettelt von den Jesuiten in der Pfalz, und ausgeführt von den Exjesuiten in Bayern, die ich ihnen einst, wenn der ganze Plan dieser Verschwörung entwickelt und näher aufgeklärt sein wird, vorzutragen die Ehre haben werde." Neun Seiten dieses Bandes sind Nachrichten „Zur Geschichte der Verfolgung der Maurerey und der Aufklärung in Bayern".

Der dritte Band des zweiten Jahrgangs ist aufgewertet

durch den Aufsatz „Über die karibischen Mysterien“, welcher den schon erwähnten Philosophieprofessor Karl Leonhard Reinhold, den Kantinterpreten und Schwiegersohn Wielands, zum Verfasser hatte. Der nicht gezeichnete Aufsatz „Über die wissenschaftliche Maurerey“, der aber zurecht Born zugeschrieben wird, läßt wieder dessen Kenntnisse historischer Zusammenhänge aufleuchten, sein Wissen um das Zusammenwirken der wissenschaftlichen Fortschritte, eine begeisternde Literaturbelesenheit (durch zahlreiche Zitate belegt), lesenswert geschilderte Kulturbilder aus allen Zeiten und Zonen, Lösungen von Mysterienursprüngen und -zusammenhängen. Das alles ist das Bekenntnis eines traditionsbewußten, die Menschheitsgeschichte durchleuchtenden und aufgeklärten Realisten, der zu dem bekennenden Schlußsatz gelangte: „Die maurerische Weisheit auf einem anderen Weg suchen, heißt sich von ihr entfernen.“

Die historisch bedeutsamste Nummer dieses Journals ist die des letzten Vierteljahres im zweiten Jahrgang. Das später vielzitierte, oft interpretierte Handbillet Kaiser Josephs II. war erlassen worden und wurde – reduziert auf 26 Zeilen (!) und unter Weglassung des Wortes „Gaukeley“ – publiziert. Man teilte einfach die Logenzusammenlegungen bzw. deren Auflösungen mit. Es mutet schon merkwürdig an, daß auf eben diesen Seiten auch ein Aufsatz abgedruckt wurde, der sich „Über die Fortschritte der Aufklärung“ betitelt. Die „Nachrichten über die Freymaurerverfolgung in Bayern“ sowie der Abdruck der beiden Bornbriefe an den Präsidenten der Akademie der Wissenschaften in München und an den Kanzler des herzoglichen bayerischen Hofrates (auf die noch eingegangen wird) nehmen immerhin 46 Seiten ein!

Mit Beginn des dritten Jahrganges (1786) zeichnet als Herausgeber die Loge „Zur Wahrheit“, die nach der Reform aus der Zusammenlegung der Logen „Zur Wahren Eintracht“, „Zum Palmbaum“ und „Zu den Drei Adlern“ entstand. Aloys Blumauer führte die Redaktion.

Im ersten Band nach der Reform erklärte ein unsignierter Eröffnungsartikel „Über die Mysterien der alten Hebräer“ die Abstammung der Freimaurer von diesen! Die Logendichter Blumauer („Joseph der Zweyte, Beschützer des Freymaurerordens“), Leon („Empfindungen über den der Freymaurerey in den k. k. Erblanden öffentlich ertheilten Schutz"), Ratschky („Auf die dem Freymaurerorden von Kaiser Joseph dem Zweyten bewilligte Duldung"!) überschlagen sich vor Begeisterung über die getroffene Neuregelung.

Vom „Journal" erschienen zwar noch drei Quartalsbände, im letzten sogar – wie eine wehmütige Erinnerung – ein Geburtstagspoem Alxingers auf Born!

Mit resignierenden Sätzen schloß das „Journal": „. . . nun, da wir uns geübter (?) fühlen, haben wir den Entschluß gefaßt, dieses Werk mit dem dritten Jahrgang zu schließen."

So endete eine große und schöne Idee!

Ein Freudenfest für Born

Der 14. April 1785 war für Born ein Ehrentag. Höchste Anerkennung brachte ihm die kaiserliche Verordnung, daß die von ihm erarbeitete Methode des Erzanquickens (darauf wird noch eingegangen) in den k. u. k. Staaten eingeführt werden sollte und, was nicht weniger bedeutsam war, ihm eine finanzielle Beteiligung an den dadurch erwirkten Einsparungen zugestanden wurde.

Diese Nachricht veranlaßte die Brüder der Loge „Zur Gekrönten Hoffnung", zu einer festlichen Tafelloge zu laden. Ort war wahrscheinlich das sogenannte Freimaurer-Casino in der Leopoldstadt, Orient Nr. 5, Untere Donaugasse. Der verstorbene Besitzer, der bürgerliche Kaffeesieder Johann Mayer, war Freimaurer. Da seine Witwe das Geschäft weiterführte, lag den Brüdern daran, sie auf diese Weise zu unterstützen.

Von diesem Fest gibt es ein nachträglich verfaßtes Flugblatt, das Otto E. Deutsch 1932 in seiner Broschüre „Mozart und die Wiener Logen" publizierte.

„Als vor kurzem unser huldreicher Monarch die von dem hochw Br Born, Meister vom Stuhl der s. e. Schwester □ zur wahren Eintracht gemachte Erfindung einer neuen Amalgamazionsmethode zur Scheidung der Metalle, auf ein bekanntermassen sehr großmüthige Art belohnet hat, wurde von der s. ehrw. □ zur gekrönten Hoffnung beschlossen, um sowohl den freudigen Antheil zu bezeigen, den sie an dem Glücke des hw. Br. Born nimmt . . . demselben bei diesem Anlasse ein besonderes Freudenfest zu geben. Es sind dabei verschiedene von Brüdern unserer s. ehrw. □ verfaßte und in Musik gesetzte Lieder, und zugleich eine Kantate vorgekommen, die unser Br. Petran verfaßt, der berühmte Br. Mozart, von der s. ehrw. □ zur Wohltätigkeit, in Musik gesetzt, uns. Br. Adamberger gesungen, und nunmehr uns. Br. Artaria, mit dem Titelkupfer nach der Zeichnung unseres Br. Unterberger und mit einer Vorrede uns. Br Epstein, in Druck gegeben hat. Da der Ertrag von dem Verkaufe durch den würd. Br. Artaria für das Beste der Armen gewidmet ist, so geben wir Ihnen davon Nachricht, damit auch Sie in Ihren Gegenden, wenn es thunlich ist, dieser Kantate einen absaz verschaffen mögen."

Der Sänger Valentin Adamberger sang den ersten Belmonte in Mozarts „Entführung aus dem Serail"; der Maler Ignaz Unterberger und der Verleger Pasquale Artaria waren Brüder der Loge „Zur Gekrönten Hoffnung", ebenso Wenzel Tobias Epstein (später Edler von Ankerberg), der aus Preßburg stammte und als Negoziant (Händler) nach Wien kam; er verfaßte das Vorwort zu der Ausgabe der Kantate „Die Maurerfreude" (KV 471). Im „Verzeichnüss aller meiner Werke" trug Mozart ein: „den 20:ten April 1785: Ein kleine Kantate. Die Maurerfreude". Der Textverfasser, Franz Petran, stammte aus Böhmen, war Weltpriester und als solcher Hauskaplan bei Franz Joseph Graf Thun und gehörte der Loge „Zur Gekrönten Hoffnung" an. Inhaltlich war alles auf das große Ereignis zugeschnitten:

> Sehen, wie dem starren Forscherauge die Natur
> ihr Antlitz nach und nach enthüllet;
> wie sie ihm mit hoher Weisheit voll den Sinn
> und voll das Herz mit Tugend füllet –
> das ist Maurer Augenweide,
> wahre, heiße Maurerfreude.
> Sehen, wie die Weisheit und die Tugend
> an den Maurer, ihren Jünger, hold sich wenden,
> sprechen: Nimm, Geliebter, diese Kron'

aus unsers ält'sten Sohn, aus Josephs, Händen.
Das ist das Jubelfest der Maurer,
das der Triumph der Maurer.
Drum singet und jauchzet, ihr Brüder!
Laßt bis in die innersten Hallen
des Tempels den Jubel der Lieder,
laßt bis an die Wolken ihn schallen,
Singt, singt, singt!
Lorbeer hat Joseph, der Weise,
zusammengebunden,
mit Lorbeer die Schläfe dem Weisen
der Maurer umwunden.

Die Badereise

„Ich soll nach den Anrathen der Ärzte das in dem Bisthum Salzburg gelegene Gasteiner Bad gebrauchen, um meine Gesundheit wieder ganz herzustellen. Da ich aber sowohl zu dieser Badekur, als auch, um unter einem die Schmelzhütte zu Brixlegg in Tyrol, dann das dortige Schwazer Bergwesens Directorat, das Hallersalzamt und die Tyrolischen Messingfabriquen zu besuchen, wenigstens 7 Wochen von Wien mich entfernen muß, und überdies das Gasteiner Bad ausser den Kaiserl. Staaten liegt, so soll ich mich zu dieser Entfernung von der Hofkammer in Münz- u. Bergwesen, Euer Excellenc gnädige Erlaubnis gehorsamst erbitten, die ich um so sicherer zu erhalten hoffe, als

1mo die Herstellung meiner Gesundheit solche erfordert;
2do Ich unter einem diejenigen Werke, über die ich bei der Hofstelle das Referat führe . . . auf meine Kosten bereise . . ."

Am 11. März 1785 richtete Born dieses Urlaubsansuchen an seinen Vorgesetzten und erhielt die erbetene Erlaubnis. Er trat die Reise – in Begleitung Aloys Blumauers – in den letzten Maitagen an, denn aus einem Brief, den Leopold Mozart am 2. Juni aus Salzburg an seine Tochter, der schon verehelichten

„Der untere Wasserfall von Bad Gastein“.
Anton Schiffer zugeschrieben

Anna-Maria von Berchtold zu Sonnenburg, nach St. Gilgen richtete, erfährt man: „Herr von Born war abends beym Schiffwirth angelangt, wurde gleich zum Fürsten, des andern Tags zur Tafel geladen, und nach Tisch der Dichter Herr Blumauer . . . nach Hof zum Coffeé. Sie sind dann gleich in die Gastein fort . . ."

Nach sieben Wochen, also etwa in der zweiten Hälfte Juli, soll Born wieder in Wien eingetroffen sein. In einem Brief, der am 22. September aus Wien an Friedrich Münter gerichtet wurde, schrieb Born: „Ich habe Ihnen aus dem Gasteiner Bade im Salzburgischen geschrieben; Meine Tochter schloß meinen Brief ein und schikte Ihnen solchen nach Rom. Meine Schuld ists nicht, wenn Sie ihn nicht erhalten haben, sondern die Ihrige, der Sie wie ein Quecksilberkügelchen herumrollen und von einer Ecke Italiens nach der andern laufen."

Brief Maria von Borns an Friedrich Münter

„Wien den 30ten May 785

Nun da bin ich die Feder in der Hand auf ein Stündchen ganz die Ihre. Sie sollen von mir wissen, daß Papa mit Blumauer vorgestern nach *Salzburg* ist um in *Gastein* ein dort nahegelegenes Bad, eine Badekur zu gebrauchen, daß dann (?) des Kaisers Majestät meines Vaters neue Amalgamationerfindung auf ein glänzende Art belohnt und Papa und Mimi und Pepi nun bald reiche Leute werden, wissen Sie schon gewiß aus den Zeitungen, daß aber die reichen Leute Sie von Herzen lieben und oft Stundenlang von Ihnen lieber Münter schwatzen, wissen Sie nicht, *scheinen* wenigstens es nicht wissen zu wollen, und daß (sic!) also will ich Ihnen heute schreiben und versichern durch – heilige Zahl sogar (!) wenn Sie wollen . . .

Alxingers Gedichte sind heraus und von der Leserwelt herrlich aufgenommen worden – Sie wissen doch, daß die *Mo-*

nachologia in Rom öffentlich verbrannt worden ist? *Blumauers* Aeneis der 2te Theil macht entsetzlich Lerm, die Vignette (worauf ein Autor Kopf an dem grosse Fleischer Hunde nagen die Halsbänder und darauf die Namen der bekanntesten Nachdrucker haben, gestochen ist) ist sogar ein allgemeiner Zeitungsartikel geworden, ich wollte sie Ihnen wohl schicken, aber ich weiß nicht wohin, und auf welche Art!

Gemingen hat die Blattern gehabt, und man verzweifelte schon an sein Aufkom̄en, *Hunschofsky* aber hat ihn glücklich noch aus den Klauen der Madame Atropis (gemeint ist wahrscheinlich Atropos, die „Unabwendbare", eine der Moiren!) entrissen – er ist aber nicht zu kennen, sieht fast keinen Menschen ähnlich und ist sehr betrübt über diese Metamorphose . . . Papa und Blumauer gaben mir auf Sie recht brüderlich für sie zu grüssen – daß will ich also gethan haben – Sonst geht es allen Bekannten recht gut, die hiesigen . . . gaben eine Menge Feste und Mahle meinem Vater zu Ehren – Schade daß Sie nicht hier waren um manche Dum̄heiten die dabey gesagt wurden zu belachen – Friede Friede und kein Krieg wollen hier die politischen Leute für gewiß erklären und nach allen Anschein haben sie auch recht –

Tante und Pepi und Anselme schiken Ihnen einen derben *Schmatz*, ich aber einen ganz eigenen

Ihre Maria B."

(Nach E. Rosenstrauch.)

Ein Blick nach Bayern

Zwei später zitierte Schreiben des Hofrates von Born nach München (1785) haben ein unangenehmes Ereignis ausgelöst und werfen ein bezeichnendes Licht auf die Situation der Gesellschaften in Bayern und in Österreich.

Bereits 1784 waren die Freimaurer in München, besonders die Loge „Theodor zum Guten Rate", Verfolgungen ausgesetzt. „Irreligion, oder Gott weiss, was für Irrthümer werden uns im

Ganzen (für die Privatmeynungen etwa einiger Mitglieder können wir ja unmöglich stehen) von denen zur Last gelegt, die uns gar nicht kennen . . ." Auch wurde den Freimaurern angelastet, daß sie „für das Interesse eines fremden Hofes alle ihre Kräfte aufböten".

Untersucht man diese Anschuldigungen näher, so sind die Ursachen bald erkennbar: Die Irreligiosität wurde damit in Zusammenhang gebracht, daß sich mehr und mehr Mitglieder des 1776 gegründeten Illuminatenordens bewußt in den Freimaurerlogen einfanden. Die andere Beschuldigung stammte aus dem politischen Bereich und hing mit dem von österreichischer Seite lange gehegten Wunsch, den durch Franz Stephan von Lothringen an Österreich gekommenen Teil Belgiens gegen Bayern zu tauschen. „Es wird behauptet und ist allerdings weder positiv noch negativ zu beweisen, daß Joseph II. den Tausch dieser Gebiete mit Hilfe der Illuminaten bewerkstelligen wollte und daß dies dank der Beziehungen Friedrichs II. zu den Illuminaten bald dahin durchsickerte und hiermit vereitelt wurde und daß dies eigentlich das auslösende Moment für die Verfolgung der Illuminaten und Freimaurer in Bayern war" (E. Rosenstrauch).

Der Orden der Illuminaten

An der Universität von Ingolstadt unterrichtete der Professor für Natur- und kanonisches Recht Adam Weishaupt (1748–1830). Er war ein glühender Anhänger der Aufklärung, erkannte aber die bedeutende Gefahr, die dieser seitens der Exjesuiten in Bayern erwuchs. Da Weishaupt selbst Jesuitenschüler war, kannte er die möglichen Praktiken.

Weishaupt war ein Schwärmer, und allerhand Pläne gingen ihm durch den Kopf. Er plante einen Bund, der seine Aufgabe in der Verbreitung von Wissen sah, eine Art Weisheitsschule. Politische Aspirationen lagen ihm fern. Er erträumte sich einen merkwürdigen organisatorischen Aufbau; da sollten etwa jesuitische Strenge und Ordnung herrschen, aber auch freimau-

Adam Weishaupt, Begründer und Haupt des Illuminatenordens. Stich von Christoph W. Bock nach einem Gemälde von Gottfried V. Mansinger

rerische Humanität und Verschwiegenheit. Erst sollte diese Vereinigung Perfektibilisten heißen, dann nannte er sie Illuminaten. Als Gründungsdatum gilt der 1. Mai 1776. Das war „zunächst kaum mehr als ein lokaler Studentenorden und fristete bis 1778 eine eher kümmerliche Existenz“ (N. Schindler).

Das Konzept war nicht ausgereift und ständigen Veränderungen unterworfen. „An dem System arbeite ich beständig. Denke hin und her. Mache Abänderungen und verfeinere solche ... Langsam aber sicher gehe ich zu Werke“, schrieb Weishaupt 1777. Von der Johannesfreimaurerei übernahm er die Einteilung in drei Grade, nannte diese aber Klassen. Diese werden interpretiert: „Die erste Klasse bildete die ‚Pflanzschule‘ des ganzen Bundes. Bei der Aufnahme mußte jeder einen Eid leisten ... daß in dieser Gesellschaft nichts wider den Staat, die Religion und die Sitten unternommen werde ... einerseits Stillschweigen und Gehorsam den Obern gegenüber zu wahren, andrerseits sich für die Ziele des Ordens einzusetzen . . . schien der Novize den Anforderungen . . . zu entsprechen, wurde er Mitglied der 2. Minervalklasse . . . Diese wird als eine ‚gelehrte Akademie', als ‚gelehrte Gesellschaft' verstanden . . . Die Fähigsten wollte Weishaupt schließlich in die dritte Stufe fördern. Diese Klasse der Mysterien . . . bildete ‚die Grundlage des Gebäudes'. Hier erfolgte die totale Einsicht in die Politik und Maximen des Ordens" (R. van Dülmen).

Weishaupt ist 1777 als Bruder in die Münchener Freimaurerloge „Zur Behutsamkeit" aufgenommen worden. Dieser Schritt mag ihn veranlaßt haben, seinen Anhängern zu empfehlen, ebenfalls Maurer zu werden, weil dies „nicht nur gut sey, sondern auch höchst nothwendig, damit wir wissen, was in beyden vorgeht".

Einen Aufschwung nahmen die Illuminaten, als sich ihnen Freiherr Adolf von Knigge anschloß. Den Namen kennt man noch heute durch sein 1788 erschienenes Buch „Über den Umgang mit Menschen". Er war Freimaurer, kam so mit den Illuminaten in Kontakt und entwickelte hiefür eine rasante Missionstätigkeit unter dem Ordensnamen „Philo". Er wurde jedoch bald enttäuscht, als er erkennen mußte, daß das System theoretisch kaum ausgearbeitet war und Weishaupt ihm gegenüber bekennen mußte, „daß auch er nichts über das System offenbaren könne, da der Orden eigentlich noch gar nicht, sondern nur in seinem Kopfe existiere". Knigge war es, der den Illuminatismus in die Hand nahm, der die volle Einbeziehung des Freimaurertums schaffte, der die Mitglieder animierte, daß sie „in den Logen der verschiedenen Systeme die Oberhand bekämen, um den müssigen Orden der Freimaurer für die gute Sache in Tätigkeit zu setzen". Müßig waren freilich nur die Logen in München, die untereinander verfeindet waren und in verschiedenen Systemen arbeiteten. So waren sie leicht zu unterwandern.

Knigge war ein anderer Mann als Weishaupt, er war aktiv, und ihm „ging es um eine politische Orientierung des Ordens" (E. Rosenstrauch). Daß dies zu Auseinandersetzungen führen mußte, lag auf der Hand. 1783 erfolgte der endgültige Bruch. Zu diesem Zeitpunkt kam es aus den schon erwähnten Gründen zur Verfolgung der Illuminaten – und zwangsläufig auch der Freimaurer in Bayern.

Die Illuminaten in Österreich

Knigges „Missionstätigkeit“ erstreckte sich anfänglich mehr auf den protestantischen Norden, doch dehnte er sie bald auch auf katholische Gegenden bis Österreich aus. Da im Illuminatismus alles unter Decknamen lief, wurde diese Ordensprovinz als „Ägypten“ getarnt, „Rom“ hieß das Direktorium Wien. Die Provinz Tirol war „Peleponnes“ (!) und das Direktorium Innsbruck „Samos“!

Leider ist das Illuminatentum in Österreich wissenschaftlich noch kaum erarbeitet. Van Dülmen widmet dieser „Provinz“ nur wenige Bemerkungen, und Edith Rosenstrauchs Aufsatz über deren Tätigkeit umfaßt 25 Seiten. Allgemein gilt van Swietens Sohn Gottfried als Schlüsselgestalt. E. Rosenstrauch stellte fest, „daß die Illuminaten in der Habsburger Monarchie sich von den Ideen Weishaupts weitgehend frei gemacht hatten“ und sich „die österreichisch-ungarische Variante ... sowohl in ihrem Aufbau als in ihren Erscheinungsformen von der bayerischen“ unterschied.

Aus den wenigen vertraulichen Akten des Haus-, Hof- und Staatsarchivs ist jedoch ersichtlich, daß eine Reihe bedeutender Persönlichkeiten Österreichs diesem Orden angehört hat. Ignaz von Born war einer der Exponenten und sein Haus ein Treffpunkt. Der Besuch Friedrich Münters 1784 war unter diesem Aspekt zu sehen. Man weiß, daß seine Reise, die ihn später nach Italien führte, eine Freimaurer-Illuminaten-Reise war. Empfehlungen aus Wien hatten ihm die rechten Wege gewiesen. Seinen Briefen und Tagebüchern verdanken wir die Namen einiger wichtiger Persönlichkeiten, die dem Illuminatenorden angehörten, und auch ihre Ordensnamen: Ignaz von Born (Furius Camillus), Joseph von Sonnenfels (erst Fabius, später Numa), Otto von Gemmingen (Antoninus), Karl Leonhard Reinhold, damals schon in Jena (Decius); Blumauer und Alxinger, selbst der Renegat Leopold Aloys Hoffmann sowie der Schrifsteller Johann Pezzl. Letzterer, aus Bayern nach Wien zugewandert, war wahrscheinlich der erste Illuminat, der Aufnahme in Borns Loge „Zur Wahren Eintracht“ erlangte – gewiß im Ordensauftrag!

Rosenkreuzer als Gegenspieler der Illuminaten

Die Spannungsfelder innerhalb der politischen, wirtschaftlichen und auch gesellschaftlichen Entwicklung in der zweiten Hälfte des 18. Jahrhunderts führten zur Entstehung zahlreicher Männerbünde. Die Freimaurer waren es, die für die wichtigsten Bünde in weitestem Maße als Vorbilder galten, ja sie gaben oft den „Nährboden" für diese ab, weil die Angehörigen der anderen Bünde in ihren Logen saßen.

Von den Illuminaten ist schon bekannt, daß man diesen den Eintritt in die Freimaurerlogen zur Auflage machte. Und auch die innere Organisation dieses Ordens lehnte sich unverkennbar an die der Maurer.

In weiterem Sinne auch freimaurerisch waren die „Asiatischen Brüder", deren vollständiger Name „Brüder St. Johannes des Evangelisten aus Asien in Europa" lautete. Ihr Gründer war Hans Heinrich von Ecker und Eckhoffen, der aus den Reihen der Gold- und Rosenkreuzer kam. Über die Gründung selbst sind die Historiker nicht einig, sicher jedoch ist, daß auch diese Gemeinschaft freimaurerisch organisiert war, ihr Ziel jedoch darin sah, sowohl Juden wie Christen aufzunehmen. Inwieweit diese Absichten zur Realisation kamen, ist ungewiß. Zunächst jedoch war die Teilnahme jüdischer Mitbürger eher gering, und die verschiedenen schriftlichen Hinterlassenschaften erweisen sich in ihren Detailaussagen oft recht divergent. Immerhin aber war Wien eine Zeitlang Hauptstützpunkt, und wesentlicher Exponent war Wenzel Graf Sinzendorf.

Naheliegend, wenn auch nicht richtig, ist die Annahme, daß die im 18. Jahrhundert agierenden Rosenkreuzer von jenem Rosenkreutzerorden Johann Valentin Andreaes aus dem 17. Jahrhundert – gegründet von Christian Rosenkreutz (1388 bis 1494) – ihren Ausgangspunkt nahmen. Jene Bruderschaft, die im 18. Jahrhundert erstand, geht auf das Jahr 1710 zurück, in dem das Buch „Die wahrhaffte und vollkommene Beschreibung des philosophischen Steins der Bruderschaft aus dem Orden des Gülden- und Rosenkreutzes denen Filius Doctrinae zum Besten publiciret von S. R. d. i. Sincerus Renatus" (eigentlich Samuel Richter) erschien.

Mit der steten Ausbreitung der Maurerei kam es zu immer stärkeren personellen Verschmelzungen. „Verschiedene Hinweise deuten darauf hin, daß ‚in den Versammlungen des Bundes (Asiatische Brüder) der Stein der Weisen gesucht wurde und Gold auf synthetische Weise hergestellt werden sollte' (Junaschek), während die Rosenkreuzer sich stärker mit Alchemie, Chemie, Physik, Theosophie, Magie und der jüdischen Geheimlehre der Kabbala beschäftigten und gleichfalls den Stein der Weisen suchten. Exponent dieser Richtung der Asiatischen Brüder in Wien war Otto von Gemmingen, Hauptvertreter der rosenkreuzerischen Tradition Christian Thomas Bacciochi, ein Mitglied der Loge ‚Zur gekrönten Hoffnung'. Diese verschiedenen Richtungen führten dann ziemlich rasch zu einer Spaltung der österreichischen Freimaurerei, deren Ursache natürlich darüber hinaus auch in den verschiedenen Systemen . . . lagen" (H. Reinalter).

Es kann nicht Aufgabe dieser Zeilen sein, einen umfassenden Einblick in die im Detail verschiedenen Auffassungen dieser Bünde zu geben. Sie sollten nur als vorhandene Phänomene und in ihren Verflechtungen untereinander angedeutet werden.

Borns offene Schreiben nach München

Born am 2. September 1785 an den Präsidenten der Kurfürstlichen Akademie der Wissenschaften in München: „Erst vor wenigen Tagen machten mir die öffentlichen Blätter kund, daß es Ihrem gnädigsten Landesfürsten gefallen habe, allen Mitgliedern der Churfürstlichen Kollegien unterm 16. August dieses Jahres anzubefehlen daß sie sich binnen 8 Tagen erklären und manifestieren sollen: ob sie das schädliche Handwerk der Freymaurer treiben und zu dieser Sekte gehören und ob sie davon abstehen, und ihren Fehltritt bereuen wollen.

Die Churfürstliche Akademie der Wissenschaften zu München und die gelehrte Gesellschaft zu Burghausen in Bayern haben mich vor mehreren Jahren zum Mitgliede ihrer Versammlungen ernannt ... obiger Verordnung zu schuldigsten Folgleistung eile ich, um den peremtorischen Termin nicht zu versäumen, ... zu erklären und zu manifestieren: daß ich Freymaurer sey; daß ich aber dies nicht nur nicht bereue, sondern es mir zur Ehre rechne einer Verbindung anzugehören, deren wesentlichstes Unterscheidungszeichen Rechtschaffenheit ist, und deren vorzüglichen Pflichten Gottesfurcht, Treue gegen den Landesfürsten und Wohltätigkeit gegen den Nebenmenschen sind.

... Um mich aber aller Jurisdiktion, die man sich etwan in Bayern über mich oder die Denkart und die Grundsätze eines Churfürstlichen Akademikers erlauben dürfte, ganz zu entziehen, werde ich Hochdenselben mit nächstem Postwagen meine Diplomen zurücksenden, und ersuche Sie angelegentlichst meinen Namen aus dem Verzeichnisse der Mitglieder Ihrer Akademie wegzustreichen ... Zur Zeit, als Sie mich in Ihre Gesellschaft aufnahmen, blickte Streben nach Aufklärung und Verbreitung nützlicher Kenntnisse auf allen Seiten in Bayern hervor, und ich war stolz darauf, daß Sie mich würdig hielten, an Ihren rühmlichen Bemühungen Theil zu nehmen. Die angeführte Churfürstliche Verordnung raubte mir diesen schmeichelhaften Vorzug; sie kann mich aber unter dem mächtigen Schutze und der Weisen Regierung Josephs nicht hindern, nach meinen geringen Kräften Jesuitismus, Fanatismus, Intoleranz, Aberglauben, und Unwissenheit ununterbrochen zu bestreiten, und dadurch wenigstens mittelbar der Absicht der Churfürstl. Akademie zu entsprechen, das ist: der Weisheit und Wahrheit auch in Bayern empor zu helfen."

Da auf dieses Absageschreiben keine Reaktion kam, schrieb Born erneut nach München, diesmal an den Kanzler des herzoglich-bayerischen Hofrats, Freiherrn von Kreitmayr. Datum: 9. November 1785. „Sobald durch die im Namen Ihres gnädigsten Churfürsten ausgefertigte Verordnung kund gemacht wurde, daß Jedermann, der zu einem Churfürstl. Kollegium in Bayern gehöret, sich manifestieren soll: ob er Freymaurer sey, oder nicht, erklärte ich dem Präsidenten der Churfürstl. Akademie der Wissenschaften zu München, daß ich Freymaurer sey, und bat Ihn, meinen Namen aus dem Verzeichnis der Mitglieder der Akademie . . . öffentlich wegstreichen zu lassen, um mich dadurch der Jurisdiktion zu entziehen, die man sich etwan in Bayern über mich als Akademiker und Freymaurer erlauben dürfte.

Euer Wohlgebohrn Name ist mir aus den bayrischen Verordnungen gegen die Freymaurer bekannt geworden, und ich weiß nun auch, daß Euer Wohlgebohrn in dem löblichen Freymaurer-Inquisitionsgerichte zu München dem Vorsitz haben. Ich glaube also meinen Zweck nicht zu verfehlen, wenn ich mich gerade an Sie mit der Bitte wende, der Churfürstl. Akademie zu befehlen, daß Sie meinem Ansuchen sobald als möglich willfahren . . .

Wie könnten Sie wohl Anstand nehmen dem Namen eines Ihnen unbekannten Fremden diesen Liebensdienst zu erweisen, besonders da ich Ihnen offenherzig gestehe: daß ich es nicht bereue Freymaurer zu seyn."

Der Schatten voraus . . .

Es erregte die Gemüter der Wiener Freimaurer, als sich Anfang 1785 das Gerücht verbreitete, daß auf Befehl des Kaisers das definitive Verbot jeder freimaurerischen Tätigkeit erfolgen würde, und man sprach über ein Billet von des Kaisers eigener Hand. Joseph II. distanzierte sich davon, erklärte, das Billet sei „vom ersten bis zum letzten Buchstaben apokryph", und setzte 500 Dukaten aus, falls der Fälscher seiner Handschrift ausgeforscht würde.

Man kennt diese Geschichte auch aus einem Brief, den Heinrich G. Brettschneider am 24. Februar 1785 an Friedrich Nicolai nach Berlin schrieb: „Sie werden wissen, daß ein lustiger Kopf in Wien ein Handbillet des Kaisers erfunden hat, worin seine Majestät allergnädigst äussern, daß, nachdem Allerhöchst dieselbe in Erfahrung gebracht hätten, daß sich die ganze Freimaurerei auf mönchische Institute gründete, im Grunde nichts anders als ein verkappter Monachismus sei . . .“

Erst 1787 teilt der Geschichtsschreiber Adam Friedrich Geisler in seinen „Skizzen aus dem Charakter und Handlungen Josefs II.“ einen teilweisen Wortlaut dieser angeblichen Fälschung mit: „Dass die Freimaurerei wohl nicht anders, als ein politischer Mönchsorden anzusehen sei, besonders wären die nächtlichen Zusammenkünfte und Schwärmereien desselben in einem gesitteten Staate nicht wohl zu dulden, daher der Polizei zu befehlen, auf dergleichen Zusammenkünfte Acht zu haben und sämmtliche Mitglieder aufzuheben.“ Und der Autor fährt fort: „Bald aber zeigte es sich klar, dass alles von Feinden der Gesellschaft erdichtet war . . . Und wie denn die guten Jesuiten an allem bösen, was geschieht, immer Schuld sein sollten, so wollte man sie auch zu Urhebern dieses Billets machen und erinnerte dabei, dass sie die gegen die bayrischen Mauerer verbreiteten Schmähschriften in Wien ebenfalls eifrigst bemüht gewesen wären, auszubreiten.“

Der oder die Täter wurden niemals ausgeforscht, und der Kaiser hatte sich die 500 Gulden erspart.

Verbleiben wir noch bei dem zitierten Geisler und lesen im sechsten Band seines Werkes (der Jahre nach dem tatsächlichen Erlaß der Freimaurerverordnung erschien): „Die vorher angeführte Intrike (!) gegen die Freimaurerei hat die unerwartet gute Wirkung gehabt, dass der Kaiser alle Regierungen seiner Staaten hat anzeigen lassen, dass von nun an die Freimaurerei nicht allein erkannt, sondern auch gestattet werden solle (!), und dass man zu allen ihren auf das Beste der Menschheit abzweckenden Handlungen hülfreiche Hand bieten (sollte) . . . da der Kaiser versichert wäre, dass nur die edelsten Menschen aufgenommen werden sollen und können, so sei ohnedem eine zu grosse Ausbreitung nicht wahrscheinlich, und die andern, sogenannten After- und Winkellogen sollen gänzlich zertreut und von dieser gnädigen Äusserung ausgenommen sein.“

Joseph II. erläßt das Freimaurerpatent

Die drohenden Schatten blieben den Freimaurern 1785 erhalten, auch wenn öffentlich nicht davon gesprochen wurde. Es gab geheime Verbindungen, Informationen und Gespräche: Wer mit wem? Nur Vermutungen! Ende November verdichteten sich die Gerüchte, daß von allerhöchster Stelle eine Verordnung in Vorbereitung sei. Sie ließ nicht lange auf sich warten: das „Protokollbuch kaiserlicher Handbillets für das Jahr 1785 enthält als 1043 . Stück . . . (die) Eintragung, welche unter dem Namen ‚Handbillet', ‚Freimaurerpatent' oder ‚Freimaureredikt' österreichische Freimaurergeschichte gemacht hat" (E. Schönmann).

Am 11. Dezember „geruhte . . . der Monarch vermittelst eines allerhöchsten Handbillets . . . folgendes zu erkennen zu geben: Da nichts ohne einer gewissen Ordnung und Leitung in einem wohlgeordneten Staate bestehen kann; so finde ich nötig, Ihnen folgende Meine Willensmeinung . . . zur genauen Befolgung mitzugeben:

Die sogenannten Freimaurergesellschaften, deren Geheimnisse Mir ebenso unbekannt sind, als Ich deren Gaukeleyen zu erfahren Ich wenig vorwitzig jemals war, vermehren und erstrecken sich jetzt auch schon auf alle kleinsten Städte; diese Versammlungen, wenn sie sich selbst ganz überlassen und unter keiner Leitung sind, können in Ausschweifungen, die für Religion, Ordnung und Sitten allerdings verderblich sein können . . . ganz wohl ausarten, oder doch wenigstens zu einer Geldschneiderei dienen.

Vormals, und in anderen Ländern verbot und bestrafte man die Freimaurer und störte ihre in den Logen abgehaltenen Versammlungen, blos, weil man von ihren Geheimnissen nicht unterrichtet war; Mir, obschon sie Mir ebenso unbekannt sind, ist genug zu wissen, daß von diesen Freimaurerversammlungen dennoch einiges Gutes für den Nächsten, für die Armut und Erziehung ist geleistet worden, um mehr für sie, als je in einem Lande noch geschehen ist, hiemit zu verordnen, nämlich: dass selbe, auch unwissend ihrer Gesetze und Verhandlungen, dennoch so lange sie Gutes wirken, unter den Schutz und die Obhut des Staates zu nehmen, und also ihre Versammlungen förmlich zu gestatten sind. Jedoch ist folgende Meine Vorschrift von denselben genau zu beobachten, u. zw.:

1. Kann hinfüro in einem jeden Lande in der Hauptstadt, wo die Landesregierung ist, nur eine Loge bestehen und abgehalten werden, diese aber, so oft sie es für gut finden. Diese Loge hat die Tage, an welchen sie ihre Versammlungen abhält, dem Magistrate . . . mit Bemerkung der Stunde zu melden; sollte in einer grossen Hauptstadt eine Loge nicht alle Verbrüderte fassen können, so wäre höchstens noch eine zweite oder dritte zu gestatten . . .
2. Soll in keiner Kreisstadt . . . noch weniger aber auf dem Lande, oder bei einem Particulier auf seinem Schlosse, gestattet sein, dergleichen Freimaurergesellschaften hinfüro abzuhalten, und wird auf die Abhaltung derselben der nämlich Preis zu deren Entdeckung und Bestrafung gesetzt, der auf die Hasardspiele patentmässig besteht . . .
3. Die Vorsteher, oder wie sie nun immer den Namen unter sich haben . . . haben dem Landeschef auf Ehre und Reputation in einer Liste im Namen aller sich verbrüderten Maurer, wes Standes und Charakters sie immer sind, einzureichen, welcher selbe hieher einzuschicken haben wird, und solle alle Vierteljahre der Abgang und Zuwachs an Neuaufgenommenen von den Logenvorstehern nachgetragen werden . . . wenn der Logenmeister abgeändert wird, so muss der neuernannte es . . . melden . . .
4. Wenn diese Logen so eingeleitet sein werden, sollen sie von aller weitern Untersuchung, Ausfragung oder was immer für vorwitzige Auskunftsbegehrungen auf beständig befreit sein, und frei und ungezwungen ihre Versammlungen abhalten können, und auf diese Art kann sich vielleicht diese Verbindung, welche aus so vielen Mir bekannten rechtschaffenen Männern besteht, wahrhaft nutzbar für den Nächsten und die Gelehrsamkeit auszeichnen; zugleich aber werden auch alle Neben- und Winkellogen und Versammlungen, welche schon zu mehreren Mir bewussten Unanständigkeiten Anlass gegeben haben, gänzlich und auf das strengste beseitigt. Ich zweifle nicht, dass diese Meine Entschliessung allen rechtschaffenen und ehrlich denkenden

Maurern zum Vergnügen und zur Sicherheit, allen übrigen aber zu billigen Enthaltung von weiteren dergleichen strafbaren Nebenversammlungen oder Ausschweifungen dienen wird."

Nach aufmerksamer Lektüre erkennt man, daß es sich dabei um ein höchst merkwürdiges Dokument handelt. Eigenhändig vom Kaiser verfaßt, von jenem Joseph II., dessen Toleranzpatente Geschichte gemacht haben; von jenem Joseph, dessen Vater der wohl prominenteste Freimaurer war und dessen so verehrter König Friedrich II. von Preußen ebenfalls dem Bund angehört hat.

Über die näheren Ursachen, die dazu geführt haben, und über die Formulierungen wurde und wird immer noch gerätselt. Gewiß dürfte nur sein, daß der zahlenmäßige Zuwachs der Freimaurerbewegung, ihre Ausbreitung auch in den Ländern und Provinzen, selbst für einen (schein)liberalen Monarchen Ausmaße angenommen hatte, die besorgniserregend waren. Dazu kam, daß nach der Auflösung des Illuminatenordens in Bayern die Zugehörigkeit fast aller führenden Freimaurer Österreichs bekannt wurde (so man das nicht schon vorher wußte!). Mag sein, daß für Joseph in seinen Bestrebungen, Bayern für Österreich zu gewinnen, eben jene Freimaurer-Illuminaten zu erfolglos gewesen sind. Aber wie groß waren die Erwartungen des Kaisers, von dieser Seite Unterstützung zu bekommen?

Gingen die Initiativen zur Abfaßung des Handbillets von der Führungsspitze der Freimaurer-Großloge aus? Immer wieder wurde in diesem Zusammenhang der Name des Großmeisters Dietrichstein genannt. Welche Rolle spielte Ignaz von Born? Welche Joseph von Sonnenfels?

Ernst Schönmann berichtet in einem Aufsatz über die Reaktionen: „Vorweggenommen sei ein undatierter Brief des Grafen Kollowrath(-Krakovsky, böhmischer Oberster und österreichischer Erster Kanzler, Mitglied der Loge ‚Zur Wahren Eintracht') an die Logen, in welchem es heißt: ‚S. M. geruhte über die von dem Fürsten Dietrichstein als Landesgrossmeister der Freymaurer sehr gründlich verfasste Änderungen sich mit mir zu besprechen.'" Demnach hatte der Großmeister doch Einfluß auf die „Reformation" der Freimaurer! „Wir können unserer Phantasie freien Lauf lassen“, fährt Schönmann fort, „ob bei dem von der ‚Gekrönten Hoffnung‘ in ihren Räumen veranstalteten, großen Konzert am 15. Dezember, bei dem Mozart und Paul Wranitzky, ‚Musikdirector bey der deutschen Oper im k. k. Hoftheater‘, im Mittelpunkt standen, die Musik Interesse fand oder die Brüder von den kommenden Ereignissen bereits in Bann gehalten wurden. – Wir dürfen letzteres vermuten, denn ein Brief Dietrichsteins an die Logen vom 16., . . . beginnt: ‚Es kann ihnen nicht mehr unbekannt seyn, daß es unserem Monarchen neuerlich gefallen habe . . .‘ Im Wesentlichen enthält der Brief die Aufforderung, zwei bevollmächtigte Vertreter am 20. ins Quartier der ‚Hoffnung‘ zu schicken und am selben Tag jede Logenarbeit einzustellen.“

Zur Durchführung der Verordnung entnehmen wir aus dem Logenprotokoll der „Wahren Eintracht“ vom 16. Dezember: „Nach geöffneter Lehrlings-, Gesellen- und Meister liest der hochw. M. v. St. das Schreiben des hochw. Landes Grossmeisters ab, worinnen er Nachricht gibt, daß S. M. der Kaiser die Zahl der hiesigen Logen auf drey umgeändert habe, daß daher alle herkömmlichen Arbeiten der ⧈ bis zum 20/12 aufhören . . .“

Es gab noch eine Arbeit der „Wahren Eintracht“, am 19. Dezember, bei der Mozart und Gemmingen Gäste waren. Dabei erfolgte die Kundmachung, daß die Loge der beiden Gäste, die „Wohltätigkeit“, schließen würde. Born und sein deputierter Meister wurden als Logenvertreter zu den künftigen Verhandlungen bestellt.

Die letzte reguläre Arbeit der „Eintracht“ wurde am 23. Dezember registriert, und das Protokoll gibt Aufschluß über das weitere Schicksal der Loge. Es heißt da, daß „die Logen zu den drey Adlern, zum Palmbaum und zur wahren Eintracht darauf bestanden, daß über die Mitglieder der neuen □ ordentlich vor der Annahme ballotiert werden solle, die übrigen 5 aber die Ballotierung nicht gefallen lassen wollten“.

Das mußte zu einer Spaltung der Freimaurerei führen: Es war gegen das Gesetz, rechtmäßig ballotierte und rezipierte Brüder einer Loge erneut dieser Prozedur zu unterziehen, um sie in die Loge nochmals aufzunehmen. Man wollte sich bei dieser Gelegenheit von unangenehmen Brüdern trennen (Rosenkreuzern, Asiatischen Brüdern). Mit einem derartigen Widerstand hatten aber weder Dietrichstein noch Born gerechnet. Seine „Wahre Eintracht“ allerdings stimmte mit 60 zu 5 Stimmen für die Neuballotagen! Was auch immer in der nächsten Zukunft geschah – und die Ereignisse waren nicht immer erfreulich! –, es führte dazu, daß die Einigkeit der Freimaurer nicht mehr gegeben war.

Nochmals zu E. Schönmann, der die Entwicklung so darstellt: „Sicher war Born . . . nicht bereit, gegen Illuminaten Anträge zu stellen. Andrerseits ist es absolut unwahrscheinlich, daß die Maßnahmen gegen die blauen Logen (Johannes-Logen) ausschließlich von Joseph konzipiert wurden. Wir können davon ausgehen, daß die Art der Schaffung der neuen Logen, Gruppierung der alten Logen in die beiden neuen, die Ballotage, sowie die Bestimmung der ‚Logengründer‘ das Werk von Born und Dietrichstein gewesen ist, wobei . . . auch Kollowrath seine helfende Hand zur Verfügung stellte.“

Diese Spaltung fand ihren für alle sichtbaren Niederschlag in der Flut von Pamphleten pro und contra, die sich plötzlich über die Residenzstadt ergoß.

Pamphletewelle zur Freimaurerreform

Es läßt sich nicht feststellen, welches dieser Druckwerke den „Ruhm“ für sich beanspruchen könnte, das erste gewesen zu sein. Zwei Erscheinungen tragen jedenfalls noch 1785 als Ausgabejahr.

Da waren zunächst die nur drei Seiten umfassenden „Empfindungen über den der Freymaurerey in den k. k. Erblanden öffentlich ertheilten Schutz. Von Gottlieb Leon“:

> Ihr Edlen, die ihr nun voll heisser Ruhmbegierde
> Kühn nach der Weisheit Tempel strebt,
> O fühlt mit mir, zu welcher hohen Würde
> Der weiseste Monarch euch hebt . . .

Etwas mehr als neun Monate später schrieb Leon an Reinhold: „Wegen meinem . . . an den Kaiser gerichteten Gedichte, hätt' ich von Dir durchgezaust zu werden verdient. Ich sang bloss auf Borns Verlangen, u. da ich dieses Gedicht auf ein anderes Objekt bereits fertig hatte, so war mir's denn eben nicht mühsam, es durch einige Abänderungen auf diesen Gegenstand zu drehen. Allein was soll, was kann ich tun. Das Ferkel ist . . . einmal schon im Fliesspapier, u. – Littera scripta manet. Gott wahre mich nur in Zukunft vor ähnlichen Streichen."

Freimaurer war auch der Verfasser des zweiten Pamphlets: „Drei Briefe über die neueste Maurer-Revolution in Wien. An einen Freimaurer zur anerkannten Unschuld in P. . .". Schreiber war der Lehrling der Loge „Zum Heiligen Joseph" Franz Kratter, der bald zur Hauptfigur einer Groteske wurde.

1786 erschien – neben vielen anderen Schriften – „Kaiser Josephs Reformation der Freimaurer. Eine Denkschrift fürs achtzehnte Jahrhundert. Von E. . .". Dahinter verbarg sich Leopold Aloys Hoffmann, ein Freimaurer der Loge „Zur Wohltätigkeit", später wurde er zu einem gehässigen Maurergegner und Denunzianten. In der „Wiener Realzeitung" vom 28. Februar 1786 ist über diese Broschüre zu lesen: „Wider die Freimaurer in sehr eifrigem Ton. Wahrheit mit Lüge vermischen ist weder das Kennzeichen einer edlen noch menschenfreundlichen Absicht. Der Verfasser hat sich mit dieser seiner Feuer und Flammen sprühenden Schrift vermutlich abkühlen wollen."

Mit jenem Wort im Handbillet, das die Maurer am meisten traf, nämlich die „Gaukeley", befaßte sich die Broschüre „Was ist Gaukeley oder vielmehr Was ist nicht Gaukeley? eine Gelegenheitsschrift da ein K. K. Patent . . . die Freymäurer betreffend zum Vorschein kam". Man hat diese Aloys Blumauer zugeschrieben, ohne daß es hiefür Beweise gibt. Der Zeitgenosse Full (Pseudonym) schrieb in seinen 1788 erschienen „Briefen über den gegenwärtigen Zustand der Litteratur" darüber, daß da bewiesen werden sollte, „daß der Kaiser selbst eines Gauklers Sohn sei". Als Zusammenfassung vermerkte Full: „So verwegen diese Broschüre geschrieben war, so ließ der Monarch doch den öffentlichen Verkauf zu . . ."

Merkwürdigerweise ordnete der Maurerbibliograph Georg Kloss das Pamphlet „Joseph der Zweite und die Freimaurer; was der Erstere getan hat, und die letzteren hätten tun sollen" ebenfalls Blumauer zu! Zur Verwunderung des Historikers Bragus (Gustav Brabbée) der in der „Allgemeinen österreichischen Freimaurer-Zeitung" (1877) schrieb: „Blumauer war Bornianer mit Leib und Seele, war Mitglied der Loge ‚Zur wahren Eintracht' resp. ‚Zur Wahrheit', war Mitarbeiter und eine zeitlang Redakteur der ‚Wiener-Realzeitung', war einer der eifrigsten Förderer der Freimaurerreform zu deren Verhimmelung er manch ‚tiefempfundenes' Lied sang, das seine Gesinnungsgenossen stets in pflichtschuldige Begeisterung mit obligaten ‚nassen Augen' zu versetzen pflegte – und Blumauer soll diese ‚ruchlose' Contra-Schrift geschrieben haben, die nichts anders ist, als ein den Reform-Anstiftern verabreichter, ganz gewaltiger, acht Seiten langer Nasenstüber?"

Ein Verfasser, dessen Name als Vater der „Eipeldauer-Briefe" bis in unsere Tage bekannt geblieben ist, Josef Richter, kein Freimaurer, trat zu diesem Zeitpunkt mit zwei Veröffentlichungen auf: „Gedanken eines Profanen über die jetzige Revolution des Freimaurer-Ordens" und „Briefe aus dem Himmel über die Freimaurer-Revolution in Wien". Diese den Freimaurern wohlgesinnten Beiträge erweisen sich vor allem in den „Himmels-Briefen" als überaus lesenswert. Da richteten Salomo und Ganganelli Schreiben an den Kaiser. Salomo nannte sich selbst den „Urgroßmeister aller Freimaurer" und beschwor den Monarchen, „suchen Euer Liebden zu verhüten, dass es zwischen meinen Bauleuten nicht zu Gewalttätigkeiten komme. – Was würde die Welt dazu sagen, wenn sich Meister und Gesellen, die am Tempel der Weisheit zu bauen vorgeben, Schürze und Kelle an den Kopf würfen". (Wie berechtigt diese „salomonische Sorge" war, sollte sich nur zu bald herausstellen.) Das dritte Schreiben richtete „Theophrastus an den Hofrat B(orn): Nachdem er (Paracelsus) sich recht derb über die irdischen Zustände nach seinem Tode, vor allem über das Erscheinen seiner „wirklichen Schriften durch Zusätze und Verdrehungen", ausgelassen hatte, leitete er auf ein überaus heikles Thema über: „Man erzählet hier, daß er (der Kaiser) den Freimaurerorden reformieren wolle, und setzt noch hinzu, daß Sie mein Herr Hofrat, nicht wenig dazu beigetragen hätten, den dabei eingeschlichenen Mißbräuchen und verjährten Gaukeleyen den Hals zu brechen." Paracelsus legte diesen Begriff anders aus und fuhr fort: „Auf diese Art aber müssen ja auch die Winkellogen, die sich . . . mit Goldmachen oder lieber mit Beutelschneiderei und Leutbetrügen abgaben, ein Ende nehmen." Und Richters Paracelsus sang dem Hofrat das Loblied: „Sie haben der Mutter Natur selbst den Schleier bis an den Gürtel aufgehoben und brauchen nur einen flüchtigen Blick auf die unter meinem Namen in der Welt ausgestreuten Skartecken (Scharteken) zu werfen, um sich zu überzeugen, daß diese unmöglich von einem Manne herkommen können, der wesentliche Naturkenntnisse besaß und in der höhern Chemie nur zu seinem Vergnügen Versuche anstellte, . . . daß ich mich zwar, weil ich Goldmachen für möglich . . . halte, mit der Chemie abgab, daß ich aber kein Gold und keine Lebenstinktur machen konnte, und daß ich, auch wenn ich es gewußt hätte, nicht der Narr gewesen sein würde, dieses nützlichste und zugleich schädlichste aller Geheimnisse dem Papier anzuvertrauen."

Die Oden an den Kaiser und die Briefe von der, zur und auf die Freimaurerrevolution ließen sich noch beliebig erweitern; mit der gebotenen kleinen Auswahl scheinen die wichtigsten zitiert.

Die Freimaurerreform, wie Franz Kratter sie sah

Franz Kratter, ein 1757 geborener Schwabe, Jesuitenschüler, kam Ende der siebziger Jahre nach Wien, studierte hier Rechtswissenschaft, soll Schüler von Sonnenfels gewesen sein und verdiente sich sein Brot als Sekretär des Fürsten Liechtenstein, ehe er zu literarischen Erfolgen kam. Er verfaßte unter anderem einen Hymnus auf den „Augarten von Wien". 1784 schrieb er „Der junge Maler am Hofe", eine deutsche Geschichte für Denker und Gefühlvolle, in der er Josephinisches Gedankengut verarbeitete. In diesem Jahr kam er mit der Freimaurerei in Berührung und wurde in die Loge „Zum Heiligen Joseph" aufgenommen. Er lernte auch Born kennen. Doch als dieser sich – nach der Illuminatenverfolgung in Bayern – mit seinen Briefen an den Kurfürsten Karl Theodor wandte, erwachte in Kratter alter Nationalstolz, er griff Born in einem

Pamphlet an – und reagierte enttäuscht auf das Verhalten des führenden Freimaurer dem „Handbillet" gegenüber. Er schrieb die polemischen „Drey Briefe über die neueste Maurer-Revolution in Wien". Im ersten Brief stand: „Die schreckbarsten Dinge sind oft darum nur schreckbar, weil sie unerwartet kommen. So kam gestern ein Patent zum Vorschein, das eine sehr schmeichelhafte Außenseite für die Maurerei hatte, aber im Grunde den unausbleiblichen Sturz derselben nach sich ziehen wird." Kratter unternahm eine Analyse der in dem Handbillet angewandten Ausdrücke: „Wie kann man das ... Gaukeleyen nennen, was man nicht kennt, was man nicht zu kennen verlangt, was man am Ende nützlich, des allgemeinen Schutzes würdig findet? ... Durch diese Gaukler wurde die Armut unterstützt ... Waisen erzogen, Talente gebildet, Künste und Wissenschaften empor gebracht ..."

Kratter erhob eine Anklage, die als gewichtiger Hinweis auf vermutbare Vorgänge zu erkennen waren: „Aber du wirst staunen, wenn ich dir sage, daß eben diejenigen ... die wir mit einem zärtlichen ... Ehrfurcht erfüllten Herzen im Brudernamen als unsere Obern, unsere Väter erkannten, die ersten am Verderben der Maurerei arbeiteten ... der Grosse ist nie wahrer Bruder der Kleinern. Sein Herablächeln, seine Verneigungen, seine süß klingenden Worte sind weiter nichts, als eine täuschende Maske ... aus viel solchen Leuten besteht unsere Landesloge ... herrschsüchtige Brüder ergriffen hier die gewünschte und von ihnen selbst veranlaßte Gelegenheit, die ganze Maurerei in eine ihrem Stolze, ihrem Eigendünkel, ihren Privatabsichten entsprechendere Gestalt umzuformen."

Kratters Anschuldigungen gingen ins Detail; so waren etwa die drei Stuhlmeister der neuzugründenden Logen schon „gewählt", diese wiederum wählten ihre Beamten, die mit ihnen gleicher Gesinnung sind. Nachdem so die neuen Logenführungen nach Gutdünken bestimmt waren, sollten nun die Brüder sich bei den Logen anmelden, „und ihre Einlassung oder Verwerfung hängt von der blinden Entscheidung der Ballote ab. O Pfui! Brüder sollen bei Brüdern ansuchen, um für Brüder erkannt zu werden! Sind wir Maurer nicht alle freie Maurer?"

Um ein solches Vorgehen zu erklären, gab man als Begründung: „Dies sei das einzige Mittel, die Gesellschaft von so vielen unedlen Maurern zu reinigen!" Darauf Kratters Vorwurf:

„Wessen Schuld ist es, als eure, daß ihr unwachsam, sorglos und gleichgültig genug ward, unedle als Brüder einzuweihen . . .“

Die weitere Entwicklung ging so vor sich, daß die acht in Wien bestehenden Logen übereinkamen, daß sie sich zu nunmehr dreien zusammenschlossen, und zwar so:

1. „Zu den Drei Feuern“ und „Zur Wohltätigkeit“,
2. „Zur Gekrönten Hoffnung, „Zum Heiligen Joseph“ und „Zur Beständigkeit“ (letztere widersetzte sich nachdrücklich der Neuballotage),
3. „Zur Wahren Eintracht“, „Zum Palmbaum“ und „Zu den Drei Adlern“.

Diese Konstellation brachte Schwierigkeiten, als sich die drei letztgenannten Logen einer Mehrheit von fünf andersdenkenden Logen gegenübersahen. Abafi vermerkt, daß diese drei Logen „beschlossen, durch den Landesgroßmeister dem Kaiser zu erklären, daß sie darum deckten (also aus dem Bund austräten), weil sie durch die Majorität verhindert worden seien, die Absichten des Kaisers zu erfüllen“.

Man verfiel auf kuriose Ideen, um die Situation auf irgendeine Weise zu meistern. Kratter: „Man wolle den durch die Ballote ausgeschlossenen Brüdern erlauben die Loge zu besuchen, nur können sie nicht als Mitglieder erkannt werden . . .“ Was einen Betrug des Kaisers bedeutete; ebenso der Vorschlag, „eine doppelte Liste einzureichen, nämlich eine der wirklich einverleibten, und eine andere der besuchenden Brüder“. Aus dem ist völlige Ratlosigkeit erkennbar. Unter den Namen, die Kratter in seinen Briefen nannte, schienen von Sonnenfels, Gemmingen, Liechtenstein, Paar und andere auf, also jene, „welche sich mit besonderem Anteil für das Wohl ihrer Mitbrüder“ einsetzten. Weniger gut kam Borns Loge „Zur Wahren Eintracht“ weg, wenn Kratter am Ende seines dritten Briefes bekannte, „daß ich mich schäme, mich seither zu einer Loge bekannt zu haben, die, weil sie sich gelehrter dünkte, als die übrigen, selbe zu beherrschen, ihnen Vorschriften zu machen . . . sich anmaßte, von der seit etlichen Jahren alle Unordnung, alles Unheil in der Maurerei herrührte“.

Ein merkwürdiger Vorwurf, daß eben von jener elitären Loge unter Borns Führung „alle Unordnung“ ausginge. Sicher hat sich die Loge durch publizistische Ambitionen in den Vordergrund gespielt, gewiß haben einige „Reformen" – etwa die Abhaltung der Übungslogen – Unruhe gebracht, aber eher eine positive, eine produktive Unruhe. Mag sein, daß Born, gehindert und gequält von seiner schmerzhaften Krankheit und den Fährnissen seines privaten Lebens einerseits, von einem gewissen Geltungsbedürfnis andererseits, bei Gesprächen die maurerische Organisation betreffend konzessionslos gewesen und sich manchmal diktatorisch gebärdet hat.

Kratter setzte sich wieder mit der kaiserlichen Schutz-Äußerung auseinander und formulierte: „Wenn der Staat einer Gesellschaft Schutz verleiht, und zugleich Eingriffe in die inneren Verfassung macht, was ist das anders, als ein lauter auffallender Widerspruch? Da nun die Freiheit . . . das stärkste Band . . . ist, da wir unter uns nie andere Gesetze erkannten, als die wir in vollen Versammlungen . . . selbst machten! so ist dies der unmittelbarste, unsern Bund in seiner tiefsten Feste erschütternde Eingriff in unsere Grundverfassung, wenn eine profane Macht einem unserer Brüder die Vollmacht erteilt, uns unbedingte Gesetze aufdringen zu können." Der Verfasser spielte darauf an, daß der Kaiser dem Landesgroßmeister Vollmacht eingeräumt hatte, „die Maurerei umzuschmelzen . . . wie er es immer für gut finden mag".

Landesgroßmeister Fürst Dietrichstein und sein Großsekretär von Born ließen sich, als sie erkennen mußten, daß ihre Reform nicht unwidersprochen bleiben würde, noch weitgehendere Vollmachten vom Kaiser erteilen. Damit hoben sie alle bisher gefaßten Beschlüsse auf, reduzierten die Logenzahl auf zwei, um so die Zahl jener Brüder, die aus dem Bund eliminiert werden sollten, zu vergrößern.

Diese neue Situation ergab, daß von den bis dahin registrierten etwa 600 Freimaurern in die nunmehr zwei Logen „Zur Wahrheit" und „Zur Neugekrönten Hoffnung" nur etwa 360 (!) Brüder „wiederaufgenommen" werden sollten. Der Rest mußte auf der Strecke bleiben. Als wahrhaft grotesk erwies sich der Ballotagemodus, welcher die Scheidung zu bewirken hatte: „Kraft der vom Kaiser erhaltenen Vollmacht ernannte der Landesgroßmeister für jeden der zwei neuen Logen vierundzwanzig Deputierte. Diese wählten aus ihrer Mitte den Meister vom Stuhl und die Beamten, und hatten das Recht die Mitglieder der vorigen Logen aufzunehmen oder abzulehnen.

Jeder neuakzeptierte Bruder hatte nun insoferne gleiche Rechte, als er über die Aufnahme weiterer Brüder mitstimmen durfte. – Der erste Ansuchende hatte also nur 24 Stimmen nötig. Der zweite bedurfte schon 25, jeder weitere um eine Stimme mehr, also der 180 Bruder 179 Stimmen zu seinen Gunsten! Das ist nun freilich ein Monstrum von Votierungs-Maschine" („Allgemeine österreichische Freimaurer-Zeitung", September 1877).

Wenn hier der Fortgang der sogenannten Maurer-Revolution den Franz-Kratter-Briefen folgend dargestellt wird, so deswegen, weil einerseits diese Briefe als „Epoche machend" bezeichnet und der Freimaurer-Zeitung nach „alle hierhergehörigen Geschehnisse mit historischer Treue und Gewissenhaftigkeit geschildert" wurden.

Vielen ehrlichen Freimaurern blieb keine andere Wahl, als dem Bund den Rücken zu kehren. Kratter notierte: „Die zwei Logen zum heil. Joseph, und zur Beständigkeit haben einstimmig gedeckt." Also sahen sich ganze Logen zur Resignation gezwungen. Es ist wie ein Aufschrei dieses merkwürdigen Mannes namens Kratter, wenn er schreibt: „Doch werde ich hier den sichersten Weg gehen, wenn ich zum Thron des Monarchen selbst appeliere! Er nahm ja die Maurerei öffentlich in Schutz, wie kann er zulassen, daß der von den Bevollmächtigten unterdrückten, hilflosen Bruderschaft alle Waffen sich zu verteidigen aus den Händen geschlagen werden?"

Ein Dokument der totalen Chaotisierung der innermaurerischen Zustände, da sich ein Maurer an den „Verursacher" dieses Zustandes um Hilfe zu wenden gedachte, weil die eigene Führung sich unmaurerisch verhielt!

Autodafé im Freimaurer-Casino

Als der Höhepunkt der Maurerrevolution fast erreicht war, ereignete sich ein Vorfall, den man bestenfalls als Tragikomödie bezeichnen kann. Hauptakteure dieses im März 1786 gespielten Stückes waren Ignaz von Born und Franz Kratter. Alle anderen Mitwirkenden mußten sich mit Nebenrollen begnügen.

Auslösende Momente: Kratters „Drey Briefe über die neueste Maurer-Revolution in Wien“ und dessen (nur dem Titel nach bekannte) Broschüre „Anmerkungen und Beleuchtungen“, die niemals das Licht der Öffentlichkeit erblickte. Darin ging es um die Briefe, die Born an die Bayerische Akademie der Wissenschaften geschrieben hatte.

In einer merkwürdigen Aufwallung von bayerischem Nationalstolz erregte Kratter sich über die „beleidigenden Anspielungen auf Ämter, Verordnungen und Verfassungen des Kurfürstentums“. Und ohne eigentlich auf die Illuminatenverfolgung und das freimaurerische Bekenntnis Borns einzugehen, steigerte er sich „als ein erzogener Bayer, als Verehrer des Kurfürsten“ so sehr in Rage, daß er sich hinsetzte, das Manuskript „Anmerkungen und Beleuchtungen“ verfaßte, welches er anonym zu veröffentlichen gedachte. Da er aber auch ein Honorar erhoffte, ergaben sich daraus freilich erhebliche Schwierigkeiten.

Orte der Handlung: verschiedene Schauplätze in Wien und das schon genannte Freimaurer-Casino in der Leopoldstadt. Kratter selbst schilderte die Ausgangssituation: „Ich weis nicht, was für ein unseliges Mißgeschick mich an den Biedermann Hartl adressieren ließ.“ (Hartl oder Hartel war Buchdrucker und Bruder der Loge „Zur Wahren Eintracht“.) „Ich schickte ihm mein Manuskript durch die kleine Post und forderte das mäßigste Honorarium von der Welt; . . . ich setzte in einem beigelegten Briefe folgende Bedingnisse: Wenn Hartl das Manuskript zu verlegen Schwierigkeiten finden sollte, selbes ohne Verzug unter der Adresse: An Ignaz Berger (!), auf der kleinen Post abzugeben. Und weil ich gleich hinzufügte, daß ich durch mein Manuskript nicht gerne Mutmaßungen gegen mich oder einen andern veranlassen möchte, so verstand sichs von selbst, selbes in keine fremden Hände geben zu dürfen ..."

Aus dem Dunkel des Geschehnisortes ist während der letzten Worte ein nicht näher beschreibbarer Mann hervorgetreten, der ebenfalls ein Pamphlet in Händen hielt. Titel: „Authentische Beylage zur Geschichte des Kratterschen sogenannten Auto-da-fé. Von Eckhardt. Wien, zu finden bey Sebastian Hartel in der Singerstraße. 1786". Er begann daraus vorzulesen: „... es war das bekannte kaiserliche Handbillet, die Maurerey betreffend, erschienen, und kurz nach demselben wurde eine Menge fliegender Blätter ins Publikum geworfen; die ... raisonierten und deraisonierten, bald lobten, bald tadelten, bald schimpften. Zu der letzteren Klasse gehörten die bekannten ‚Drey Briefe über die neueste Maurer-Revolution in Wien'. Der Verfasser derselben gab sich das Ansehn, als ob er bei allen Versammlungen ... in Person gegenwärtig gewesen wäre und erlaubte es sich, den ganzen Verlauf dieser Beratschlagungen mit einer sichtbaren Zudringlichkeit, Bitterkeit und Anzüglichkeit dem Publikum ... gedruckt vorzulegen. Seine derbsten Streiche fielen auf D(ietrichstein) und B(orn) ... Man forschte nach dem Verfasser. Es taten sich Beweise hervor. Als der Verfasser ... erfährt, daß diese Sage von ihm umlaufe, stellte er sich sehr erstaunt ... und bat einige seiner Bekannten, den Hrn. v. B. zu versichern: daß sein Herz einer so abscheulichen Niederträchtigkeit gegen einen Mann, den er so sehr schätzte ... nie und nimmer fähig wäre. Dies geschah am Vierten des Monats März. Hr. v. B., der von jedem immer nur das beste zu glauben gewohnt ist ... läßt, um ihm zu zeigen, daß er ganz von jenem Verdachte zurückgekommen sei, den darauffolgenden Montag, als den Fünften, ihn zu einer Tafel, die den Zehnten eben desselben Monats gegeben werden sollte, einladen. – Den Tag darauf, wird dem Hrn. v. B. von dem Buchhändler ... H(artl) ein Manuskript zugeschickt, welches mit folgendem Billet an ihn gekommen ist: ‚Ich überschicke Ihnen ein Manuskript von dem Sie, wenn Sie selbes zum Druck befördern, eines wichtigen Vorteils gesichert sind. Das Honorarium ist 6 Dukaten. Ich hoffe bis Montag auf der kleinen Post entweder mein Manuskript oder das Honorarium abholen zu können. – Indessen kann ich Ihnen nur unter diesem Bedingnisse dasselbe überlassen, daß Sie mir nach geendigtem

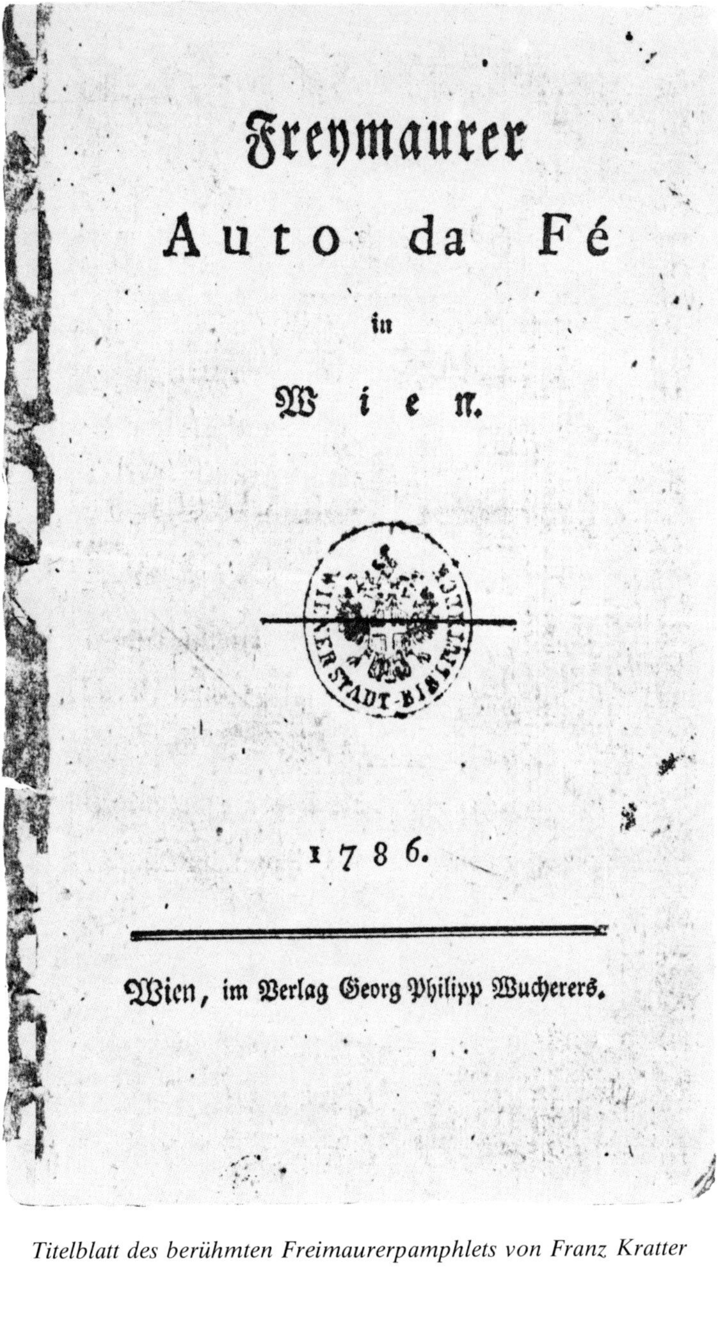

Freymaurer

Auto da Fé

in

Wien.

1786.

Wien, im Verlag Georg Philipp Wucherers.

Titelblatt des berühmten Freimaurerpamphlets von Franz Kratter

Druck sowohl diesen Brief als auch das Manuskript wieder zurücksenden, weil ich auch nicht durch meine Hand(schrift) Mutmaßungen gegen mich oder einen andern veranlassen will. Die Adresse ist für jeden Fall »An Herrn Ignatz Berger«.'"

Nun wieder Kratter ins Rampenlicht, der während Eckhardts Lesung eifrigste Notizen machte, die er „Kratter an den verkappten Eckhardt zur Zurechtweisung seiner authentischen Beylage zum Freymaurerautodafé" nannte (und bei Georg Wucherer verlegte). Laut und deutlich begann er: „Ich erkundigte mich sorgfältig, wer der Mann ist, mit dem ich vor den Augen des Publikums zu tun habe ... So sehr es auch der Zweideutigkeit unterworfen ist, daß Sie sich hinter einem erdichteten Namen verstecken wollen, so sehr ists zugleich Beruhigung für mich, daß ich zwar mit einem versteckten, aber auch mit einem nicht sehr mächtigen ... Feinde zu tun habe ... Ihre ‚Authentische Beylage' ist ein Kette von Erdichtungen, von verleumderischen Lügen! ... Ich werde Sie darüber Punkt für Punkt zurechtweisen!"

Zu der Behauptung, er habe Born versichert, er wäre zu einer so abscheulichen Niederträchtigkeit, der Verfasser der „Drey Briefe" zu sein, nicht fähig: „Ich habe vor der Einladung nie daran gedacht Born eine Versicherung sagen zu lassen." Mit Nachdruck kam er auf die Frage der Datierung: „Die Einladung geschah am nämlichen Tage, an dem mich Born durch seinen Spion als den Verfasser des aufgefangenen Manuskriptes entdeckte." Und um auf diesen Vorgang detailliert zu kommen, wechselte Kratter das Manuskript und zitierte wieder aus dem „Freymaurer Auto da Fé in Wien": „Hartel lief gerade Wegs mit meinem Manuskript zu Br. B(or)n und beging damit einen schändlichen Verrath ... B. also hielt das Manuskript zurück, schickte das verlangte Honorarium durch Hartl auf die kleine Post und ließ zugleich seinen Lakei ... bei selbiger spionieren, wer das Geld abholen würde? – Der es abholte, war ich selbst ... Noch den nämlichen Tag schickte Br. Born und bat mich, nächsten Freitag im Freimaurercasino sein Gast zu sein."

Jetzt erhob wieder der mit dem fingierten Namen Eckhardt seine Stimme: „Hr. v. B. glaubte, daß der Verfasser des Manuskripts, da er in seinem Billet so sichtbarlich den stärksten Akzent auf die sechs Dukaten legte, bloß geschrieben habe, um diese zu verdienen, er sandte also dieselben unter der Adresse

Ignaz Bergers auf die kleine Post, ließ aber zugleich acht geben, wer solche abholte. Sie wurden wirklich abgeholt, aber nicht von Ignaz Berger, sondern vom Hr. Franz Kratter. Dies geschah den siebenten März . . . Hr. v. B. schickte zum Verleger und ließ die Handschrift des oben mitgeteilten Billets mit der Handschrift desjenigen vergleichen, welches mit dem Manuskripte der Drey Briefe an den Verleger gekommen war und es fand sich, daß beide Handschriften völlig gleich und übereinstimmend waren, nur daß sich der Verfasser hier nicht Ignaz Berger, sondern Joseph Iman unterzeichnet hatte."

Kratter wandte sich dem Eckhardt zu: „Fürs Erste ist es höchst unwahrscheinlich, daß H. v. B. aus eigenem Antrieb, aus blos edelmütiger Gastfreundschaft, ohne irgend eine Veranlassung, gerade am fünften März, da schon am vierten das aufgefangene Manuskript an Hartl abgeschickt war, zu einer zahlreichen Tafel von etlich dreissig Personen einladen sollte. Fürs Zweyte aber hab ich unwidersprechliche Beweise, daß diese Einladung wirklich am siebenten März, den sie selbst für den Tag der gemachten Entdeckung angeben, geschah. Denn der Mann, zu dem man ins Gewölb kam, um mich zu H. v. B. rufen zu lassen, hielt es für eine Sache von Wichtigkeit und suchte mich . . . in einem Gasthofe auf, wo ich gewöhnlich speiste. Wir saßen fünf Personen an einem Tische, Sie erinnern sich . . . und sind bereit, ein einstimmiges Zeugnis darüber abzulegen . . . Zudem haben Sie durch eine unbehutsame Verrechnung Ihre ganze Angabe von selbst verdächtig gemacht. Der fünfte März fiel auf keinen Montag, sondern auf einen Sonntag. An einem Sonntag kann man zu keinem Manne ins Gewölb schicken." Und nach einem neuerlichen Manuskriptwechsel setzte Kratter fort: „Den andern Tag abends traf mich besagter Freund und sagte: Br. B(or)n habe vernommen, ich glaube, er halte mich für den Verfasser der Briefe über die neueste Maurerrevolution. Er lasse mich aber versichern, daß dem nicht so sei. Ich erwiderte ihm, daß mir dies die angenehmste Nachricht von der Welt wäre . . ." Eckhardt: „Nun war es also gewiß, daß der Verfasser der Drey Briefe, der Verfasser jenes Manuskripts, das Herr Hartl ausgeliefert hatte . . . eben dieser Franz Kratter sei. Sollte man es glauben, dieser Mensch hatte . . . dennoch die Stirne am zehnten März bei der Tafel zu erscheinen."

Kratter steigerte seine Lautstärke: „Die Hälfte der geladenen Gäste war schon versammelt ... Endlich kam auch Br. B(or)n ... Ich machte meine Verneigung. Es kostete ihn Zwang, mir zu danken. Man setzte sich zur Tafel. Der, der sich gegen mich zum Spion brauchen lies, nahm ... an meiner Seite Platz ... Nach geendigter Tafel machte Br. B(or)n, als Meister vom Stuhl, einen Schlag ... machte sogleich eine ziemlich unrednerische Transgression auf seine zwey Briefe, die er nach München geschrieben, um aus der Liste der Akademiker ausgestrichen zu werden, zog mein aufgefangenes Manuskript aus der Tasche und las mit besonderer Auswahl einige Bruchstücke aus meinen zur Erläuterung seiner Briefe hinzugefügten Noten. Ich saß ruhig und unbetroffen ... Der Landesgroßmeister (Fürst Dietrichstein) brach während der Vorlesung etlichemale in eine Art von Wut ... aus, drohte mit Prügeln und warf mit, Gott weiß! was für Gewalttätigkeiten um sich. Das alles mußte mich angehen ... Br. B(or)n versicherte nun, daß ihm kein Zweifel übrigbleibe, im Verfasser des aufgefangenen Manuskripts auch den Verfasser der Briefe über die neueste Maurer-Revolution zu entdecken und legte der Gesellschaft zwey Punkte zur philosophischen Beratschlagung vor, nämlich: den Verfasser ausfindig zu machen und dann zu beschließen, was man mit dem ausfindig gemachten Verfasser anfangen sollte. Er sammelte die Stimmen für die Entscheidung des ersten Punktes ... Endlich traf auch mich die Reihe ... Meine Antwort war: ‚Hochwürdiger Meister! Ich danke Ihnen für Ihre Einladung. Da ich aber von Ihrer Verbindung (Loge) nicht bin, so kann ich hier keine Stimme haben.‘ Ganz gewiß das Natürlichste, was ich hier sagen konnte, aber zugleich auch lange nicht das, was man von mir erwartete. ‚Meine Brüder‘, fuhr Br. B(or)n mit einer Miene der ersten Staatswichtigkeit fort, ‚wir haben auch den Verfasser schon entdeckt. Er ist sogar unter uns. Er hat mit dem Meister in die Schüssel getaucht und dieser ist (mit dem Finger auf mich deutend) Bruder Kratter!‘ – Wer um diese Komödie wußte, stellte sich in diesem Augenblick betroffen und wer nichts wußte, war es wirklich ... Man hatte mich meuchelmörderischer Weise in diese Gesellschaft gelockt. Sechs handfeste dienende Brüder standen nicht weit hinter mir. Ich wußte nicht, war ein einziger unter dieser Gesellschaft, der ein solches Verfahren mißbilligte ... Ich leugnete also und wer verdenkt mirs, daß ich da noch leugnete, als man mich mit meinem wackern Nachbar konstituierte ... Ich warf im Angesichte der ganzen Versammlung dem Br. B(or)n vor, daß er mich unter der Versicherung, er halte mich nicht für den Verfasser der Briefe über die neueste Maurer-Revolution, habe einladen lassen. ‚Ja', sagte der edle Maurer, ‚daß tat ich nur, um Sie um so sicherer hieher zu kriegen.' Der Landesgroßmeister drohte mir nun sogar, mich um meine Bedienstung zu bringen. Freilich eine eitle, aber eines Maurers höchst unwürdige Drohung! Am Ende wurde er im Eifer so vertraut, daß er mich mit Er betitelte. Um der Sache ein Ende zu machen, sagte ich mit Bedeutung: ‚Ich bin keines (Bruders) Er!' nahm Hut und Mantel und empfahl mich der brüderlichen Gesellschaft."

Auf Kratter weisend, donnerte Eckhardt mit anklagender Stimme: „Es hat ihm gefallen, die Geschichte seiner Entlarvung unter dem Titel ‚Auto-da-fé' mit eigener Hand bekannt zu machen, zu erweitern, und eben dadurch von der Wahrheit zu entfernen ... Derjenige Teil des Publikums, welcher der Erzählung glaubt, wird ihn bedauern, aber dennoch sich vor ihm hüten, und der andere Teil des Publikums, der dieser (also der Eckhardts) getreuen und ungeschmückten Darstellung des ganzen Verlaufes Glauben beimißt, wird ihm nicht glauben und ihn zugleich verachten."

Aller Hohn lag in der dennoch zitternden Stimme Kratters: „Was für Rechte hatten denn diese Herren an mich? Vielleicht, weil sie mich für den Verfasser der Briefe über die neueste Maurer-Revolution halten? – Aber sind sie dessen gewiß? – Und wenn sie's auch wären? – Diese Briefe sind auf allerhöchste Bewilligung erschienen. Enthalten sie Wahrheit, was können da die Herren anders als schweigen und sich schämen? Enthalten sie Lügen, warum widerlegen sie selbe nicht? ... Oder weil ich der Verfasser der Anmerkungen zu den Briefen des Br. B(or)n bin? – Sie existieren bloss im Manuskript ... Oder weil ich Freymaurer bin? – Aber ich bin ja nicht Mitglied ihrer Loge. Ich bin mit meinen Brüdern bei der neuen Revolution ganz vom hiesigen Maurerzusammenhang ausgetreten und erklärte ... daß ich die jetzige Verbindung nie für echte Freymaurerey erkennen werde, weil man in ihr ganz von der Grundverfassung einer freien Gesellschaft abgegangen ist."

Damit fiel der Vorhang.

Nochmals Born und Kratter

(Zitate aus zwei anonym erschienenen Pamphleten)

Aus „Über Kratters Auto da Fé. Da wir zählen 1786“: „Joseph wußte, daß seine besten Köpfe, seine vortrefflichsten Minister, ja sein großer Vater selbst zu dieser Klasse gehörten. Er wußte, daß Gelehrsamkeit, Menschenliebe und Wohltätigkeit durch diese Männer immer mehr verbreitet werden, ... und da er dies alles wußte, so war seine Absicht, diesem Orden dadurch seinen ursprünglichen Glanz und Güte wieder zu geben, daß er sie öffentlich seines Schutzes würdig erklärte ... Daß Joseph dies tat, mußte jedem echten F(rei) M(aurer) angenehm und erwünscht sein ... Leider aber, daß die Güte des Monarchen so sehr gemißbraucht wurde; leider, daß die Großen des Ordens aufstunden, und ihren BBr. (Brüdern) despotische, unmaurerische Gesetze vorschrieben; leider, daß man sich in den Augen der profanen Welt in einem so häßlichen Licht zeigte! – Aber mehr als leider, daß ein Kratterisches Auto-da-Fé dadurch entstehen mußte. O! wie bedaure ich einen großen B(orn), A(lxinger) u. s. w., daß die Leidenschaft sie zu Werkzeugen einer so schrecklichen Geschichte brachte. O! wenn ihr wüßtet, wenn ihr hörtet, wie die Bewohner Wiens Mitleiden mit eurem rechtschaffenen Br. Kratter haben, wenn ihr wüßtet und hörtet, wie das Publikum über diese Geschichte raisoniert ...

Ihr seid doch so große Männer, so große Gelehrte, immer eifrige Maurer gewesen; wie hat euch auf einmal alle Philosophie, Klugheit und Bruderliebe verlassen?“

Aus „Kratter, B..n & Socii. Wer die Wahrheit geigt, dem schlägt man den Bogen um's Maul. Leider anno 1786“: „Hier haben Sie ein Manuskript, das Honorarium schenke ich Ihnen, es könnte mir sonst gehen wie dem armen Kratter ...

Brüder! (womit ich alle Menschen meine) ... weint mit mir über die entheiligten Rechte des Ordens. In Wien, wo er einst so sehr blühte, ... ist er zur dichterischen Fechtbahn, zum Schauplatz elend flimmernden Witzes, zum Mittelpunkt von Verfolgungsgeschichten geworden, die selbst verbrennende

Inquisitoren nicht schrecklicher ersinnen können. Armer Kratter! mußtest Du das erste Opfer sein?

Kratters Leugnen kann ich ihm nicht ganz verzeihen: freilich wüßte ich selbst nicht, was ich im Augenblicke einer solchen Betäubung getan hätte; denn wer würde nicht wie vom Schlage gerührt sein, wenn er glaubte mitten unter Freunden zu sitzen und auf einmal sich unter Verräter(n) befände! Nur dieser Fall entschuldigt ihn . . . zur Dir großer, gelehrter B(orn) . . . (ich) kann Dir, gewiß wider Dein Vermuten, sehr wenig sagen. O wie schwach, wie hinfällig sind des größten Menschen Sinne, so hinfällig, wie morsche, wie modernde Gebeine. Satis est."

Die persönliche Entscheidung des Joseph von Sonnenfels

Um eine der wichtigsten Persönlichkeiten der Loge „Zur Wahren Eintracht" wurde es während der „Revolutionsepoche" auffallend still. Ohne auf ein Dokument verweisen zu können, scheint es, daß es zu einer Entfremdung zwischen Sonnenfels und Born gekommen ist. Als am 6. Jänner 1786 die neue Einheitsloge „Zur Wahrheit" eröffnet wurde, schien der Name Sonnenfels auf der Präsenzliste *nicht* auf, und in den nächsten Monaten fehlte sein Name weiterhin.

Im Sitzungsprotokoll des Beamtenkollegiums vom 19. Mai, bei dem auch die Finanzprobleme besprochen wurden, hieß es: „. . . der hochwerte Br(uder) Sonnenfels, welchem wie allen übrigen der Bogen zugeschickt worden, um fürs zweite Quartal den Anteil der Summe zu bezahlen, wozu sie sich dieses Jahr schriftlich verbunden hätten . . . hat Br. Sonnenfels melden lassen, er wolle schon sehen, was wegen des Beitrages zu tun sei. Das von ihm bisher gehaltene FM-Journal (dessen Mitbegründer er war), habe er zurückgeschickt, mit der Erklärung, daß er es nicht mehr brauche." (!)

Da es damals zahlreiche Brüder gab, die sich der Teilnahme an Zusammenkünften ebenso wie der Zahlung der Beiträge enthielten, wurde in diesem Kollegium beschlossen, es „der Loge anheimzustellen, ob es nicht rätlich sei, diese Brüder, welche sich doch selbst freiwillig und eigenhändig jeder zu einem Beitrag verbunden hätten, an ihre Zusage mit dem Beisatze zu erinnern, daß die Verweigerung des versprochenen Beitrages als für ein stillschweigendes Decken angesehen werden würde".

Derartige Logenbeschlüsse konnten nur gefaßt werden, wenn sich die Fälle von „Verweigerungen" häuften und eine sukzessive Auflösung signalisierten. Was Sonnenfels betraf, gab der Logensekretär in der Sitzung vom 28. Juli 1786 offiziell bekannt, „daß Bruder Sonnenfels gedeckt habe, daher von wegen des Quartalsbeitrages nicht mehr anzugehen ist". Wir wissen nicht, welche unmittelbare Rolle Sonnenfels, der von Joseph II. geschätzt wurde, im Zusammenhang mit der Reform gespielt hatte. Die Auswirkungen jedenfalls hat Sonnenfels nicht mitgemacht und – zweifellos aus innerer Überzeugung – die Konsequenz daraus gezogen.

Von Bedeutung, wenn auch noch ungeklärt, ist in diesem Zusammenhang eine briefliche Äußerung Borns vom 2. August 1786, die E. Rosenstrauch in der Königlichen Bibliothek Kopenhagen im Münter-Nachlaß auffand: „Die Sachen haben sich bei uns sehr geändert. Ich bin fest entschlossen, die ganze M(aurerei) aufzugeben; Sonnenfels ist zum Verräter geworden."

In ihrem Münter-Buch „Freimaurer, Illuminat, Weltbürger" geht E. Rosenstrauch dieser Frage nach und vermutet als „Ursache für Sonnenfels' Verhalten die Loyalität gegen die Familie seiner Gönner und Förderer, der Fürsten Dietrichstein . . . Die Verantwortung für die berüchtigten Formulierungen im Handbillet des Kaisers war schon in der zeitgenössischen Broschüre ‚Was ist Gaukeley?' eben diesem Dietrichstein angelastet worden."

Darüber hinaus wurde festgestellt, daß Sonnenfels schon 1784 Kaiser Joseph II. eine Namensliste der Illuminaten hat zukommen lassen wollen, was offenbar von hohen Beamten der Hofkanzlei verhindert worden ist.

Das Ende der großen Träume

So sehr Born an der Reform des Freimaurertums engagiert war, die Ereignisse in der Folge des Handbillets schienen die Ideenträger der Neuerungen zu überfordern. Alle Versuche, dennoch zu einem tragbaren Ergebnis zu kommen, muten wie Augenblickseinfälle an, denen kein durchdachtes Konzept zugrunde lag. War der Widerstand einer so großen Zahl von Brüdern nicht erwartet worden? Hatte man sich die Abwicklung absolutistischer vorgestellt? Die kurzfristigen Änderungen in den Vorgangsweisen ließen eine solche Annahme zu. Auch das Verhalten im Fall Kratter paßte in diesen chaotischen Zustand.

Die beiden Sammellogen „Zur Wahrheit" und „Zur Neugekrönten Hoffnung" erwiesen sich als Verlegenheitslösung. Sie hatten weder eine echte maurerische Basis noch wissenschaftliche Ambitionen. Daran änderte auch nichts, daß man Born wieder zum Meister vom Stuhl der „Wahrheit" machte. Er unterfertigte 1786 eine Mitgliederliste, die 277 (!) Namen enthielt.

Man hatte eine organisch gewachsene Einheit, die sich deutlich formulierte Ziele gesetzt und teilweise erreicht hatte, gewaltsam zerstört und versuchte nun, aus verbliebenen Teilen ein neues Ganzes zu kitten. Ein Vorhaben, das scheitern mußte.

Auch Born war geschwächt, vor allem durch seine latente Krankheit, aber auch durch nun auftretende Mängel in der Auswertung seines Amalgamationsverfahrens. Dazu kamen private Sorgen: Tochter Maria hatte 1786 den Grafen Bassegli geheiratet und war nach Ragusa gezogen. Ihre überaus distanzierte Aufnahme durch die eingesessene Adelsfamilie bereitete ihm großen Kummer.

Endlich resignierte Born als Freimaurer und reichte im Herbst 1786 sein Gesuch um Deckung ein, die ihm gewährt wurde. Mit seinem Weggang hatte die Maurerei ihre Seele verloren. Fast alle seine Mitstreiter folgten ihm: Alxinger, Anselme, Leon, Ratschky, Retzer und andere. Der Traum, im Rahmen der Maurerei eine akademieähnliche wissenschaftliche Institution zu erreichen, war ausgeträumt. Kaum ein Jahr später sistierte die Loge „Zur Wahrheit" ihre Arbeiten auf unbestimmte Zeit. 1789 löste sie sich auf.

Mozarts Stammbuch – letzte Freimaurerkompositionen

Mozart blieb dem Bund der Freimaurer auch nach den einschneidenden Veränderungen treu und gehörte der Einheitsloge „Zur Neugekrönten Hoffnung“ bis zu seinem Tode an. Noch einmal kann ein Nachweis erbracht werden, daß Mozart und Born Kontakt hatten, als dieser nämlich am 27. April 1787, lateinisch, Mozart ins Stammbuch schrieb:

„Dulcis Apollo! qui tuas artes, tua munera Mozarto nostro dedisti, ut poscenti chorda sonos reddat, quos vult manus et mens, auctos, graves, citod, tardos, canoros, querulos, magnos, parvos, sine ulla offensione concinentes; fac ut cum grata, suae musica faustorum diesrum numeri consonent, et grata sortis harmonia.
Ignatius a Born“

(„Süßer Apollo! der du deine Künste, deine Gaben, unserem Mozart geschenkt, daß die Saite dem Fordernden jene Töne gebe, die seine Hand und sein Geist wünscht, hohe und tiefe, schnelle und langsame, heitere und ernste, lange und kurze, die alle im Einklang zusammenstimmen, bewirke (Apollo), daß mit der erwünschten Musik seine Leier auch die Zahl seiner glücklichen Tage und die Harmonie eines erwünschten Geschicks übereinstimmen.“)

Borns Wünsche hatten nur in bezug auf das Schaffen des Meisters Erfolg gebracht. Die „glücklichen Tage“ erfüllten sich weder für Mozart noch für den Wünschenden. Bis an sein Lebensende aber komponierte Mozart auch weiter für seine Loge. Vermutlich drei Werke stammen aus dem Jahr der „Zauberflöte“, 1791, das sowohl Borns wie Mozarts Todesjahr war: Im Juli schrieb er die kleine deutsche Kantate „Die ihr des unermeßlichen Weltalls Schöpfer ehrt“ (KV 619) nach einem Text, den der Kaufmann Franz Heinrich Ziegenhagen gedichtet hat. Noch am 15. November komponierte er auf einen Text von Schikaneder die Kantate „Laut verkünde unsre Freude“

(KV 623) und dirigierte sie drei Tage später zur Einweihung des neuen Tempels seiner Loge.

In der Erstausgabe eben dieses Werkes fand sich als Anhang (KV 623a) der Chor „Laßt uns mit geschlungenen Händen“, betitelt „Zum Schluß der Loge“. Diese Melodie, die manche Forscher (u. a. H. C. Robbins Landon) als nicht von Mozart bezeichnen, ist heute die Österreichische Bundeshymne!

Naturforscher in einer bedeutsamen Zeit

Man muß es sich vor Augen halten: Noch wenige Jahrzehnte, bevor Born und mit ihm zahlreiche Männer Montanistik, Mineralogie und Chemie als zukunftsweisende und vielfach verwert- und anwendbare Wissenschaften erkannten, waren die „Chymiker“ vorwiegend an Goldmacherei und an der Findung des „Steines der Weisen“ interessiert. Eine Welt, in der Scharlatane, Gaukler und Betrüger seuchenartig agierten.

Auch eingefahrene Meinungen und Theorien – wie etwa die vom Phlogiston (nach der ein so genannter Stoff aus jeglichem brennbaren Körper entweiche) – mußten durch beweisbare, in Laboratorien vollzogene Versuche überwunden und durch Erfahrungssysteme ersetzt werden. Ein gewaltiger naturwissenschaftlicher Aufbruch setzte ein, ausgelöst durch das Wollen der Aufklärung. Tatsachen sollten unbeweisbare Spekulationen ablösen. Nicht übersehen darf jedoch bei derartigen Beurteilungen werden, daß das Wissen (etwa um zahlreiche Elemente) in vielen Bereichen noch sehr mangelhaft war.

Eine Reihe engagierter Wissenschaftler, deren Namen heute nur noch Fachleuten bekannt sind, erweiterten durch intensive Arbeiten die Kenntnisbereiche. In diese Zeit fiel Borns Wirken. Seine ausgedehnten Mineralienbestände und seine Sammelleidenschaft waren keineswegs ein Zeitvertreib, dahinter stand systematisches Ordnen, das bewußte Ausweiten schon bestehender, als praktikabel erkannter Systeme.

Paul Hofer schrieb in seiner verdienstvollen Arbeit über Born: „Im System Borns fällt vor allem die Abgliederung der

Gesteine von den Mineralien auf, die aber nicht vollständig durchgeführt ist, denn der Basalt steht nach wie vor bei Quarz. Auch die Salze sind viel deutlicher, als selbständige Klasse, hervorgehoben und werden gut in saure und alkalische unterteilt. Bei den Metallen stimmen beide Systeme im großen und ganzen überein. Auch die brennbaren Minerale (Phlogista mineralia) faßt Born als eigene Klasse zusammen . . . Borns System verrät im Vergleich zu früheren mehr den Grundsatz, als Gruppierungskriterium nicht mehr so sehr das Aussehen, sondern den chemischen Aufbau, soweit er bekannt war, zu verwenden."

Born wußte, daß in der Mineralogie noch viel geforscht werden mußte und diese hinter anderen Disziplinen weit zurücklag. So vermerkte er in seinem Aufsatz „Mineralogische Bemerkungen aus den neuesten Reisebeschreibungen gezogen": „Mit einer Art von Eifersucht habe ich oft den schnellen Fortgang, welchen die Kräuterkunde, und die Zoologie seit wenigen Jahren in Europa gemacht hat, bewundert; und dann traurig auf mein Lieblingsstudium – die Mineralgeschichte – hingesehen, die noch sehr große Schritte zu machen hat, wenn sie nur die itzige Vollkommenheit der ersteren erreichen will . . . wo haben wir auch nur eine einzige vollständige Mineralgeschichte aufzuweisen, die man den zahlreichen Floren fast aller Länder an die Seite setzen könnte?" – An einer anderen Stelle dieser Arbeit äußerte Born sich über die Methodik in der Forschung und tat das in aufklärerischem Sinn: „Vielleicht ließen sich viel Streitigkeiten in . . . der Naturlehre und Naturgeschichte beylegen, wenn man die Gegenstände mit kälterem Blut betrachten, nicht aus den einzelnen Wahrnehmungen und aus Vorurtheil für seine gefaßte Meynung, auf das Ganze schliessen, und auf diese Art der Natur die Weise vorschreiben wollte, nach welcher sie arbeiten solle, anstatt ihr die Kunstgriffe abzulauschen, nach denen sie wirklich arbeitet."

Für seine Zeit war Born ein international anerkannter und geachteter Wissenschaftler, der seine Würdigungen in den zahlreichen Mitgliedschaften ausländischer Universitäten und Gesellschaften erhielt. Ein „Denkmal" wurde ihm von Haidinger dadurch gesetzt, daß dieser das Buntkupfererz (Erubescit, von erubescere: erröten, „wegen des Anlaufens mit rötlicher Farbe") nach ihm BORNIT benannte.

Born war ein exakt denkender Mann, der alle damals gebräuchlichen analytischen Methoden kannte und zur Erhärtung seiner Erkenntnisse auch probierte. Es ist heute schwer nachweisbar, inwieweit Intuition ihn bei seinen Arbeiten leitete, in seinen praktischen Nachweisen allerdings war er kompromißlos. J. J. Ferber berichtete: „Wenn ich nicht wüßte, daß Hr. v. Born beinahe zwei Jahre hindurch in einem eigenen, in einer Vorstadt bey Wien gemiethetem und eingerichtetem Laboratorio viele Versuche . . . angestellt hat, die ihm gegen 20.000 fl. gekosten haben . . ."

P. Hofer ist auch die Auffindung eines Dokumentes zu danken, aus dem hervorgeht, „daß Hofrat Born zur Bearbeitung und Raffinierung des Amalgamationsprozeßes sich des hiesigen Apothekers, zugleich Lehrers der Naturgeschichte an der Realschule, namens Bonsaing zu gebrauchen pflegte". Franz Xaver Bonsaing betrieb die Apotheke „Zum Tiger" in der Alservorstadt (heute Alser Straße 12). Es ließe sich leicht denken, daß Born Bonsaing, der Freimaurer war, bewog, diese Apotheke zu übernehmen und dann dort die Versuche machte.

Zwei Tatsachen entnehmen wir daraus: daß Born seine Entdeckungen systematischer Arbeit verdankte und daß er dafür auch bereit war, erhebliche Geldmittel einzusetzen.

Von der Amalgamationsmethode

Borns Forschertätigkeit führte zu einer neuen Methode, durch welche aus den Erzen das darin enthaltene Gold und Silber auf einem raschen und billigen Weg geschieden werden konnte. Das bisher zur Anwendung gekommene Schmelzverfahren war langwierig und kostenintensiv und die Ausbeute oft unterschiedlich. Abgesehen davon, daß der dafür nötige Aufwand an Blei und Holz enorm war – und die beschäftigten Arbeiter gesundheitlich gefährdete!

Sobald Born von der Richtigkeit seiner Methode überzeugt und eine kommerzielle Auswertung möglich war, richtete er im

Oktober 1784 seinen Vorschlag an den Kaiser: „Unterzeichneter hat ... unzählige Versuche auf seine eigenen Kosten angestellt, um ... eine andre Manipulacion einzuführen, wodurch aus den schmelzwürdigen Erzen das Gold und Silber auf eine viel einfachere und mindere kostbare Art gebracht werden könnte. Er hält sich überzeugt: diese Methode nun ganz ausgefunden zu haben, durch welche:

pmo die Kosten ... vielleicht auf ein Halbscheid herabgesetzt;

2do Alles Bley, das bey diesen Arbeiten verbrannt wurde, ersparet;

3tio von dem bisher zu diesem Schmelzen erforderlichen Holze ein sehr grosser Theil und alle Kohlen ganz erübriget ...

Unterzeichneter ist erbietig hier in Wien in Gegenwart aller Verständigen auf seine Kosten eine Probe abzuführen ... Er erbittet sich aber im Gegentheile von Eurer Majestät die Versicherung: daß ihm der vierte Theil der im ersten Punkte bemerkten Ersparung von allen königlichen und privat Werken innerhalb der kayserlichen Staaten, wo diese Methode eingeführt werden würde, zufliessen solle."

Damit hatte Born nicht nur die Vorteile des von ihm entwickelten Vorganges an höchster Stelle bekannt gemacht, er hatte auch seine finanziellen Erwartungen dargelegt. Nach dem über das Hofkammerpräsidium führenden Amtsweg und einem erfolgten Vortrag beim Kaiser erließ dieser die Resolution: „Da ein jeder Rath in jenem Fache, wo er dem Landesfürsten dient, all möglichen Nutzen zu verschaffen verpflichtet ist, so folgert sich von selbsten, daß Born die von ihm gemachte Entdeckung, auch ohne eine zu behandlende Belohnung zum Besten des Dienstes zu eröffnen schuldig sey: Es hat daher die auf den 4to Theil des Gewinns antragende ihm und seinen Erben zu verheißende Belohnung nicht statt, wohl aber bin Ich geneigt demselben nach Maaß des aus seinem Vorschlag entstehenden Nutzens eine angemessene Belohnung zuzuwenden."

Mit einem Kostenaufwand von 700 Gulden wurden die Vorbereitungen für die angetragene Probe getroffen: 30 Zentner 6- bis 7lötiger Silberschliche wurden in Schemnitz gepocht, fein gemahlen, geröstet und nach Wien gebracht. Die Kommission wurde bestellt. Am 3. Jänner 1785 fand die Probe statt und endete mit einem Mißerfolg, den Born der „zu heftigen Verröstung der eingeschickten Erze“ zuschrieb. Dies war auch der Grund, warum er für den zweiten Versuch (mit etwas weniger Material und daher auf 400 Gulden reduziert) seinen engsten Mitarbeiter Karl Haidinger nach Schemnitz schickte.

Dieser Versuch fand am 4. Februar statt und verlief planmäßig. Geradezu euphorisch daher auch Borns Protokoll, hatte er doch „dargethan – daß das Silber und Gold auch aus den ärmeren Erzen mittelst des (Amalgamations-)Prozesses . . . ausgebracht werden können. Ein Versuch, der auf eine so leichte und unkostspielige Art noch von Niemandem vorgeschlagen oder unternommen worden ist, und dessen guter Erfolg von so manchem entschiedenen Kenner bezweifelt wurde“. Daraus ist lesbar, daß Born sich gegen Skeptiker bewähren mußte. Er versuchte das wohl durch die Aufzählung der schon bekannten Einsparungen und stellte dann eine Rechnung über den „Gewinn an verminderten Schmelzkosten“ auf: „Rechnet man von den 229 000 Zentn. Erzen, die z. B. im letztverflossenen Jahre in den N(ieder)H(ungarischen) Bergstädten erobert worden sind, ein drittheil für bleyische Erze u. die $1^1/_2$löthigen Erze ab, so bleiben 193 022 Zentner zur Amalgamation übrig, welche, wenn bey 60 Zentnern 64 fl erspatet werden, eine Ersparung von beynahe 200 000 fl hervorbringen würde . . .“

Eine Rechnung, die selbst Übelwollende zum Nachdenken anregen sollte. Doch er hatte diese Rechnung ohne seinen ehemaligen Lehrer Hofrat Peithner-Lichtenfels gemacht.

Ein merkwürdiger Plan

Im März 1785 verfaßte Born eine mehrseitige „Erinnerung gegen das Votum des Hrn. Hofrats von Lichtenfels gegen den Bericht der Kommissarien“, in der er festhielt, daß dieser von Anfang an gegen seine Amalgamationsmethode war, „daß er nicht nur mir einzeln über einen so thörichten Vorschlag Vorwürfe machte, sondern auch in der folgenden Rathssitzung öffentlich und in meiner Gegenwart erklärte: daß es zu befürchten stünde, ich würde, wenn man mir den Gehalt der Erze bekannt machen sollte, das Silber selbst hineingeben, oder aber wohl gar mit den Hierherberufenen Hüttenbeamten malversieren“ (veruntreuen). Eine Beschuldigung, die jeden „rechtschaffenen Mann äusserst beleidiget haben würde, dem Herrn Hofrat v. Lichtenfels gewöhnliche Rohheit in den Ausdrücken weniger bekannt gewesen wäre als mir“. Diese Feststellung warf ein bezeichnendes Licht auf Lichtenfels; dennoch fand Born eine Erklärung für dessen Haltung, denn der mußte ja nach dem Ergebnis der Probe „notwendig äusserst beschämt seyn“, da diese „das ausgebrachte Silber – ohne daß ich es selbst in die Kessel gegeben – die Wahrheit meiner Angabe erwiesen“ hatte.

Offenbar unter dem Eindruck dieser Beschuldigungen verfaßte Born ein „Unterthänigst Gehorsamstes Promemoria“, dessen Inhalt so absurd war, daß man annehmen mußte, der Verfasser habe es in einem außerordentlichen Erregungszustand geschrieben. Kein Beamter seines Ranges und seiner Intelligenz hätte dem Hof solche Vorschläge unterbreitet und erwartet, daß sie Genehmigung hätten finden können! Dennoch schrieb Born, er „glaube, ein Anerbieten vorlegen zu dürfen, welches einerseits Jedermann überzeugen wird, wie gewiß ich von dem guten Erfolge der einzuführenden Amalgamation überzeugt sey; und wie wenig ich anderer Seits dem aerario durch einen unbedachten und ungeprüften Vorschlag einigen Nachtheil zuzuziehen wünsche. Ich erbiete mich daher:

1mo das erste Amalgamations Gebäude in Schemnitz und auch nachher auf allen k. k. Werken alle derley Gebäude auf meine Kosten zu errichten; wenn mir von Seite des aerarii das Privilegium privativum (!) ertheilet wird, in den königlichen Werken a l l e i n amalgamieren zu dürfen . . .

2do Erbiete ich mich für das zur Amalgamation mir zu verabfolgende Erz, und dem darinn enthaltenen Silberhalt eine zureichende Caution zu stellen, um dadurch das aerarium gegen alle Gefahr zu sichern . . .

3^{tio} Übergebe ich dem aerario nach zehn Jahren die von mir errichteten Amalgamations Gebäude und Zugehör um den Preis, welchen mich die Errichtung gekostet hat. Nur erwarte ich hiebey von der allerhöchsten Gnade: daß mir die Bau- und Einrichtungs-Requisiten, so wie das zum

Rösten und amalgamieren erforderliche Holz, wie auch die Zusätze, deren das Amalgam bedarf, in pretio aerari: mit Ausschluß des Quecksilbers, daß ich um den gemeinen Verkaufspreis zu übernehmen gehalten seyn will: überlassen werden.

Dieser Antrag, wenn er allerhöchsten Orths angenommen wird, bringt dem Staate wesentliche Vortheile . . ."

Ohne auf diese Vorschläge einzugehen, deren Verwirklichung der Hof nie geduldet hätte, und weil es auch unklar gewesen wäre, wer Born die dafür nötigen Geldmittel zur Verfügung gestellt hätte, lag der Fortgang der Dinge in der mit 22. April datierten Verfügung des Kaisers, daß Born „die Direction über die vorgeschlagene Amalgamation anvertrauet, dann zur Vergeltung das Drittel des Gewinns durch 10 Jahre, nachhin aber demselben, oder seinen Erben den durch diese Zeit genossenen Betrag des ein Drittel Gewinns durch andere 20 Jahre mit 4 pcto zu interessieren (zu beteiligen) verwilliget" wurde.

Vom 30. April 1785 stammt ein sichtbar mit fliegender Feder geschriebener Entwurf mit Durchführungshinweisen von Born: „. . . bin ich des gehorsamsten dafürhaltens, daß damit der Anfang zu Schemnitz gemacht werden könnte, ohne daß jedoch die bisherigen Schmelzmanipulationen indessen nur im geringsten gestöret werden dürfte." Daher „wäre die erste Amalgamir-Hütte in dem Glashüttener Grund zu errichten, und womöglich, die schon seit Jahren ausser Betrieb stehende Glashüttner Schmelz-Hütte dazu zu benützen; der dortige Raum und das zureichende Wasser lassen es zu". Glashütten (Sklene) bestand schon seit dem 17. Jahrhundert.

Es lag Born aber auch daran, daß die verantwortlichen Beamten nach seiner Wahl besetzt würden, „auf deren Rechtschaffenheit man sich verlassen kann, die ohne Vorurtheile zu Werke gehen . . . und die die erforderlichen Kenntnisse besitzen. Da mir nun meine Gesundheits-Umstände nicht gestatten, mich selbst nach Schemnitz zu begeben . . . habe ich – erbeten . . . daß der in dem Naturalien-Kabinett angestellte Adjunkt Haidinger, welchem die ganze Arbeit vollkommen bekannt ist, auf einige Monathe zur Einleitung des Amalgamir-Prozesses nach Schemnitz abgehen dürfe".

Mit dieser personellen Besetzung war Born von der Effektivität der zu errichtenden Anlage überzeugt.

Die Organisation des Amalgamationsverfahrens

„Es scheint erforderlich zu seyn", proponierte Born, „daß ein Individuum von der Schemnitzer Hauptbuchhalterey dazu abgeordnet würde, welches über die zur Amalgamation verwendeten Materialien, dann über das Eingeben u. Ausbringen, eine genaue Aufschreibung führte, u. seinen Bericht, mit jenem, welchen der Bergrath zu erstatten haben wird, dem Grafenamt einreichte, um alsdan beyde hieher einzubegleiten . . ."

Born begab sich nach Schemnitz, um an Ort und Stelle nach dem Rechten zu sehen, und fand in der Glashütte die Quickarbeit durch die „thätige und rastlose Verwendung des Bergraths in so gutem Stande . . . daß daselbst 50 Mark Silber täglich erzeugt werden können". Von dem Werk in Neusohl berichtete er, daß die Arbeit dort im September, und in dem von Ulmanka erst Ende Oktober aufgenommen werden würde. Von dem Gesehenen offenbar sehr beeindruckt, schrieb Born in einer für ihn ungewohnten Begeisterung: „Überhaupt verpfändet Berichtleger seine Ehre u. sein Leben, daß die Amalgamation, in den Niederhungarischen Bergstädten allein, jährlich einen reinen Nuzen von 100.000 fl abwerfen solle, sobald die sämtlichen Amalgamations Gebäude errichtet sein werden . . ."

Aber er konnte sich nicht enthalten zu monieren, daß „kein einziger Oberstkammergrafen Amtsbeysitzer sich bisher gewürdiget hat, die Amalgamations Arbeit in der nur $^3/_4$ Stund von Schemnitz entfernten Glashütte auch nur anzusehen, viel weniger sich die Theorie davon oder die Ausübung derselben bekannt zu machen, um sie mit Grunde vertheidigen oder widerlegen u. bestreiten zu können". Und zur Bekräftigung fügte er hinzu: „Sollte aber, meiner feyerlichen Versicherung ungeachtet, eine löbl. Hof-Kammer einiges Mißtrauen in meine Verheissung sezen –", und wiederholte sein persönliches Angebot vom März neuerlich.

„Über das Anquicken ..."

Borns theoretische und praktische Erfahrungen fanden Niederschlag in dem Buch „Über das Anquicken der gold- und silberhältigen Erze, Rohsteine, Schwarzkupfer und Hüttenspeise", das 1786 in Wien erschien. Diese umfangreiche Arbeit, der 21 Tafeln mit Maschinenkonstruktionszeichnungen angefügt sind, enthält Borns Lebenswerk bzw. jene wissenschaftlichen Erkenntnisse, die ihn für die Nachwelt zu einer der führenden Persönlichkeiten über das 18. Jahrhundert hinaus machten.

Nach einer wortreichen Widmung an den Kaiser erklärte Born das Prinzip seines Verfahrens: „Anquicken – Amalgamiren – heißt: Metalle mittelst des Quecksilbers auflösen und mit demselben zu einer breyähnlichen Masse vereinigen. Diese Arbeit gründet sich auf die grössere oder geringere Verwandtschaft des Quecksilbers mit jenen Metallen, mit denen es verbunden werden soll. Die Absicht dieser Verbindung ist: entweder das Gold, Silber und andere mit dem Quecksilber verwandte Metalle von den beygemengten Unreinigkeiten zu scheiden, oder aber die durch die Verquickung in die feinsten Theile aufgelösten Metalle zu sonst einem mechanischen Gebrauche anzuwenden."

Bisher, so Born, teilten die Mineralogen die „Metalle in gediegene (nativa), verlarvte oder eingehüllte (larvata) und vererzte (mineralisata)". Keiner der Mineralogen bezweifelte die Gold- und Silbervererzung, und da sie der Meinung waren, daß Quecksilber sich mit metallischen Kalken nicht vereinige, so verneinten sie die Möglichkeit, daß Quecksilber aus Gold- und Silbererzen diese Metalle ausbringen könne. Sie vertraten die Ansicht, „daß den Gold- und Silberkalken nur durch irgend eine Niederschlagung (Praecipitation), oder durch eine unmittelbare Berührung der Kohlen, oder wohl gar nur durch das höchst feine Brennbare die Hitze ihr Phlogiston (!), und dadurch die metallische Gestalt wieder gegeben werden könnte".

Born, von seiner Arbeit überzeugt: „Da ich aber auf der einen Seite keine überzeugenden Beweise von der Unmöglichkeit fand, und auf der andern Seite die übergrossen Vortheile die sich aus der Anquickung der Gold und Silbererze (ich will durch das Wort Erz den Zustand des Silbers und Goldes ausdrücken . . . wenn es in den kleinsten Theilchen in andere mineralische Körper eingehüllt ist) für den Bergbau sich ergeben müßten, vollkommen einsah; und endlich erwog, daß schon seit ein Paar hundert Jahren in den spanischen Bergwerken die Silbererze angequickt werden . . . stellte selbst durch einige Jahre Versuche an, scheute keine Kosten, um das, was im Kleinen gelang, im Grossen auszuführen, und bin endlich so glücklich, die Amalgamazion in den k. k. Staaten mit dem glücklichsten Erfolg eingeführt zu sehen . . ." Nach streng wirtschaftlichen Überlegungen stellte er am Ende eine „Berechnung wie hoch die Anquickkosten bey 1000 Zentner Silbererz und Schlich zu stehen kommen" auf. Born postulierte, daß je reicher die Erze im Durchschnitt sind, welche zu den Schmelzhütten gebracht werden, „desto wohlfeiler kommt auch die Mark Silber bey der Anquickung zu stehen". Immer wieder führte er die Rentabilität des von ihm entwickelten Verfahrens an: „Ausser der Verminderung der Schmelzkosten und des damit verknüpften unmittelbaren Gewinns der Gewerken, kann es denselben auch nicht gleichgültig seyn, ihre Erze in einer so kurzen Zeit – die mit Inbegriff der Poch-, Muahl- und Röstarbeiten kaum 3 bis 4 Tage beträgt – aufzubringen, indem bey einem mittelmässigen Quickwerke auf 40 Kesseln, täglich eine Summe von 80 Zentner Erz und Schlichen angequickt und das darin befindliche Silber erhalten werden kann . . ."

Born hatte bei all diesen Forschungen, Entwicklungen und Ausführungen stets die Vorteile des Staates im Sinn; daher seine Feststellung: „Der grössere Gewinn bey der Anquikkungsarbeit fällt auf den Staat zurück. Der allgemeine Holzmangel, – der sich durch ganz Europa bemerken läßt (!!) – machte es oft unmöglich, Hüttenwerke in Gegenden anzulegen, wo das Holz entweder zu anderen Bedürfnissen unentbehrlich ist, oder leicht und theuer an Mann gebracht werden kann . . . Ein nicht zu verkennender Nutzen ist es auch für den Staat, . . . daß das bisher in Rauch aufgegangene Bley, welches bey der Amalgamation ganz entbehrlich ist, entweder nicht beygeschafft, oder statt es zu verbrennen, verkauft werden könne."

Ueber

das

Anquicken

der gold- und silberhältigen

Erze, Rohsteine, Schwarzkupfer und Hüttenspeise.

Von

Ignaz Edlen von Born,

des R. R. Ritter, kaiserl. königl. wirklichen Hofrath bey der Hofkammer in Münz- und Bergwesen, der kaiserl. Akademie der Naturforscher, und jener zu St. Petersburg; der königl. Akademien der Wissenschaften zu London, Stockholm, Upsal, Lund, Göttingen, Toulouse, Turin, und Sienna, wie auch anderer gelehrten Gesellschaften Mitglied.

Wien, bey Christian Friederich Wappler.

1786.

Titelblatt von Borns wichtigstem Montanwerk

Ebenso ist der Quecksilberverbrauch eine wesentliche Angelegenheit. „Der Zentner desselben ist bei der gemachten Berechnung schon für 167 fl., das ist, für eben den Preis, um welchen das in den k. k. Staaten erzeugte Quecksilber an fremde Abnehmer verkauft wird, angesetzt worden. Bedenkt man aber noch, daß bey der Ausbringung von 40 bis 50 000 Mark Silber nicht mehr als 60 höchstens 70 Zentner Quecksilber verlohren gehen, so kann dieser geringe Aufwand wohl kein Hindernis seyn, die Anquickung überall anzunehmen, und sich das Quecksilber auch aus den entferntesten Gegenden beyzuschaffen. Auch selbst der Gebrauch des Quecksilbers statt des Bleyes, muß den Hüttenarbeitern willkommen seyn, da bey der Anwendung des ersteren durch die Bedeckung des Quecksilbers mit Wasser und durch die übrigen Vorsichten dafür gesorgt worden ist, daß dieses Metall denselben nie schädlich werden könne, wo hingegen der bey dem Schmelzwesen unvermeidliche Bleyrauch so manchen verdienstvollen Hüttenbeamten den Tod oder die schrecklichsten Zufälle und schmerzlichsten Krankheiten zugezogen, und so viele Hüttenarbeiter hinweggerafft hat."

Zeitgenössische Darstellung einer Erzrösterei

Der erste internationale Montanistenkongreß

Kaum je zuvor hatte ein anderes Buch wie das von Borns Methode der Sparsamkeit und der Rationalität in der Gold- und Silbergewinnung durch das Anquicken international soviel Aufsehen erregt. Der schön gebundene Quartband, mit technischen Zeichnungen und Vignetten von Jakob Adam, erlebte sofort eine französische Ausgabe und bewirkte, daß noch im Erscheinungsjahr 1786 ein von Karl Haidinger organisierter internationaler Montanistenkongreß in Schemnitz stattfinden konnte.

Daß J. J. Ferber und Heinrich von Trebra kamen, verwunderte nicht, waren sie doch Borns Freunde; doch als sich J. Hawkins aus England, dann Olaus Henckel aus Norwegen, Fausto d'Elhuyar, ein Spanier aus Südamerika (der gemeinsam mit seinem Bruder Juan das Wolfram entdeckt hatte), J. W. Charpentier aus Freiberg und andere anmeldeten und auch kamen, da war wohl für Born, zumindest kurzzeitig, sein Traum einer Akademie der Wissenschaft verwirklicht! Und was vorher kaum jemand zu denken wagte, erfüllte sich an Ort und Stelle spontan: Die anwesenden Wissenschaftler gründeten ad hoc eine „Sozietät für Bergbaukunde", der letztlich fünfzehn Staaten angehörten und die wahrscheinlich eine der frühesten, wenn nicht die erste durch ihre Organisation sich über ganz Europa erstreckenden Gesellschaft zur Pflege der Montanwissenschaft war.

Born nützte die Anwesenheit dieser Montanelite, um eine „Rundfrage" zu stellen, ob nämlich „das Amalgamieren vorteilhafter sei, als das gewöhnliche Schmelzen". Ferber war es, der die diesbezüglichen Antworten sammelte und sie, 1787, als Buch mit dem Titel „Ist es vorteilhafter die silberhältigen Erze und Schmelzhüttenprodukte anzuquicken als sie zu schmelzen?" herausgab. In der Einleitung dazu schrieb er: „Ich zweifle, ob je eine Erfindung gleich bey ihrer ersten Bekanntmachung einen allgemeineren Glauben und Beyfall bey den Sachkundigen ihres Zeitalters gefunden habe als die gegenwärtige ... Die ungetheilte Meinung dieser Unparteyischen, aus so verschiedenen Nationen zusammengesetzten Versammlung fiel dahin aus: Daß die Anquickung dem Schmelzen in jedem Betracht weit vorzuziehen sei ..."

Auch Trebra, der sich schon drei Monate in Glashütten aufhielt und der das Verfahren intensivst studierte, bekannte: „Ich an meinem Theile versäume gewiß keinen Augenblick Zeit, sobald ich in mein Land wieder zurückkomen, Ihro Majestät das so äusserst vorteilhafte Amalgamieren vorzuschlagen ..." Er kam aus Clausthal!

Die ständigen Rückschläge

Das Quecksilber beherrschte Borns Denken. Immer wieder versuchte er die Hofstellen zu veranlassen, ihm das Quecksilber und das Salz zum Selbstkostenpreis des Staates zu überlassen. Alles Bemühen blieb vergeblich. Es schien, als hätten Borns Gegner an Einfluß gewonnen, an Einfluß, der bis zum Kaiser reichte.

Paul Hofer hat sich mit der Auseinandersetzung des Oberstkammergrafenamtes über die Rentabilität der Amalgamation befaßt. Die nachfolgenden Absätze basieren auf seinen Forschungen und Ergebnissen.

Ausgangspunkt war der Vortrag des Ungarisch-Siebenbürgischen Hofkanzlers Graf Pálffy, den dieser am 27. März 1786 hielt. Er erwog, daß der Staat durch die Amalgamation der Schemnitzer und Kremnitzer Silbererze jährlich 70 577 Gulden gewinnen würde, wozu noch der vermehrte Salz- und Quecksilberverschleiß hinzuzurechnen wäre. Pálffy widerlegte die Einwände des Oberstkammergrafenamtes. Diese waren wohl etwas merkwürdig. Man wollte den Rückgang an Holz- und Bleiverbrauch dem erhöhten Verbrauch an Salz und Quecksilber entgegenstellen, befürchtete einen Mangel an Salz und eine Erhöhung des Preises. Pálffy hielt dem entgegen, daß an Salz lange kein Mangel sein werde, früher auf eine Belohnung für

Holz- und Bleiersparnis angetragen wurde und daß die Erblande an Blei keinen Überschuß hätten, denn Niederungarn wäre nicht der ganze Staat. Es ist erkennbar, daß seitens des Oberstkammergrafenamtes gegen die Einführung der neuen Methode intrigiert wurde. Man gab sich keine Mühe, sich damit objektiv auseinanderzusetzen und sich von der Praktikabilität zu überzeugen.

Weitere Schwierigkeiten: die Verweigerung, den Vorschuß von 9 500 Gulden dem böhmischen Gubernium zur Errichtung der Amalgamierhütte in Joachimsthal auszuzahlen! – Seitens der Amtsstellen wurden durch Machinationen die Kosten für das Schmelzverfahren gesenkt, um es gegen die Amalgamation attraktiver zu machen. „Die Einwendungen der einzelnen Stellen dürften aber verschiedene Ursachen gehabt haben. Im Oberstkammergrafenamt bestand die Befürchtung, daß gewisse Unzukömmlichkeiten aus früheren Jahren aufgedeckt würden . . .“

Borns persönliche und wissenschaftliche Freunde konnten diesem Treiben nicht untätig zusehen. So schrieb J. J. Ferber in seiner Arbeit über das Anquicken: „Ob mittler Weile der ununterbrochen gute Fortgang einer so vortrefflichen Erfindung die Chikanen der Übelgesinnten geschwächet, das unsinnige Zettergeschrei des zwar unwissenderen, aber auch darum vielleicht des grösseren Haufens der handwerksmässigen Hüttenleute, die ihren Schmelzofen als das non plus ultra des menschlichen Verstandes ansehen, schon zum Schweigen gebracht habe, weiß ich nicht . . . Was das übrige Europa betrift, so ist selbes ohnedies durchaus dafür vortheilhaft eingenommen, und läßt dem Erfinder die verdiente Gerechtigkeit widerfahren.“

Ferbers Optimismus hatte sich nicht erfüllt. Bis nach Borns Tod zogen sich die Schwierigkeiten hin, so daß Johann Alxinger am 3. August 1791 an Christoph Martin Wieland schreiben mußte: „Die Chicanen, die man ihm gemacht hat, trugen vielleicht auch das ihrige zu seinem Tode bey.“

In diesen Zeilen offenbart sich die Tragödie eines österreichischen Beamten mit genialen Fähigkeiten. Was aber so merkwürdig anmutet, ist, daß die mit allem Nachdruck ausgesprochene Anerkennung dieses Verfahrens durch Kapazitäten des Auslandes – auf die man doch seit je in Österreich hörte! – so wirkungslos blieb! Und dieser Umstand mag auch den schon ausgesprochenen Verdacht erhärten, daß allzu viele persönliche Interessen mit dem hergebrachten Schmelzverfahren verbunden waren bzw. Unregelmäßigkeiten vertuscht werden mußten. Jedenfalls scheint es, als hätte man Unregelmäßigkeiten durch ebensolche kompensiert.

Im Oktober 1787 wurden Born auf ein Ansuchen hin seine Anteile, ein Drittel des Nutzens, von Joachimsthal ausbezahlt: 2 132 Gulden! Es war aber nicht zu verhindern, daß in einzelnen Hütten die dort tätigen Oberaufseher begannen, ihre eigenen Amalgamationsversuche durchzuführen; in den meisten Fällen ergab das eine Minderung der Ersparnis. Born selbst war nicht in der Lage, Kontrollfunktionen auszuüben, und die Beamten waren offenbar den ihnen unterstellten Mitarbeitern gegenüber, welche die entsprechenden Aufzeichnungen zu führen hatten, zu weitherzig. Born, der daran ging, von den einzelnen Stätten genaue Berichte und Abrechnungen einzufordern, kam dadurch mit der Hofkammer für Münz- und Bergwesen in Konflikt.

Wäre diese Affäre für Born und seine Familie nicht so bedrückend gewesen, man müßte es rückblickend als eine Farce bezeichnen, was sich da in den verschiedenen Amtsräumen abgespielt hatte. Man hielt Abrechnungsakte zurück, schickte bewußt unwahre Berichte aus, verfälschte Ergebniszahlen einfach durch Weglassung vereinzelter Posten. Wenn aber der Betroffene solchen Querelen auf die Spur kam und Richtigstellung verlangte, erging man sich in gewundenen Ausreden, wie „daß Born jederzeit Einsicht nehmen könne, soweit es ihn nicht als Nutznießer betreffe“(!), und man erklärte, daß man ihm die zustehenden Gewinnanteile ausbezahlen würde „bis auf einige Posten, die wegen der herrschenden Zweifel zurückgehalten werden“. Dabei wurde von Hofer angegeben: „Der gesamte Nutzen betrug im Jahre 1788 in Schmöllnitz 60 000 Gulden, 1789 89 000 Gulden, und 1790 sogar 120 000 Gulden. Daraus resultiert ein Nutzensanteil Borns von fast 90 000 Gulden!“

Es gelang Born erst wenige Monate vor seinem Ableben, eine Vorausleistung von 5 000 Gulden (!) zu bekommen. Allerdings fällt auf, „daß die Hofbuchhalterei und die Hofrechenkammer immer wieder die Vorteile der Amalgamation hervorheben, während sie von Seite des Departements von Peithner nach wie vor angezweifelt und bestritten wurden“ (P. Hofer).

Die Aversion Peithners erreichte weitere Steigerungen, zumal er erkennen mußte, daß etwa der Oberstkammergraf von Colloredo in „Niederhungarn" die Genehmigung erlangte, auf eine 20 000 Gulden Unkosten verursachende Probe und Gegenprobe verzichten zu können, da er von der Effektivität des Bornschen Verfahrens überzeugt sei. In einer Sitzung vom 18. Oktober 1789 hatte sich Peithner hinreißen lassen, gegen Born festzustellen, daß „man zu Gunsten der Amalgamacion Schurkenstreiche spiele, daß er nie zulassen werde, daß ich das Aerarium betrüge und mehr dergleichen Verläumdungen auszustoßen, die ihm Raserey, verbunden mit dem Mangel an aller Erziehung, und Umgangs, in den Mund legte".

Als dann Leopold II. die Regentschaft übernahm und durch Vorträge mit dieser leidigen Affäre vertraut gemacht wurde, versuchte er zunächst mit einer Resolution vom 23. Dezember 1790 Ordnung zu schaffen. „Damit aber bei dem allgemein erkannten und erwiesenen Vorteil, welchen die Amalgamation gewähret, den dagegen vorkom̄enden vielerlei ungegründeten Einstreuungen desto sicherer vorgebogen werde, so wird für die Zukunft sich auf das genaueste nach der bereits bestehenden Vorschrift – daß jedem über die Amalgamation zu erstattender Vortrag zugleich die Äusserung des Hofrath Born beigefügt werde – zu benehmen seyn."

Borns Familie

Die bisher erreichbaren Dokumente geben nur ein recht unzulängliches Bild von Borns Familie und deren Zusammenleben. Vor allem Borns Frau tritt selten in den Briefen und kaum in den Freundesberichten hervor. Dies verleitet zu der Annahme, daß die Ehe nicht sehr glücklich gewesen, daß vielleicht sogar getrennt gelebt worden ist.

In vielen Äußerungen der beiden Töchter scheint immer wieder „die Tante" auf, ohne daß mit Sicherheit zu klären ist, ob es sich dabei um Borns Schwester Francisca handelt, die mit dem Advokaten Dr. Allmayer von Allstern verheiratet war und selbst drei Kinder hatte.

Borns ältere Tochter, Maria, meist Mimi genannt, spielte im Leben ihres Vaters eine bedeutende Rolle, zumal sie offenbar ein sehr hübsches, vielleicht auch kokettes Mädchen gewesen sein dürfte. Jedenfalls gelang es ihr sogar, die beiden Wienbesucher Forster und Münter in ihren Bann zu ziehen, wie man deren Tagebucheintragungen bzw. den nachher noch gewechselten Briefen entnehmen kann. Aber auch der Schriftsteller Aloys Blumauer verfiel Mimis Zauber und hatte sich Hoffnungen gemacht, Schwiegersohn seines großen Meisters zu werden. Das Schicksal freilich wollte es anders. Eben zu diesem Zeitpunkt, da er an schwerer Wassersucht erkrankte und man ihn eigentlich schon aufgab, verliebte Mimi sich in den aus italienischer Familie stammenden Raguser Senator und Obersten Thomas Graf Bassegli. „Blumauer hat es offenbar nie verwunden, daß Maria ihn in der schwersten Stunde seines Lebens im Stich ließ, und hat nur aus Rücksicht auf den verehrten Vater geschwiegen. Den tiefsten Einblick in sein Innenleben gewähren die Zeilen, die er nach seiner Genesung am 10. Februar 1786 an Wieland richtete: ‚. . . der alles belebende Frühling soll, hoff' ich, auch an mir seine Kraft beweisen, zumal da ich einen härteren Winter überstanden habe, als alle seine Pflanzen und Bäume. Wahrlich, liebster Wieland, ich hatte einen harten Stand: es stürmte bey mir viele Wochen lang von innen und aussen, während meine Lunge nach Luft schnappte, schlug mein Herz laut über Undank und Mißhandlung von einer Person um deretwillen ich bisher die Menschen um vieles höher geschätzt hatte. Ich wurde bitter gewekt aus einem zweijährigen süssen Traum, der nun schon auf dem Punkte war, in Wirklichkeit überzugehen. Ich erwachte, sah – und schwieg . . . des Vaters wegen, . . . der mir dieß Opfer zu verdienen schien, und opferte meine Ruhe der seinigen auf . . .'" (nach E. Rosenstrauch).

Die so geliebte und glückliche Maria/Mimi ging einem nicht weniger tragischen Schicksal entgegen. 1786 heiratete sie den Grafen Bassegli. „Die Verleumdungen in Wien, die größeren in Ragusa, alles ging aufs Land, floh und mied ihren Umgang" (E. Zellweker). Tatsache war, daß die Familie Bassegli diese Ehe als eine Mesalliance ansah!

Mimi und ihr Gatte kamen wieder nach Wien. Sie hatten ein

Josepha, die jüngere Tochter Ignaz von Borns. Schattenriß aus Dr. C. F. Meischners „Collectio Umbrarum Viennensis“ (1784)

Kind – aber die Ehe war nicht glücklich. Jedenfalls verließ Mimi – nach dem Tod ihres Vaters – Gatten, Kind und Wien, reiste erst nach Italien, später nach Amerika, wo sie angeblich zum Protestantismus übertrat; wahrscheinlich, um nochmals heiraten zu können. Ihr weiteres Leben verliert sich . . .

Wendet man sich nun der knapp zwei Jahre jüngeren Tochter, Josepha – wienerisch Pepi genannt – zu, so muß festgehalten werden, daß sie stets im Schatten ihrer lebenslustigeren älteren Schwester stand, wenn sie sehr wohl auch ihre Komplimente von den Besuchern bekam. „Ihr machte zunächst Gottlieb Leon“ (der Bibliotheksbeamte und Mitarbeiter am „Wiener Musenalmanach“, in der Biedermannschronik als „fähiger junger Mann, von biedern Gesinnungen, mit einem glücklichen Dichtertalent“ bezeichnet) „den Hof und man hatte deshalb großen Spaß mit ihm. Er richtete Verse an sie und sie subskribierte seiner ‚Lieder der Liebe‘.

Doch der Dichter mußte der zähen Belagerung des Mädchens durch einen Hauptmann des Ingenieurskorps weichen.

Das war der Stellvertreter Papa Borns in der ‚Wahren Eintracht', Ludwig von Anselme, aus elsäßischer Familie in Rastatt geboren. Er galt als angenehmer Gesellschafter, als guter Kerl, aber als nicht besonders gescheit, und er war ‚in die Pepi verliebt und hielt sich immer und ewig an sie'. Aber er war einundzwanzig Jahre älter als das Mädchen, weshalb Pepi mit Unterstützung ihres Vaters es sich lange überlegte, die Werbung anzunehmen . . ." (E. Zwellweker). Sie haben 1792, also ein Jahr nach Borns Tod, geheiratet. Offensichtlich wollte und konnte sie den Vater in seinem bemitleidenswerten Zustand nicht alleine lassen. Ihr Eheglück war nur kurz: Sie starb 1793 in ihrem ersten Kindbett, gemeinsam mit dem Kinde!

Aus einem im Jänner 1789 von Born an Georg Forster gesandten Brief erfahren wir Näheres über seinen Gesundheitszustand: „Mit meiner Gesundheit ist es nun soweit gekommen, daß ich zwar ohne Führer nicht mehr gehen kann, daß ich manchmal viele Schmerzen leide; sonst aber ist mein Körper gesund, und würde noch gesunder seyn, wenn ich unter einem sanfteren und wärmeren Himmelsstrich wohnen könnte." Forster hat schon früher über Borns beklagenswertes Leiden und über die angewandten Behandlungsmethoden berichtet: „. . . kriegte die Bleikolik, wäre durch Störk (den Arzt) und seine Aconitpulver (aus den Wurzeln des Eisenhutes gewonnenes, sehr giftiges Präparat) beinahe hingerichtet worden, trank aus Desperation ein ganzes Gläschen Laudanum (Opium, in Alkohol gelöst, wurde zum Schmerzlindern tropfenweise eingenommen), vertrieb dadurch die Kolik, aber lähmte sich die ganze untere Hälfte des Körpers, der allmälig durch Elektrisieren hergestellt war; doch so, daß er kaum kriechen und sich am Stock und unterstützenden Arm eines Freundes oder Bedienten fortschleppen kann. Vom vielen Sitzen ist ihm das Os sacrum (Kreuzbein) am Rande cariös geworden, doch hat es Hunczowsky (Arzt) und die Natur geheilt, indem sie den cariösen Teil von selbst abgelöst hat. Dabei ist der Mann munter und witzig, und die Gutherzigkeit selber . . ."

Interessant ist, was in diesem Brief über Borns Frau geschrieben wurde: „Sein Weib, ein tolles, zuweilen wahnwitziges, zuweilen ekelhaft andächtelndes Weib, verthut ihm auch viel Geld, und macht ihn unglücklich, hat Engagemens (!) de coeur etc."

Die Bleichfabrik

Borns stets aktive wissenschaftliche Tätigkeit expandierte; seine Finanzsituation veranlaßte ihn, merkantil verwertbare Verfahren zu entwickeln. Mit einiger Gewißheit kann angenommen werden, daß er in der Zeit seiner Tätigkeit in Böhmen auch Gelegenheit hatte, die dort mit großem Können zur Anwendung gebrachte Rasenbleiche für die erzeugte Leinwand und andere Gewebe zu beobachten bzw. in ihrer Wirkung zu studieren, wobei ihm die Langwierigkeit dieses Vorgangs aufgefallen sein wird.

Man kennt aus der Geschichte wissenschaftlicher Entwicklungen die Tatsache, daß solche oftmals gleichzeitig und unabhängig voneinander, an verschiedenen Orten, stattfanden. Als Born die Anwendungsmöglichkeiten von Chlor für das Bleichverfahren entdeckte, hatte das in Paris Claude Louis Berthollet ebenfalls erkannt. Prioritäten sind in solchen Fällen (wenn es nicht um die finanzielle Auswertung geht) eher nebensächlich!

Born, als Hofbeamter, stand außerdem vor dem Problem, daß ihm in seiner Amtsstellung eine geschäftliche Auswertung dieses Verfahrens untersagt war. Sein Schwager, Dr. Anton von Allmayer (einstmals sogar sein Vormund), erklärte sich 1786 bereit, seinen Namen zur Errichtung einer Bleichanstalt im damaligen Vorort Hietzing herzugeben.

Aus der vorhandenen Aktenlage ist nicht genau erkennbar, ob dieses Unternehmen lukrativ war. 1789 jedenfalls (wie P. Hofer feststellen konnte) kam Allmayer um ein „ausschließendes Recht“ auf fünfzehn Jahre für seine neue Bleichart ein, und die darauf erlassene kaiserliche Resolution schränkte das erbetene Recht auf zehn Jahre und auch nur für Österreich und Böhmen ein. Dann wurden Privilegien für Ungarn und Siebenbürgen erbeten und genehmigt. Da haben vielleicht (ein Nachweis ist nicht zu erbringen) sogar mehrere Werke bestanden; es kann aber auch sein, daß sie nur geplant waren. Berechtigter Zweifel an der Effektivität dieses oder dieser Unternehmungen entsteht jedoch, wenn nachweisbar wird, daß Born 1790 vom Grafen von Festetics ein Darlehen von 20 000 Gulden – nach einem „Societätsvertrag“ vom 6. Mai 1790 – nimmt. Nicht klar ist, ob Born mit diesem Geld die Fabrik errichtete oder nur eine Betriebsausweitung vornahm.

Borns Bleichmethode erstreckte sich „auf alle vegetabilischen Stoffe, als Beispiel wird Garn, Leinwand, Werg, Cotton und die daraus erzeugten Fabrikate angeführt".

Hofer zitiert aus Alexander von Humboldts (in Köhlers „Bergmännisches Journal" erschienenen) Aufsatz die Passage: „Hr. v. Born wollte den Bleichprozeß in England und Spanien auf Wachs anwenden; aber die Schwierigkeiten ein Patent zu erhalten, hinderten ihn wenigstens in dem ersten Lande an der Ausführung seines Unternehmens." Auch in diesem Fall jedoch erwies es sich für Born, daß die von ihm erwarteten finanziellen Gewinne nicht realisiert werden konnten.

Schießpulver sollte die Lage retten

Als Chemiker interessierte Born sich für alles, was es auf diesem Gebiet Neues gab. In der zweiten Hälfte der achtziger Jahre muß er auf die Nachricht gestoßen sein, daß man in Frankreich eine effektivere und billigere Zusammensetzung für Schießpulver gefunden habe. Daß dieses in den immer häufigeren, vor allem aber großräumigeren kriegerischen Auseinandersetzungen an Bedeutung gewann, lag auf der Hand. Mag sein, daß Born in der Weiterentwicklung eine Chance sah, aus seiner schwierigen finanziellen Lage zu kommen.

Im Herbst des Jahres 1788 reichte Born ein Schreiben an den Hofkriegsrat, mit dem er sich als „Nacherfinder" jenes kürzlich in Frankreich entdeckten zusammengesetzten Salzes auswies, bei dem Salpeter zur Schießpulvererzeugung nicht mehr notwendig sei. „Er beschrieb die Vorteile, vor allem stärkere Wirkung und geringere Erzeugungskosten . . . und erklärte sich . . . bereit, das ganze Verfahren demjenigen, den Seine Majestät beordern werde, mitzuteilen." Diesem Anbot fügte er eine von ihm erbrachte Probe bei.

Das dafür zuständige Hauptzeugamt wurde befaßt, „testete" die Probe und urteilte: „. . . soll dieses Salz die genaue Ähnlichkeit mit dem Salpeter nicht haben . . ." Außerdem wurden die „Unreinigkeiten" moniert, die auf billige Art nicht zu beseitigen sein werden. Da man außerdem feststellte, daß „die Art der Erzeugung . . . schon aus öffentlichen Schriften bekannt" wäre, wurde angeordnet „Born Bescheid zu geben, daß es so nicht zu verwenden wäre".

„Stimmt das Untersuchungsergebnis des Hauptzeugamtes, scheint dieses Salz Kaliumchlorat gewesen zu sein", hält Hofer fest, dem wir auch eine „Nachricht", die am 27. Februar 1789 in der „Brünner Zeitung" erschienen ist, verdanken. Diese „Falschmeldung" soll nicht vorenthalten bleiben: „Wie man vernimmt, soll schon im bevorstehenden Feldzuge (!) von dem neuen Schießpulver, wovon der berühmte Herr Hofrat v. Born der Erfinder ist, Gebrauch gemacht werden." (War damit der Feldzug gegen die Türken gemeint?)

Enden wir dieses Bornsche Zwischenspiel mit jenen Zeilen eines unbekannten Schreibers, die dieser auf den Akt schrieb: „Dieses hat auf sich zu beruhen."

Schwerste Belastungen

Im Jahr 1788 schienen Born stetig anwachsende Schulden besonders zu bedrücken. Anders wäre kaum erklärbar, daß er sich an Karl Fürst von Dietrichstein-Proskau (zu dem die Beziehungen über das Freimaurerfiasko hinweg bestehen geblieben waren) wandte, um von diesem eine Bürgschaft über 60 000 Gulden zu erbitten. Dafür „cedirte (er) auf folgende fünf Jahre . . . daß 1mo . . . die ganzen für mich bei der K:K: Bergwerks administrations Hauptkassa eingehenden Amalgamations-Nutzen jedesmal allein erhoben, und in dero Kassa aufbewahrt werden sollen". Aus dem dritten Punkt dieser Abmachung erfährt man, daß „Sr. fürstl. Gnaden geruht haben, für zwei von mir an Herrn Hofagenten v. Settele ausgestellte Wechselbriefe, deren jeder auf dreyßigtausend Gulden . . . lauten, sich solchergestalten zu verbürgen, daß falls ich die alle halben Jahr zu bezahlenden Sechstausend Gulden nebst den für die ganze Summe laufenden Interessen (Zinsen) a 5 Perzent nicht abtragen sollte, Hochderselbe solche gegen Producirung der original Wechselbriefe, und gegen Quittung in diesen Raten jedesmal bezahlen werden . . ."

Dietrichsteins oder Borns Vorsicht geboten jedoch, falls die erforderlichen Beträge aus der Amalgamationsabrechnung nicht eingehen sollten „und also Sr. fürstlichen Gnaden solche aus dero Kassa zu bezahlen bemüssiget wären, so obligire ich mich zur weiteren Bedeckung dieser Schuld, und Bürgschaft, meiner mir zugehörigen Anteile an der gallizischen Salzpachtung, und dem Nagyager Bergbau . . . einzuhändigen und den Genuß davon zu überlassen . . ."

Auch an ein vorzeitiges Ableben wurde gedacht (was bei Borns Gesundheitssituation nahe lag) und auch an den Umstand, daß die Eingänge aus den Amalgamationsabrechnungen nicht ausreichten, „diese 60 000 fl nebst Inte(ress)en in den stipulirten Terminen zu bezahlen, so verschreibe ich in subsidium dessen . . . mein ganzes bewegliches, und unbewegliches Vermögen, . . . ohne daß dagegen von mir oder meinen Erben eine Ausnahme werden könne".

Dieser Vereinbarungspunkt, mit dem er Frau und Kinder dem Nichts aussetzte, läßt Borns schwierige finanzielle Situation in ihrem ganzen Umfang erkennen.

Borns Tod

So zahlreiche Berichte wir über Borns Leiden, von ihm selbst und die subjektiven Beschreibungen seiner Freunde, haben – von seinem Ableben berichtet nur Johann Pezzl in der von ihm 1792 verfaßten „Lebensbeschreibung", ohne Angabe allerdings, wer ihm davon erzählt habe. Da er auch ein völlig falsches Sterbedatum angab, ist dieser Bericht nicht verläßlich:

„In den letzten fünf Monaten, während welchen er, unter den beständigen Versicherungen des Empirikers, daß es auf Einmal gut werden würde, das Dekokt (Absud) immer trank, sagte er oft, er habe wirklich keine Schmerzen. – Allein einige von seinen guten Freunden, die mehr um ihn waren, als andere, bemerkten, daß er von seiner ehemaligen Munterkeit vieles verloren habe, und daß er an den obern Gliedmassen manchmal Zuckungen bekam.

Am 21. August (!) 1791, um 10 Uhr abends, bekam er einen Anfall von Kälte mit Zuckungen, welche letztere auf das Reiben mit warmen Tüchern, nach einer Stunde nachliessen. Er kam vollkommen zu sich, verlor aber die Stimme gänzlich.

Am darauffolgenden Tag früh um 4 Uhr erlitt er einen neuen Anfall, und sofort in den folgenden Tagen mehrere, bis auf den 28. (!) gegen Mittag, wo er sich besser zu finden glaubte. Allein in einigen Stunden bekam er neuerdings einige geringe Zuckungen, unter welchen er seinen Geist aufgab."

In der „Wiener Zeitung" vom „Mittewoche den 27. Julius 1791" erschien unter „Inländische Begebenheiten" die Nachricht: „Den 24. d. M. des Nachmittags verstarb allhier Hr. Ignaz Edler v. Born, Sr. K. K. Maj. wirklicher Hofrath bey der Hofkammer im Münz- und Bergwesen, und Mitglied der meisten gelehrten Gesellschaften in Europa, im 49 Jahre seines Alters, an den Folgen einer langwierigen Gicht (!). Mit ihm verlieren die Wissenschaften überhaupt einen der eifrigsten Verehrer und Beförderer, die Naturwissenschaft aber insbesondere, und vorzüglich die Metallurgie ein scharfsinniges Genie, das derselben Gebieth erweitert und durch die wichtigsten Entdeckungen verherrlicht hat: dem Staate entgeht mit ihm ein thätiger und nützlicher Bürger, vielen Unglücklichen ein Wohlthäter, und allen den edlen und guten Menschen, die ihn liebten, ein unvergeßlicher Freund."

Die amtliche Totenmeldung erschien erst drei Tage später im „Anhang zur Wiener-Zeitung": „Den 24. Juli. In der Stadt. Hr. Ignaz Edl. v. Born. d. h. r. R. Ritt. wirkl. k. k. Hofrath, alt 49 J. in der Dorotheg. N. 1144."

Sein Begräbnis fand zwei Tage später auf dem Friedhof „außer den Matzleinsdorfer Linien" statt. Dieser war erst wenige Jahre zuvor angelegt worden, da auf Josephinische Verordnung ab 1784 alle Begräbnisplätze außerhalb der Linienwälle (die etwa der heutigen Gürtellinie entsprechen) verlegt werden mußten. Da damals die Funeralzeremonien betont einfach und jeglicher Pomp untersagt war, blieb sicherlich auch Borns Begräbnis, von dem es keinerlei Bericht gibt, ganz schlicht. Abbildung von seiner Grabstelle war bisher keine auffindbar. Der Friedhof wurde ab 1874 nicht mehr belegt und 1923 in den Waldmüllerpark umgestaltet. „Die wichtigsten Grabmäler berühmter Persönlichkeiten wurden in einem Gräberhain vereinigt" („Das große Groner Wien Lexikon"). Borns Grabmal ist nicht dabei! Die Stadt Wien ehrte ihren großen Bürger erst 1975, als sie einer Gasse im 13. Gemeindebezirk seinen Namen gab!

*

Alle Berichte über Borns Gesundheitszustand in den verschiedenen Jahren wurden vom Verfasser gesammelt und als „Krankengeschichte" dem Wiener Internisten Primarius Dr. Walter Dornaus vorgelegt. Dr. Dornaus ist selbst im Bergbaumilieu aufgewachsen und hat sich mit den arbeitsmedizinischen und sozialen Problemen der Bergarbeiter beschäftigt:

„Basierend auf Borns Darstellung seines Unfalles von Felsö-Bánya, nimmt der Mediziner zunächst eine Rauchgasvergiftung an, wobei auch durch das ‚Feuersetzen' giftige Bleidämpfe eingeatmet wurden, was zu einer akuten Bleivergiftung führte. Es kam zu einem Blutdruckabfall, und die Untertemperatur konnte durch das beschriebene heiße Bad behoben werden.

Durch wiederholte Kontakte mit Bleidämpfen kam es zu einer chronischen Bleivergiftung mit den typischen Kolikschmerzen und Schwächezuständen der Muskulatur, die eine längere Bettlägrigkeit notwendig machten. Die erst später auftretenden Lähmungserscheinungen an den Beinen sind durch eine Nervenschädigung bedingt, wie sie ebenfalls typisch für eine Bleivergiftung beschrieben wird. Der Versuch, die aufgetretenen Koliken mit Opiumgaben zu lindern, entsprach durchaus dem damaligen Stand des therapeutischen Vorgehens. Durch eine zu hohe Dosierung kam es jedoch zu einer Opiumvergiftung, und der darauf unternommene Versuch der Behandlung mit dem Absud eines Empirikums mißlang; ein Anfangserfolg war als Placebowirkung aufzufassen. Die Symptomatik, wie sie sich gegen Lebensende des Patienten zeigte, mit Schlaflosigkeit, Müdigkeit, Schwindelanfällen, Muskelzittern bis zu epilepsieartigen Krämpfen sowie psychischen Alterationen und Depressionen, ergibt das Krankheitsbild einer Encephalopathia saturnina."

Nekrologe

Der erste Nachruf auf Born erschien schon im 2. Band der „Chemischen Annalen“ von Crell 1791 als Fußnote zu einem dort veröffentlichten Aufsatz des Verstorbenen: „Einige mineralogische Nachrichten; vom Hrn. Hofrat von Born“. Crell selbst hat am Seitenende hinzugefügt: „Während der Zeit, daß diese Nachricht aus der Presse zurückkam, erfuhr ich die traurige Nachricht von dem Tode des Hrn. H.-R. v. Born . . . an welchem die Mineralogie und Bergbaukunde in ihrem ganzen Umfange so viel verlohren. Noch im letzten Briefe des Hrn. v. Born, welchem er obige Nachricht beifügte, meldete er mit Freude die endlich erfolgte Befreiung von seinen zehnjährigen fast ununterbrochen heftigen Schmerzen, und den Entschluß, den Winter in Italien (!) zuzubringen. Aber wie traurig sind diese Entschlüße vereitelt. Viel zu früh, in seinem 49sten Jahre, verlor ihn die gelehrte Welt . . .“

Sehr eingehend, auf dreißig Seiten, würdigte Friedrich Schlichtegroll Born in dem „Nekrolog auf das Jahr 1791“, der 1793 in Gotha erschien. Irrtümlich nannte auch er den 28. August als das Datum des Todes! „An Geisteskraft und angeborenem Talente, wohl der Größte unter den Toten dieses Jahres; an Wirkungen die sein tätiger Geist auf die Wissenschaften und auf seine Mitmenschen hatte, unbeschreiblich merkwürdig für sein Zeitalter! Ein nicht langes Leben reichte ihm hin, seinen Namen durch alle vier (!) Weltteile zu verbreiten, bei einem siechen Körper und oft gefoltert von unsäglichen Schmerzen, Wissenschaften umzuformen, dem Aberglauben Altäre zu zerstören, das Licht der Wahrheit und Weisheit in hundert jungen Seelen zu entzünden und zur hellen Flamme anzufachen. Wenn seyn Grab längst bemooset seyn wird, werden die Wirkungen seines edlen Geistes, den er in Schriften und mehr noch durch persönliche Mittheilung auf seine Vertrauten übertrug, noch fortdauern, und wer einst eine Geschichte der Entwicklung des menschlichen Geistes in dem jetzigen Zeitalter aufstellt, wird bey seinen Forschungen nach den Triebfedern derselben in einem großen Lande auch auf Borns Namen treffen und mit Ehrfurcht bey ihm verweilen. Doch alles das abgerechnet, würde sein Andenken schon dadurch wohltätig für die Menschen werden können, wenn die vielen, durch körperliche Schmerzen Leidenden an seynem Beyspiele lernen wollten, daß Stärke des Geistes, unterstützt durch natürliche Heiterkeit, selbst über die größten Schmerzen des Körpers siegen könne, und daß man nur nicht den Muth verlieren dürfe, durch Bekämpfung seines Leidens es in der That zu vermindern, und sogar dabey noch sehr thätig für die Welt zu seyn."

Man pries die Tugenden dieses Mannes mit den Worten: „Unter seinen Tugenden stand die Wohltätigkeit oben an; diese übte er auf jede mögliche Art aus, und man darf behaupten, daß er das Glück mehrerer hundert Menschen gemacht hat. Durch seine weitläufigen Verbindungen verschaffte er Ämter und Unterstützung; er hob manches unbekannte Genie, manchen fleißigen, aber brotlosen Mann aus dem Dunkel und der Dürftigkeit hervor, theilte ihm von seinen Kenntnissen und Vermögen mit . . . Mit fürstlicher Freygebigkeit unterstützte er ungebethen den Hoffnungerregenden jungen Gelehrten, ließ viele derselben sich unter seinen Augen bilden, und half mit Rath und mit Pensionen aus seinen eigenen Mitteln . . . Man darf nicht verschweigen, daß er sogar daß Maaß darin überschritt; denn eben diese ausgedehnte Gutthätigkeit hatte keinen geringen Anteil an dem Umstand, daß er sehr große Schulden hinterlassen hat."

Ein stilistisches Zeitdokument sind die Formulierungen, die diesen Nachruf abschlossen: „So wie ein edles Reis aufwächst, und sich in tausend Blätter und Blüthen verbreitet, so wird des thätigen Borns menschliche Unsterblichkeit sich in vielen Zweigen über die Nachwelt verbreiten, und sein Verdienst wird da, wo und wenn sein Nahme vielleicht nicht mehr gehört wird, in die Harmonie des Ganzen verschmolzen, zum allgemeinen Wohl noch wirksam seyn."

Ein anonymer Nachruf mit dem merkwürdigen Titel „Charakteristik eines Abgeschiedenen, der ein großer Freimaurer sein wollte" gibt ein eher skeptisches Bild: „Er war ein Philosoph in Worten und Thaten; blieb sich immerhin gleich in Freud u. Leid; fand alles nichtig u. lächerlichst, was er nicht, wie seine Metalle, zergliedern konnte u. riß gern jedes Lehrgebäude ein, ohne ein anderes aufbauen zu können. Sein Feldzug gegen die Ordensgeistlichen hat uns manchmal belustigt,

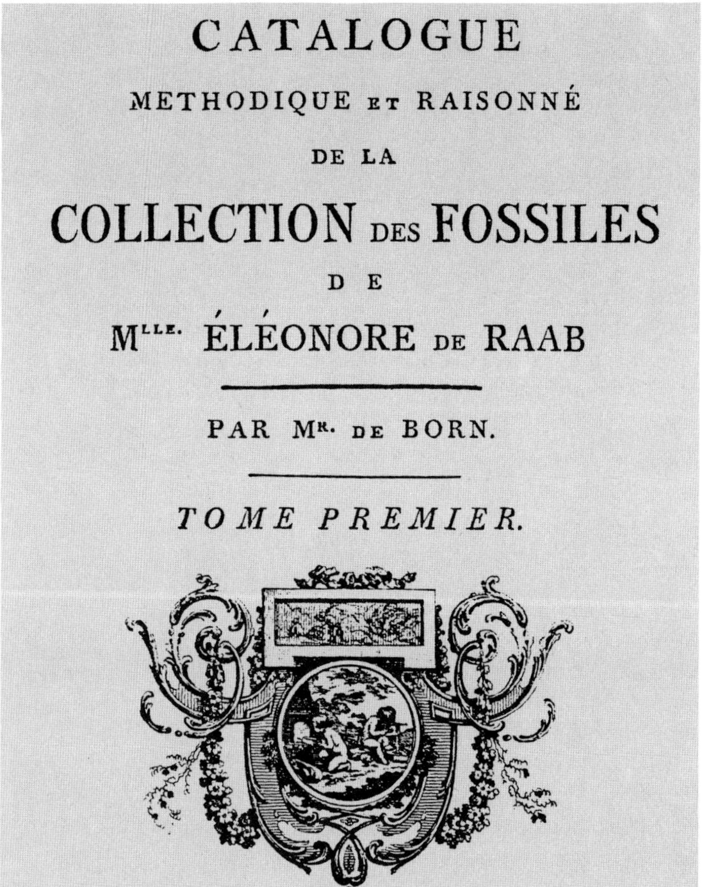

CATALOGUE

METHODIQUE ET RAISONNÉ

DE LA

COLLECTION DES FOSSILES

D E

MLLE. ÉLÉONORE DE RAAB

PAR M^R. DE BORN.

TOME PREMIER.

A VIENNE

Aux Dépens de J. V. Degen, par I. Alberti 1790.

XIIIme Exempl. Donné a Mlle Josephe de Born par l'autheur
Born

Titelblatt des letzten von Born verfaßten Buches, einer Beschreibung der Sammlung von Eleonore Raab. Mit einer handschriftlichen Widmung an seine Tochter Josepha

aber nicht erbauet, u. es war mehr eine Zerstreuung, die er seinem Geist machen wollte, als die Folge eines bösen Herzens, das er nicht besaß. Er kämpfte mit Jesuiten, u. Jesuiten waren seine innigsten Freunde, er verwarf Allchemie u. widmete sich doch lebenslang derselben; warnte vor allen geheimen Wissenschaften u. lehrte dieselben; hielt wenig auf Glauben u. Wunderbaren, u. ließ sich doch bald von diesem, bald von jenem Quecksalber verschreiben u. glaubte fest daran. Er hinterläßt einen großen Ruhm in allen vier (!) Welttheilen, wo er überall Freunde hatte, u. unendliche Schulden, die aber alle gezahlt werden können, weil der Contract mit dem kaiserlichen Hof wegen der erfundenen Amalgation (sic) noch bestehet u. vom Kaiser Leopold getreu erfüllt werden wird." (!)

Nachlaß und Konkurs

Wie Hohn muten die Nachrufworte vom „scharfsinnigen Genie" an, wenn man schon am 6. August 1791 in der „Wiener Zeitung" lesen muß: „Konkurs des Hrn. Ignaz Edlen v. Born. Von dem k. k. ni. öst. Landrecht wird hiermit bekannt gemacht: Es sey von dem Gerichte in die Eröffnung eines Konkurses über das gesammte im Lande Österreich unter der Enns befindliche bewegliche und unbewegliche Vermögen des verstorbenen Hrn. Ignaz Edlen v. Born, k. k. wirkl. Hofrath, gewilliget worden. Daher wird jedermann, der an erstgedacht Verschuldeten eine Forderung zu stellen berechtiget zu seyn glaubet, anmit erinnert, bis dem 31. Jänner 1792 die Anmeldung seiner Forderung in Gestalt einer förmlichen Klage wieder den Dr. Joh. Nep. Sortschan, als Vertreter der Ignaz Edlen v. Bornischen Konkursmasse einzureichen, und in dieser nicht nur die Richtigkeit der Forderung, sondern auch das Recht, Kraft dessen er in diese oder jene Klasse gesetzt zu werden verlanget, zu erweisen, als im widrigen nach Verfliessung des erstbestimmten Tages niemand mehr angehöret werden . . ."

Den 21. September 1791: „Licit. Effekten. Den 6. Oktober

und folgende Täge zu den gewöhnlichen Vor- und Nachmittagsstunden werden auf hohe Verordnung der k. k. ni. öst. Landrechten in der grossen Dorotheergasse im gräfl. v. Gatterburgischen Haus Nr. 1144 im ersten Stock verschiedene Verlassenschaftsfahrnisse, als Chüsre- und à l' Antique Ringe mit guten Steinen, goldene Uhren und Nippen, etwas Silber, 1 komplet ungarisches neues Kleid, sammet-tüch-zeug gestrickt- und glatte Mannskleider, Leib- Haus- und Tafelwäsch, eine elektrische Lichtzindmaschine, englische Blaspälke, Bronce Figuren, Leuchter, Malereyen und Basreliefe, Sekretaire und Schreibtisch von Rosenholz Wanduhren, mehrere Trumo, samt Tische mit Marmorplatten, Porzelain, Luster und Laternen mit rautierten Gläsern in Bronce gefaßt, damast- und leinwandene Spaliere, Bavilonbettstätte, ein piano Forte, eine Flüg(el) mit französischen Manuale, ein Stuffenkasten von Mahoniholz (sic) in 12 Abtheilungen mit Stuffen, Vitriolöl, und Scheidewasser, hart und weiche Kästen, Tische Bücherstellen, Soffen und Sessel, mehrere barkirte Fußböden, Bettstätte, samt Bettgewand, Meßing- Kupfer- und Eisengeschirr und mehr andere Geräthschaften licitando gegen alsogleich baare Bezahlung hindangegeben."

Gleich viermal wurde die Versteigerung der Bornschen Bibliothek angezeigt: „Licit. Bücher. Mit Verordnung wird den 10. Nov. und folgende Täge in der Spiegelgasse vom Versatzamtsgebäude über Nr. 1368 im 1ten Stock die ansehnliche Bibliothek, des weil. wohledelgebohrnen Hrn. v. Born, k. k. wirklichen Hofrath, aus allen Theilen der Wissenschaften in deutsch- latein- französisch- italien- englisch- und spanischer Sprache, vorzüglich aber die seltnesten (!) Werke aus der Chemie und Alchemie, die schönsten Werke von der Naturgeschichte aus allen 3 Reichen, die latein- und griechischen Klasiker (!) von schönsten Ausgaben, die meisten Acta der glehrten Gesellschaften Europens, durch öffentliche Versteigerung an die Meistbietende gegen baare Bezahlung hindangegeben werden; der gedruckte Katalog ist bey Franz Haselmayer, Buchhändler in der Schulerstrasse gratis zu haben."

Ein Exemplar dieses „Catalogus Bibliothecae BORNIANAE" hat sich in der „Bibliotheca Teresiana" in Wien erhalten. Dieser Katalog für die „Publica auctione" hat einen Umfang von 114 Seiten und umfaßt insgesamt 1793 Werke. Am stärksten vertreten sind natürlich mineralogische und chemische Publikationen, darunter „Principi di Mineralogia sistematica e practica de Sig. Scopoli“, vom selben Autor „Fundamenta chemia“ und „Einleitung zur Kenntniß und Gebrauch der Fossilien“; die neun Bände der „Gesammelte chemische Schriften“ von Justi.

Die nachstehend genannten Werke wurden von Peter Huber ausgewählt; ihm verdanke ich auch die in Klammern gesetzten Angaben über Angebote von heute (in öS): J. F. Henckels „Pyritologia, oder Kies-Historie, als des vornehmsten Minerals“ (12 000), Buffons 35bändige „Histoire naturelle . . .“ (30 000 und mehr), K. Ch. Schmiedel: „ErzStuffen und Berg-Arten mit Farben genau abgebildet“ (15 000), F. Gautier d'Agoty – Text von Romé de l'Isle: „Histoire naturelle ou exposition generale . . .“ (1983 von einem Antiquariat um 28 000 holländische Gulden angeboten!), L. Ercker: „Aula subterranea . . . d. i. Unterirdische Hofhaltung . . .“ (zwischen 20 000 und 30 000) G. E. v. Löhneyss: „Bericht/Vom Berkwerck/Wie man dieselben Bawen . . .“ (heutiger Wert liegt über 30 000), G. Agricola: „De re metallica libri XII.“ (zwischen 20 000 und 30 000).

Dann sind noch die Werke Linnés, Ingenhousz', Crells, natürlich Ferbers, eine umfassende Kollektion griechischer und lateinischer Klassiker, Reiseberichte, Nachschlagwerke und Speziallexika der verschiedensten Gebiete, Bücher in italienischer, französischer und englischer Sprache und natürlich alle Werke seiner Wiener Freunde (Sonnenfels, Blumauer, Alxinger u. a.). In diesem Nachlaß befanden sich Erzherzogin Maria Annas „Schau und Denkmünzen unter Maria Theresia“, seine eigenen Werke und viele medizinische Abhandlungen, darunter – als Kuriosum – Petrinis „Heilmethode des nervigten Hüftwehs“. Merkwürdig, daß sich außer einem unvollständigen Exemplar des „Journals für Freymaurer“ und dem 1782 in Leipzig erschienenen Buch „Der im Licht erstrahlende Rosenkreuzer“ kein Titel fand, der auf Borns Maurertum, Illuminatentum und sein Interesse an Geheimgesellschaften Bezug nahm.

Über das materielle Ergebnis dieser Versteigerung sind Aufzeichnungen offenbar nicht mehr erhalten. Es steht zu befürchten, daß es eher bescheiden gewesen ist.

Die Situation nach Borns Tod

Da kein Testament vorhanden war – welches bei der Verworrenheit und dem Passivzustand des Bornschen Vermögens kaum eine Rolle zu spielen gehabt hätte –, blieb die Abwicklung der finanziellen und materiellen Bestände den Behörden vorbehalten. Laut einer Zusammenfassung vom 6. November 1792 – sie erliegt in den Akten des Hofkammerarchivs für das Münz- und Bergwesen – werden die Aktivposten mit 6 353 Gulden 54 Kreuzer angegeben! Die von Born (ideel und materiell) so belastete Amalgamations-Nutzenrechnung hatte kaum Geld erbracht! Die Intrigen und Schlampigkeiten führten zu Uneinigkeiten über die Be- und Abrechnungsmodalitäten.

Keine Schwierigkeiten hingegen hat es bei der Anmeldung der aufgerufenen Gläubiger gegeben, eine stattliche Liste sowohl renomierter Namen wie auch der erheblichen Summen. Da stand Born „in der Kreide": bei dem in Kärnten lebenden Erben der Erzherzogin Maria Anna, Graf Enzenberg, bei Rudolf Graf Wrbna, Karl Fürst Dietrichstein, Graf Széchenyi, Graf Apponyi, David Wertheimer, Hofagent von Settele, Graf Batthyány, Hauptmann Jakobi und anderen. Insgesamt wurden Passiva in der Höhe von 277 485 Gulden 46 Kreuzer ausgewiesen.

Dem Recht nach rangierten alle diese Gläubiger vor der Witwe, die sich mit ihrem Rechtstitel in Höhe von 20 000 Gulden bescheiden ausnahm. Es ist daher kaum verwunderlich, wenn man in den Akten immer wieder ihre Gesuche auffindet, das erste schon eine Woche nach dem Ableben des Gatten, datiert 31. Juli 1791: „. . . sie eilet mit vollem Zutrauen Ew. Mayest., um Schutz und Unterstützung anzuflehen, ohne welche sie sich in der traurigsten Laage befinden würde."

Etwas später findet sich in diesem Aktenkonvolut ein weiteres Dokument, ein leider undatiertes Handschreiben Maria Magdalena Borns an Kaiser Leopold II. Es ist wert, in Auszügen und in der einfachen Orthographie dieser Frau hier zitiert zu werden: „Euer Mayestät Haben . . . allergnädigst erlaubt Ihnen meine dermahlig so traurige laage – gantz und frey zu eröfnen . . . Mein verstorbener Mann hate eine rastloße Wißbegierde, zu allen fächern der Wissenschaften – und kenntnüßen, worunter aber Mineralogie und Chemie diejennigen waren – dennen Er sich vorzüglich und mit auf opferung seiner Gesundheit, seiner und meines Vermögens widmete . . . mit dieser Wißbegirde verbandt Er eine Gutherzigkeit, die niemandt leiden sehen konte, die ohne die eigener Kräfte erst Abzumessen – jedem half. dabey sich selbst vergaß – und oft von dennen Mißbraucht wurde, die solche unter der larfe des elends empfindlich zu machen wußten. So geschah es, daß nach und nach, unser gantzes Vermögen schmolz.

Die glückliche endeckung (der Amalgamationsmethode) verschafte der weldt, die gelegenheit, die edlesten metalle, mit einem weit kleinnern aufwand, und ohne beträchtlichen rückständen zu gewinnen – dennen Staaten Euer Mayt. nebst dießer vortheilhaften scheidung Einnem Größirn quigsilber Vorschuß – meinnen verstorbenen Manne die allerhöchste Zu Sicherung des 3ten Theils von dem Gewinn durch zehen Jare, für sich und dann Nach andern 20 Jahren 4 procent von dem gewinst Antheil für seine Erben.

Mit diesen glück welches hinreichent die laage seiner Familie gantz herzustellen, daß Zu Traun, seiner Gläubiger zu befriedigen, kont es nicht außbleiben, daß auch der Neid aller Jenner Erwachte – welche mit Ihme, auf Einer Gleichen lauf bahn standen – in Ihrem endeckungen aber nicht So glücklich, wie Er . . . Man Widersprach Ihm den Vortheil der enteckung, währent fremde Nazionen dieße entdeckung aller orthen würklich einführten – während alle gelehrte Europens in Ihrem ofentlichen schriften, wie in Ihren Briefen dieselbe Uber Alles Erheben . . . Nun war es nicht mehr möglich den nuzen der sache zu Widersprechen – undt beanständtete ahlso die Angabe des betrags dieses nuzen – und so verzögerte sich dieße sache jetzo, aller der widerholten befehle Seiner Mayt. des seelig. Kaysers und dennen von Euer Majt. selbst erlassennen Ungeachtet, und um mehr alß die mühseeligkeiten, meines Mannes, der durch 20 Jahr fast keine gesundte schmerzenloße stunde hatte, Ihn hinderten die beförderung der Sache selbst zu betreiben.

Unterdessen nahm der Mangl, Im hauß Immer zu. Die Ungeduldt der Glaubigern stieg. Er Starb, und hinderließ außer 27 fl geldes, welche nicht zur bezahlung der Dienst bothen –

noch der leiche hinreichen – Einen sehr großen, und sehr Verwirrden Schulden last. Ein großes Vermögen welches aber nur in der erwartung – auf dem allerhöchst zugesicherten Antheil ruht, und eine Familie die in Einer Witwe und Zweyen Töchtern bestehet, die im äüßersten mangel leben würden, wenn nicht der Edlmuth Einiger Freunde, Sie vir dem Augenblick Unterstizten. – die die schande mehr noch als dem betl Staab scheuet, daß Ihr verstorbener Vater schulden gemacht haben solte – welche nicht bezahlt worden, die Sich am rande des Elends und der Verzweiflung sehen – . . .

Meine Bitte: 1) baldige Untersucung, und beendigung des amalgamations geschäft durch sachkündige unpartheiische Männer . . . 2) Ein gnädiger kleinner Vorschuß; zu meinnen und meinner Töchter Unterhalt aber nicht auß dem amalgamations Antheil, weil sonct die Gläubiger Meines Mannes darauf beschlag machen würden."

Dieses erschütternde Dokument bietet einen Einblick in die Familiensituation nach Borns Ableben. Mag diese Maria Magdalena Born als Gattin – die vorhandenen dokumentarischen Belege reichen nicht aus, ein überzeugendes Bild von ihr zu zeichnen – keineswegs der Persönlichkeit ihres Mannes gerecht geworden sein (die abfälligen Aussagen über sie, die einige Besucher des Hauses Born gemacht haben, können natürlich auch höchst subjektiv gewesen sein, und es ist auch möglich, daß Maria Magdalena es nicht so gerne sah, daß diese Besucher mit ihren Töchtern „anbandelten"), ein solches Schicksal war unverdient!

Kaiser Leopold II., dem dieser unerledigte Nachlaß seines Bruders offenbar unangenehm war, ordnete laufend an, daß man sich doch seitens der damit befaßten Hofstellen zusammensetzen sollte, um Ordnung zu schaffen.

Es mutet wie eine Groteske an, mit welchen Ausflüchten sich die Kammern und Dienststellen um eine endgültige Regelung der Amalgamationsabrechnungen drückten und sich so der Verdacht zwangsläufig verstärken mußte, daß es sich um peinliche Unregelmäßigkeiten handeln dürfte, für die kein Amt und keine Persönlichkeit die Verantwortung zu übernehmen gewillt war.

Das Ansuchen der verwitweten Maria Magdalena von Born wurde zunächst mit der „Verleihung eines mittlerweiligen Vorschußes“ beantwortet, das hieß, „ihr 1000 fl extraordinarie, und ohne Abzug als eine Aushilfe abzureichen“. Am 9. September verfügte die Hofkammer, daß ihr – „bis zur Anmessung einer Pension ... um Leben zu können“ – vierteljährliche Vorschüsse von 150 fl. für die Witwe und 50 fl. für ihre ledige Tochter Josepha ausgezahlt werden sollten.

Auch der zum „Vormünder und Vertreter der bornischen Erben“ bestellte Hofrat Franz Graf von Saurau urgierte andauernd, die zuständigen Hofstellen mögen, der kaiserlichen Anordnung folgend, „in Concentration“ die leidige Angelegenheit der vertraglich zugesicherten Amalgamations-Nutzenrechnung abgeben. Als Maria Magdalena Born im Jahre 1810 verstarb, war immer noch keine Regelung erfolgt!

Epilog: War Born das Vorbild für den „Sarastro“?

Legenden haben es oft an sich, hartnäckig zu sein. Meist ist es auch schwer, sie zu widerlegen. Wahrscheinlich, weil die allgemeine Meinung dazu neigt, dahinter immer ein Körnchen Wahrheit zu vermuten. Begnügen wir uns zunächst mit diesem „Körnchen“. Mozart und Born haben einander gekannt, darauf ist in diesem Buch anhand der vorhandenen Dokumente hingewiesen worden. Borns Name wird in Briefen, die Mozart geschrieben hat – in langen Zeitabständen – dreimal erwähnt. In Borns Briefen, soweit sie bis heute publiziert worden sind, kommt Mozart nicht ein einziges Mal vor!

Man weiß, daß Mozart ein interessierter Freimaurer war, und man weiß auch, daß Emanuel Schikander (1751–1812), dessen Texturheberschaft an der „Zauberflöte“ angefochten wurde, ebenfalls Freimaurer war. Er wurde 1788 (!) in die Regensburger Loge „Die Wachsende zu den Drei Schlüsseln“ aufgenommen. Seine Bruderschaft währte allerdings nicht lange, schon neun Monate später wurde ihm nahegelegt, daß er sich „Logenbesuchen auf sechs Monate enthalten mögte“. Ursache war sein nicht vorbildhafter Lebenswandel. Für ihn spricht die Formulierung seines Antwortschreibens: „. . . übrigens hab ich einen Fehler begangen, der der Ehre einer ehrwürdigen Loge zunahe tritt, so bitte ich eine ganze ehrwürdige Versammlung um Vergebung . . ." Schikaneder hat in keiner anderen Loge mehr um Aufnahme angesucht – aber er hatte von der Freimaurerei immerhin eine Ahnung. Es ist auch kaum anzunehmen, daß Mozart ihm seine Zugehörigkeit zum Bund verschwiegen hat. Der Nachweis eines Kontaktes Born – Schikaneder ist nicht zu erbringen (nach E. Komorzynski).

Die Verfechter der Auffassung, daß Karl Ludwig Gieseke der Textdichter der „Zauberflöte" gewesen sei, können immerhin anführen, daß dieser an den Naturwissenschaften und der Mineralogie interessierte Schauspieler im Schikaneder-Ensemble eher mit Born Kontakte gehabt haben könnte. Außerdem war er der Librettist einer Vorgängeroper, nämlich von „Oberon, König der Elfen", nach einem Märchen aus Wielands „Dschinnistan", zu der Paul Wranitzky die Musik schrieb und die 1789 im Freihaustheater in Wien von Schikaneder aufgeführt wurde! Nachweise für einen Kontakt Giesekes zu Born sind nicht aufzufinden, und auch die Tatsache, daß Gieseke, der 1791 in der Premiere der „Zauberflöte" einen Sklaven verkörperte, erst „27 Jahre nach der Erstaufführung . . . die Autorschaft des Textes für sich in Anspruch (nahm), ohne allerdings den geringsten Beweis erbringen zu können" (A. Rosenberg), machen diese Version höchst unglaubwürdig!

Zurück zu Schikaneder. Er war ein ausgesprochener Theatermann, der sehr genau wußte, was er einem Publikum bieten mußte, um zu Erfolgen zu kommen. Er war ein routinierter Stückautor, der die Rollen für die Mitglieder seines Ensembles schrieb, der inszenierte – einfach ein Prinzipal, wie ihn die Theatersituation in der zweiten Hälfte des 18. Jahrhunderts erforderte.

Daß die Entstehungsgeschichte der „Zauberflöte" so legendenumwoben ist, hängt damit zusammen, daß kein anderes Werk dieser Zeit einen auch nur annähernd so unverrückbaren Erfolg hatte. Wie aber zumeist war der Vorgang wahrscheinlich schlicht und einfach. Genau weiß man, daß Mozart und Schikaneder schon 1780 in Salzburg zusammengearbeitet haben. Schikaneder führte damals das Schauspiel „Thamos, König von

Ägypten“ von Tobias von Gebler auf und bat Mozart, ihm dafür Zwischenaktmusiken und Chöre zu komponieren. Mit diesem Werk war sowohl Mozarts wie Schikaneders Beziehung zu Ägypten hergestellt! Jahre später – die Wissenschaft hatte sich inzwischen der Erforschung dieser Altertümer angenommen – wurde – wie im Rokoko die Chinoiserien und später alles Türkische – nun das Ägyptische Mode!

Zufälle spielen im Leben – warum nicht auch in der Entstehungsgeschichte bedeutsamer Werke? – eine gewisse Rolle: Sehr wahrscheinlich hatte Mozart im „Journal für Freymaurer“ Ignaz von Borns Vortrag „Über die Mysterien der Ägypter“ gelesen. Es gäbe keinen Grund, diese Arbeit Schikaneder nicht zugänglich gemacht zu haben. Es ist dabei nicht wesentlich, wer wen zu einer gemeinschaftlichen Arbeit animiert hat. Zwei Künstler beschlossen ein gemeinsames Werk – beide in der Hoffnung, damit Geld zu verdienen. Alle Welt weiß, daß es Mozart finanziell nicht eben gut ging – und Schikaneder war ein Theatermann, der für sich und sein Ensemble Geld verdienen mußte. Dazu war es notwendig, dem Publikumsgeschmack zu entsprechen. Und Zauberopern, die in geheimnisumwitterten Ländern spielten, waren gerade en vogue. „Oberon“ wurde schon genannt, am Leopoldstädter Theater feierte „Kasperl, der Fagottist oder die Zauberzither“ (Text von Joachim Perinet, Musik von Wenzel Müller) große Erfolge! Mozart kannte dieses Stück! Vielleicht hat ihm auch Lorenzo Da Ponte von der in Dresden aufgeführten freimaurerischen Oper „Osiris“ (Musik von J. G. Naumann) erzählt.

Die Kreise werden immer enger. Es gibt kein Dokument, keinen Brief (hätte Mozart doch nur ans „Nannerl“ darüber geschrieben!), die uns Aufschluß über den tatsächlichen Vorgang, der zur Komposition dieser Oper führte, geben könnten. Es ist ja auch nicht belegbar, ob und inwieweit Mozart überhaupt Einfluß auf Inhalt und Text genommen hat. Man kennt „literarische“ Äußerungen des Komponisten: seine schlüpfrigen Gedichte und Briefe an das Bäsle in Augsburg, die Elegie auf sein verstorbenes Starl (1787) und die gereimten Zeilen, die er seiner Schwester anläßlich ihrer Hochzeit (1784) schrieb! Natürlich verstand er als Komponist etwas vom Wort-Ton-Zusammenspiel und als Musikdramatiker auch seinen Teil von der notwendigen Dramaturgie. Nichts spricht also gegen ein Eingreifen Mozarts in den Textablauf der „Zauberflöte“, aber – wie gesagt – nichts bietet einen Hinweis darauf.

Die Kompositionsarbeit begann etwa im März 1791. Da mußte das Buch fertig gewesen sein. Die gemeinsamen Logenjahre mit Born lagen lange Zeit zurück, aber die Erinnerung an diesen großen Mann mag bei Mozart immer noch wach gewesen sein, um ihn mit der Gestalt des Sarastro in Einklang zu bringen.

Es würde zu weit führen, die Vielzahl der analytischen Vermutungen über die Herkünfte der einzelnen Figuren dieser Oper zu verfolgen, alle hypothetischen Annahmen über Logik oder Unlogik des Handlungsablaufes nachzuvollziehen. Es scheint, als hätte sich die forschende Nachwelt viel zu sehr den Kopf zerbrochen, geheimnisvolle Hintergründe aufzuspüren oder zu erfinden, an die Schikaneder überhaupt nicht gedacht hat. Ihm war sicher wichtig, effektvolle Szenen (wie sie ihm wohl mit den Auftritten der Königin der Nacht gelungen sind), publikumsnahe Gestalten (eine Traumrolle hat er sich selbst mit dem Papageno geschrieben), ein liebendes Paar, das nach gefährlichen Prüfungen zusammenfindet (Pamina und Tamino), einen bestrafbaren Bösen (Monostatos), eingebettet in eine ägyptisch anmutende Geheimbundwelt (für die das Freimaurertum und auch andere, wie Illuminaten, Rosenkreuzer und Asiatische Brüder, die Idealvorlagen lieferten) und einen weisen, würdigen und „die Herzen leitenden“, ehrfurchtsgebietenden Priester (Sarastro, dessen Name sich von Zarathustra herleitet!) auf seine Bühne zu bekommen. Überschaut man die „Zauberflöte“ zunächst nur dem Text und dem Handlungsablauf nach, ist einfach zu erkennen, daß da ein überaus wirksames Stück vorliegt, welches man in der damaligen Zeit bestimmt auch erfolgreich als Sprechstück hätte aufführen können. Freilich hätte es dann, wenn überhaupt, das erste Jahrzehnt des 19. Jahrhunderts nicht überdauert.

Mozart, dessen Bild als Mensch und Künstler in den letzten Jahrzehnten des „Perückenzopfes“ und der Wunderkindherzigkeit entrückt worden ist, hat nun dieses ihm gewiß imponierende Libretto in wahrer Meisterlichkeit mit einer Musik erfüllt, die alle Register seines kompositorischen Genies umfaßt. Die scheinbare Leichtigkeit der Papageno-„Volkslieder“, die Empfindsamkeit, die den Pamina-Arien (etwa der in g-moll) entströmt, das an das „Requiem“ heranreichende Duett der zwei Geharnischten, die lyrischen Arien, die dem Tamino zugeordnet wurden, die rasanten Bravourkoloraturen der Königin der Nacht, die gewaltigen Priesterchöre (denen im Gesamtwerk nichts an die Seite zu stellen ist!) und die „Freimaurer“arien des Sarastro!

Da hier wieder dieser Bund angesprochen wurde, scheinen einige Zitate aus dem hervorragenden Buch „Die Zauberflöte“ von Alfons Rosenberg geeignet: „Gemeinhin wird die Zauberflöte als eine Verherrlichung des Freimaurerbundes angesehen. Die Ansichten widersprechen sich allerdings. So bestreitet Leopold Conrad die Herkunft der Zauberflöte aus der Ideologie des Freimaurertums. Er polemisiert gegen die Auffassung Aberts . . . als ‚Verherrlichung der Freimaurerei‘ und spricht die Überzeugung aus, daß die Vorliebe für fingierte Mysterien, für das ägyptische Lokalkolorit, für Einweihungen, Prüfungen und geheimnisvolle Meister ganz allgemein zur literarischen Mode der Entstehungszeit . . . gehören.“

Conrad hat den Zeitgeschmack richtig erkannt, er läßt aber die maurerischen Kenntnisse der beiden „Verfasser“ außer acht. Es hat da eben beides stattgefunden: die Zugehörigkeit (wie auch immer) zum Bund und das Wissen um die zeitbedingte Anfälligkeit des Publikums für das Geheimnisvolle. Wer möchte denn nicht gerne erfahren, was hinter „Geheimnissen“ steckt?!

Wieder zu Rosenbergs Buch: „Außerhalb des Bundes war Leopold von Sonnleithner einer der ersten, welche die freimaurerische Herkunft der Zauberflöte vertraten. Ihm folgten in polemischer Absicht der Schriftsteller G. Fr. Daumer, der Leipziger Prediger und Freimaurer-Historiker M. A. Zille oder der Jesuit J. Kreitmayer, der den Text der Zauberflöte ‚geist- und poesielos‘ und eine ‚willkommene Propaganda für den Orden der Freimaurer‘ nannte . . . während Hans Merian in ‚Mozarts Meisteropern‘ darlegt, daß Mozart nur einen Teil des äußeren Rituals von den Freimaurern übernommen habe.“ (Wieso Mozart? Das Buch stammte doch von Schikaneder!) „Allerdings haben die bedeutendsten Interpreten der Zauberflöte in diesem Jahrhundert, wie B. Paumgartner, L. Schiedermair, H. Abert, die Herkunft des Werkes aus dem Umkreis des Freimaurerbundes als selbstverständlich erachtet, während

A. Einstein das Freimaurerische ... nachdrücklich hervorgehoben hat."

Wo aber bleibt in all diesen Auseinandersetzungen Ignaz von Born? Die einzelnen Mozartbiographen und -forscher reagierten auf diese Frage höchst unterschiedlich. Entweder sie befaßten sich damit überhaupt nicht (Karl Storck 1908 oder Roland Tenschert 1941), oder sie verhielten sich unbestimmt wie Erich Schenk (1975), der schrieb: „Born ... dem der Meister bekanntlich im Sarastro ein Denkmal gesetzt hat ... sein ‚Porträt' erlebte er nicht mehr." Oder Arthur Hutchings (1976), von dem Born „symbolisch als weiser und tugendhafter Sarastro" apostrophiert wurde. Wolfgang Hildesheimer (1977) machte in seinem „Erfolgsbuch" Born zum „Präsidenten der Wiener Logen" (!), meinte zum Logenaustritt, die Gründe wären „rätselhaft und unbekannt", sein „Tod ist von Geheimnis verhüllt", er fand „keine Erwähnung in den Gazetten" (!) – und: „Sollte Born wirklich das Vorbild des Sarastro sein, so wohl nur deshalb, weil Giesecke dem verehrten Lehrer (?), allen Anfechtungen zum Trotz, ein Denkmal setzen wollte. In diesem Fall also wäre die symbolische Verschlüsselung ... nicht das Werk Schikaneders, der ... aus unbekannten Gründen aus seiner Regensburger Loge entfernt worden war ... Somit wäre Giesecke ... der ‚Schöpfer des Sarastro'."

Schon diese kleine Auswahl läßt erkennen, daß die Ansichten über die These, daß Ignaz von Born „Das Urbild des Sarastro" gewesen sei, als welches ihn vor allem Edwin Zellweker (der seiner Bornbiographie diesen Titel gab!) populär gemacht hat, umstritten, vor allem aber unbelegbar war und ist. In diesem Buch findet sich (bei allem wichtigen und verdienstvollen Inhalt) nur der Satz: „... lebt seine (Borns) Gestalt, wenn auch kryptonym, noch heute, und zwar im Sarastro!" Zellweker gibt zu, daß diese Behauptung auf Moritz Alexander Zille zurückgeht, der 1865, „also mehr als zwei Menschenalter nach dem Ableben Borns und Mozarts", diese getroffen hatte. Etwas vage erscheint daher der Zusatz Zellwekers, „irgend eine mündliche Tradition (!) muß noch überlebt haben". Ausgehend von der Feststellung, daß Sarastro das „Abbild" einer bedeutenden Freimaurergestalt Wiens sein müßte, engt der Autor (sehr subjektiv) auf drei Personen ein: „Dietrichstein war ein Lebemann, ein bißchen indolent (!), innerlich schwach, sehr liebenswürdig . . . Gebler behäbig, jovial und ohne Feinde. Weder mit Gebler noch mit Dietrichstein verbanden Mozart enge persönliche Beziehungen. Solche bestanden nur zu Born (?) . . . ob Mozart wirklich am Krankenbett gestanden ist, wie vermutet wurde, sei dahingestellt. Aber die Behauptung, daß Sarastro das künstlerische Denkmal war, das Schikaneder – Mozart dem toten Meister errichteten, ist kaum zu bezweifeln." (!) Eine Reihe solcher Feststellungen zu treffen und dafür keinen einzigen dokumentarischen Beweis zu liefern erscheint nicht statthaft.

Wenden wir uns aber einer fundierten musikanalytischen Erklärung Paul Nettels zu, in der es heißt: „Es ist natürlich, daß freimaurerische und allgemeine humanistische Ideen, wie sie Mozart damals erfüllten, Einfluß auf den musikalischen Stil haben mußten. Die in dem weihevollen Es-Dur erklingenden drei Akkordschläge, mit denen die Ouvertüre beginnt, können entweder als Stilisierung des Lehrlings- (UU–) oder des Meisterrhythmus (– – –) aufgefaßt werden . . . Der Lehrlingsrhythmus ertönt dreimal, genau wie in der Loge, wie denn die Zahl drei auch im reinen Musikalischen der Oper eine Rolle spielt . . . Kultische Musik findet man im Priestermarsch, wo wie in magischer Wirkung der Mozartsche Trugschluß und die mystisch wirkenden Sextakkordfortschreitungen für die kultischen Szenen charakteristisch sind."

Schließen wir mit einer 1976 neu aufgetauchten Vermutung, die Alfons Rosenberg in seinem Mozartbuch „Der verborgene Abgrund" festhält: „. . . aus edler Gesinnung Kaiser Leopold II., der vermutliche Protektor der ‚Zauberflöte' und Vorbild der Gestalt Sarastros . . ." (?)

Doch es ist wirklich nicht so wichtig, welche bedeutende Gestalt dieser Sarastro zum Vorbild hatte, wenn es eine solche überhaupt gegeben hat, er ist und bleibt eine bewunderte Idealfigur . . .

. . . und eine solche war (vielleicht mit kleinen Einschränkungen) auch Ignaz von Born.

Ein so sehr auf die hilfreiche Mitarbeit eines fachkundigen Personenkreises angewiesenes Buch bedarf einer

Danksagung!

Ohne daß die Reihung von Bedeutung sei, muß ganz herzlich gedankt werden: den Damen und Herren Bibliothekaren der Österreichischen Nationalbibliothek, besonders Dr. Hermann Frodl; dem angeschlossenen Bildarchiv/Porträtsammlung und der Leihstelle; der Wiener Stadt- und Landesbibliothek, vor allem Direktor Hofrat Dr. Franz Patzer und Oberbibliotheksrat Mag. Herwig Würz; vom Wiener Stadt- und Landesarchiv Univ.-Doz. Dr. Peter Csendes; dem Haus-, Hof- und Staatsarchiv, besonders Frau Dr. Thomas; dem Kriegsarchiv; dem Hofkammerarchiv unter Direktor Dr. Gottfried Mraz; weiters der diplomatischen Vertretung Österreichs in Prag, dem inzwischen in Ruhestand getretenen Dr. Willy Lorenz, der stets auskunfts- und hilfsbereiten Dr. Edith Rosenstrauch, Direktor Hofrat Dr. Oliver Paget (vom Naturhistorischen Museum), Prof. Dr. Alexander Giese, Dr. Ernst Schönmann, Reg.-Rat Rudolf Pohl (in Fragen der österreichischen Freimaurer); dem mineralogisch und historisch so wissenden Ehepaar Simone und Peter Huber (Wiener Neustadt); Herrn Prof. Dr. Rudolf Taschner für die Auffindung und Bereitstellung des Versteigerungskataloges von Borns Bibliothek; Herrn Dr. Rudolf von Unterrichter (Brixen) für die Reproduktionserlaubnis des Fotos aus Alt-Sedlitsch.

Dr. Dolf Lindner

Bildquellen

Kriegsarchiv Wien (1)
Österreichische Nationalbibliothek: Bildarchiv (21), Handschriftensammlung (1)
Universitätsarchiv Wien (1)
Wiener Stadt- und Landesbibliothek (3)
Privatsammlungen:
S. u. P. Huber (4), D. Lindner (7), R. v. Unterrichter (1), V. Vitali (1)

Literaturverzeichnis

Werke von Born

„Index Fossilium quae collegit, et in Classes ac Ordines disposuit Ignatius S. R. I. Eques a Born", 2 Bde., Prag 1772 und 1775
„Die Staatsperüke. Eine Erzählung", Wien 1772
„Schreiben an Franz Grafen von Kinsky, über einen ausgebrannten Vulkan bei Eger", Prag 1773
„Briefe über Mineralogische Gegenstände, auf seiner Reise durch das Temeswarer Bannat, Siebenbürgen, Ober- und Nieder-Hungarn an den Herausgeber derselben Johann Jacob Ferber", Frankfurt/Leipzig 1774
„Index Rerum Naturalium Musei Caesarei Vindobonensis", Pars I.: Testacea, Wien 1778
„Testacea Musei Caesarei Vindobonensis, quae jussu Mariae Theresia Augustae disposuit et descripsit Ignatius a Born, Equ.", Vindobonae 1780
„Der Klostergeist geschildert in der Untersuchung der Hindernisse einer Verbesserung des Kirchenwesens", Wien 1781 (Autorschaft unsicher)
„Neueste Naturgeschichte des Mönchthums von P. Ignaz Lojola Kuttenpeitscher", „in Oesterreich" 1783
„Specium Monachologiae Methodo Linnaeana", o. O. 1783
„Opuscula Continent Monachologiam; Accusationem Physiophili", o. O. 1784
„Versuch einer Mönchologie nach Linnäischer Methode", Wien 1786
„Über das Anquicken der gold- und silberhältigen Erze, Rohsteine, Schwarzkupfer und Hüttenspeise", Wien 1786
„Catalogue Methodique et Raisonné de la Collection des Fossiles de Mlle. Éléonore de Raab", 2 Bde., Wien 1790

Werke, von Born herausgegeben

Poda, Nicolaus von, „Kurzgefasste Beschreibung der, bey dem Bergbau zu Schemnitz in Nieder-Hungarn errichteten Maschinen. Herausgegeben von Ignatz Edlem von Born", Prag 1771
„Prager gelehrte Nachrichten", 2 Bde., Prag 1771–1772
Ferber, Johann Jacob, „Briefe aus Wälschland über natürliche Merkwürdigkeiten dieses Landes an den Herausgeber derselben Ignatz Edlen von Born", Prag 1773

Abhandlungen einer Privatgesellschaft in Böhmen, zur Aufnahme der Mathematik, der vaterländischen Geschichte, und der Naturgeschichte. Zum Druck befördert von Ignatz Edlen von Born", 6 Bde., Prag 1775–1784
Kern, Johann Gottlieb, „Vom Schneckensteine oder dem sächsischen Topasfelsen. Zum erstenmal herausgegeben und mit Anmerkungen vermehrt von Ignatz Edlen von Born", Prag 1776
Gruber, Tobias, „Briefe hydrographischen und physikalischen Inhalts aus Krain an Herrn Ignatz Edlen von Born", Wien 1781
„Physikalische Arbeiten der einträchtigen Freunde in Wien. Aufgesammelt von Ignatz Edlen von Born", 2 Bde., Wien 1783–1788
„Journal für Freymaurer", 3 Jge., Wien 1784–1787
„Bergbaukunde. Herausgegeben von Ignatz von Born und Heinrich von Trebra", 2 Bde., Leipzig 1789–1790

Außerdem publizierte Ignaz von Born wissenschaftliche Beiträge für nachstehend angeführte Zeitschriften und Sammelbände:
Abhandlungen einer Privatgesellschaft in Böhmen, Prag 1775–1784
Journal für Freymaurer, Wien 1789–1790
Crells chemische Annalen, Helmstädt 1784–1791

Verwendete Literatur

Abafi, L., Geschichte der Freimaurerei in Österreich-Ungarn, Budapest 1893
Allgemeine Deutsche Biographie, 56 Bde., Leipzig 1875–1912
Allgemeine österreichische Freimaurer-Zeitung, Wien 1874–1938

Bauer, W. A./O. E. Deutsch, Mozart. Briefe und Aufzeichnungen, Gesamtausgabe, 7 Bde., Kassel 1962–1971
Baur, S., Gallerie historischer Gemälde, Leipzig 1804
Baur, S., Gallerie der berühmtesten Personen des 18. Jahrhunderts, Leipzig 1805
Beiträge zu einer Geschichte der Freimaurerei in Österreich, Regensburg 1868
Beran, J., Briefe Ignaz Borns an D. G. Schreber und J. Ch. Schreber, Prag 1971
Besetzny, E., Die Sphinx. Freimaurerisches Taschenbuch, Wien 1873
Bock, Ch. W., Sammlung von Bildnissen gelehrter Männer und Künstler nebst kurzen Biographien derselben, 2 Bde., Nürnberg 1791–1797,
Bodi, L., Tauwetter in Wien. Zur Prosa der österreichischen Aufklärung 1781–1795, Frankfurt 1977

Brabbée, G., Sub Rosa, Wien 1879
Brunner, S., Die Mysterien der Aufklärung in Österreich. 1770–1780, Mainz 1869
Brunner, S., Theologische Dienerschaft unter Josef II., Wien 1868
Brünner Zeitung, Brünn 1786–1789
Burg, H., Der Bildhauer Franz Anton Zauner und seine Zeit, Wien 1915
Büsching, A. F., Große Erdbeschreibung, Bd. 6, Troppau 1785
Büsching, A. F., Beiträge zur Lebensgeschichte denkwürdiger Personen, 6 Tle., Halle 1783–1789

Cefarin, R., Kärnten und die Freimaurerei, Wien 1932
Cotta, B. v., Die Erzlagerstätten Ungarns und Siebenbürgens, Freiberg 1862
Crell, L. v., Chemische Annalen, Helmstädt 1784 ff.
Czeike, F., Geschichte der Stadt Wien, Wien 1974
Czeike, F. (Hrsg.), Das große Groner Wien Lexikon, Wien 1981

Delius, Ch. T., Anleitung zur Bergbaukunst, o. O. 1773
Deutsch, A., Sammlung von Wiener Schattenrissen, Wien 1928
Deutsch, A., Ignaz von Born. Sep.-Abdr. aus „Das Freimaurer-Museum", Bd. 6, Leipzig 1931
Deutsch, O. E., Mozart und die Wiener Logen, Wien 1932
Dobrowsky, J., Neuere Abhandlungen der königl. böhm. Gesellschaft der Wissenschaften, Prag 1791–1798
Duhr, B., SJ., Geschichte der Jesuiten in den Ländern deutscher Zunge, München 1928
Dülmen, R. van, Der Geheimbund der Illuminaten, Stuttgart 1975

Engels, A., Maria Anna, eine Tochter Maria Theresias, Phil. Diss., Wien 1964
Evans, R. J. W., Über den Ursprung der Aufklärung in den habsburgischen Ländern, in: Das 18. Jahrhundert in Österreich, Bd. 2, Wien 1985

Fabritius, K., Namen und Verwendung der Jesuiten, welche von 1730–1773 in siebenbürgischen Ordenshäusern wirkten, in: Archiv des Vereines für siebenbürgische Landeskunde, NF. Bd. 11, H. II, Hermannstadt 1873
Faller, G., Gedenkbuch zur hundertjährigen Gründung der Berg- und Forstakademie in Schemnitz, Wien 1770–1870
Faller, G., Geschichte der Bergakademie in Schemnitz, in: Berg- und Hüttenmännisches Jahrbuch der k. k. Schemnitzer Bergakademie für 1867, Wien 1868

Fekete de Galatha, J., Wien im Jahre 1787, Wien 1922
Ferber, J. J., Neue Beiträge zur Mineralgeschichte verschiedener Länder, Bd. 1, Mietau 1778
Ferber, J. J., Physikalisch-Metallurgische Abhandlung über die Gebirge und Bergwerke in Ungarn, Berlin 1780
Ferber, J. J., Ist es vorteilhafter die silberhältigen Erze und Schmelzhüttenprodukte anzuquicken als sie zu schmelzen? Leipzig 1787
Ferber, J. J., Nachricht von dem Anquicken der gold- und silberhaltigen Erze, Berlin 1787
Ferber, J. J., Briefe an Friedrich Nicolai aus Mitau u. St. Petersburg. Hrsg. v. Heinz Ischreyt, Herford 1974
Fessler's Rückblick auf seine siebzigjährige Pilgerschaft, Breslau 1824
Festschrift der Groß-Loge von Österreich, Wien 1967
Fitzinger, L. J., Geschichte des k. k. Hof Naturalien Cabinets zu Wien, in: Sitzungsberichte der Akademie der Wissenschaften in Wien, mathem.-naturwiss. Klasse, Bd. 21, Wien 1856
Forster, G., Tagebücher, in: Deutsche Literaturdenkmale, Bd. 149, Berlin 1914
Fragoso de Siqueira, J. P., Beschreibung aller Amalgamir- und Schmelzarbeiten die auf der Halsbrücke bei Freiberg in Gebrauch sind, Dresden 1800
Full (Ps.), Briefe über den gegenwärtigen Zustand der Literatur, Wien 1788

Geisler, A. F., Skizen aus dem Charakter und Handlungen Josefs II., Halle 1783–1791
Gmelin, J. F., Grundriß der Mineralogie, Göttingen 1790
Gmelin, J. F., Anfangsgründe der Naturgeschichte, Göttingen 1791
Gonord, G., Silhouetten aus dem Jahre 1781. Hrsg. v. Viktor Klarwill, Wien 1922
Göttingische Anzeigen von gelehrten Sachen, Göttingen 1753–1798
Gräffer, F., Kleine Wiener Memoiren, Wien 1845
Gräffer, F., Dosenstücke, 2. Ausg., Wien 1852
Gräffer, F., Josephinische Curiosa, Wien 1848
Gräffer, F., Historische Raritäten oder Magazin seltener Memoiren und Aktenstücke, Wien 1819–1828
Gräffer, F., Porträten-Gallerie berühmter Ärzte und Naturforscher, Wien 1837
Groth, P. H., Entwicklungsgeschichte der mineralogischen Wissenschaften, Berlin 1926
Gugitz, G., Casanova und Graf Lamberg, Wien 1935

Hacquet, B., Mineralogische Reise von d. Berge Terglou in Krain, zu d. Berge Glockner in Tyrol im Jahre 1779–1781, Wien 1784

Haidinger, C., Eintheilung der k. k. Naturaliensammlung zu Wien, Wien 1782

Harrer-Lucienfeld, P., Wien, seine Häuser, Menschen und Kultur. Typoskript, Wien 1942

Haubelt, J., Studie o Ignáci Bornovi, Prag 1972

Hettner, H., Georg Forsters Briefwechsel mit S. Th. Sömmering, Braunschweig 1877

Hildesheimer, W., Mozart, Frankfurt 1977

Hoensbroech, P. v., Der Jesuitenorden, Bern/Leipzig 1296

Hof- und Staats-Schematismus, der k. k. Haupt- und Residenzstadt Wien, Wien 1785–1804

Hofer, P., Ignaz von Born. Leben – Leistung – Wertung. Phil. Diss., Wien 1955

Hoffinger, J. G., Sendschreiben über den Einfluß der Anquickung der gold- und silberhaltigen Erze auf die Gesundheit der Arbeiter, Wien 1791

Hormayr, J., Österreichischer Plutarch, Bd. 9, Wien 1807

Hormayr, J., Taschenbuch für die vaterländische Geschichte, Wien 1811–1821

Huber, S. u. P., Zur Tradition des Mineraliensammelns im Raume Wien, in: Mitteilungen der Österreichischen Mineralogischen Gesellschaft, Nr. 128, Wien 1981/82

Huber, S. u. P., Nagyág – Sacarimb. Goldbergbau in Siebenbürgen, in: Lapis, Jg. 8 (1983), Nr. 10

Huber, S. u. P., Ignaz von Born, in: Die Eisenblüte, NF. Jg. 7 (1986), Nr. 1

Humboldt, A. v., Versuch über den politischen Zustand des Königreichs Neu-Spanien, Tübingen 1809

Innerkofler, A., Eine große Tochter Maria Theresias, Erzherzogin Marianna, Innsbruck 1910

Jakob, H. E., Haydn. Seine Kunst. Seine Zeit. Sein Ruhm, Hamburg 1952

Junaschek, G., Die publizistische Tätigkeit der Freimaurer zur Zeit Joseph II. in Wien. Phil. Diss., Wien 1964

Kachelmann, J., Das Alter und Schicksal des ungarischen zunächst Schemnitzer Bergbaues, Preßburg 1870

Kalousek, J., Geschichte der kgl. Böhmischen Gesellschaft der Wissenschaften, Prag 1885

Keil, R., Wiener Freunde 1784–1808, Wien 1883

Kelle, J., Die Jesuitengymnasien in Österreich, Prag 1873
Kink, R., Geschichte der kaiserlichen Universität zu Wien, Wien 1854
Kinsky, F. Graf, Erinnerungen über einen wichtigen Gegenstand in Böhmen, Prag 1773
Klapproth, H., Chemisches Wörterbuch, Berlin 1807
Kloss, G., Die Freimaurerei in ihrer wahren Bedeutung aus den alten und echten Urkunden der Steinmetzen, Masonen und Freimaurer, Leipzig 1846 (Nachdruck Graz 1970)
Klotz, Ch. A., Über den Nutzen und Gebrauch der alten geschnittenen Steine und ihre Abdrucke, Atenburg 1768
Knoll, Ph., Deutsche Wissenschaft in Böhmen, in: Deutsche Arbeit in Böhmen, Berlin 1900
Kobell, F. v., Geschichte der Mineralogie, München 1864
Komorzynsky, E., Emanuel Schikaneder, Wien 1951
Kopetzky, F., Joseph und Franz von Sonnenfels, Wien 1882
Kopf, H., Die Alchemie in älterer und neuerer Zeit, Heidelberg 1886
Kratter, F. (anonym), Drey Briefe über die neueste Maurer-Revolution in Wien, Wien 1785
Kratter, F., (anonym), Freymaurer Auto da Fé in Wien, Wien 1786
Krivanec, E., Die Loge „Aux Trois Canons“ in Wien (1742–1743), in: Quatuor Coronati, Jahrb. Nr. 12, Bayreuth 1975
Kuéss, G./B. Scheichelbauer, 200 Jahre Freimaurer in Österreich, Wien 1959
Kulka, M., Aus den Protokollen der Wiener Loge „Zur Wahren Eintracht“ 1780–1785, in: Wiener Freimaurer Zeitung 1926/27
Kurzböck, J. v., Neueste Beschreibung Wiens, Wien 1786
Kurzböck, J. v., Neuester wienerischer Wegweiser von 1792, Wien 1792

Lackner, F., Die Jesuitenprofessoren an der phil. Fakultät der Wiener Universität von 1712 bis 1773, Wien 1976
Lang, K. H. v., Memoiren, Braunschweig 1842
Latomia, Freimaurerische Vierteljahrs-Schrift (ab 1868: Freimaurerisches Jahrbuch, Leipzig 1842–1873)
Lennhoff, E./O. Possner, Internationales Freimaurer-Lexikon, Wien 1932 (Nachdruck Wien 1975)
Lessing, E. (Hrsg.), Die Übungslogen der gerechten und vollkommenen Loge „Zur Wahren Eintracht“ im Orient zu Wien 1782–1785, Wien 1984
Lewis, L., Geschichte der Freimaurerei in Österreich im Allgemeinen und der Wiener Loge zu St. Joseph insbesondere, Wien 1861
Liebig, J., Handbuch der Chemie, Heidelberg 1843
Lindner, D., Der Mann ohne Vorurteil. Joseph von Sonnenfels (1733–1817), Wien 1983

Linger, K. F., Denkwürdigkeiten aus dem Leben des k. k. Hofrathes Hr. Gottfried Brettschneider (1739–1819). Wien/Leipzig 1892

Lockemann, G., Geschichte der Chemie, Berlin 1950

Lorenzi, E. (Hrsg.), Das Logenbuch der Loge „Zur Wahren Eintracht". Quellen zur freimaurerischen Geschichtsforschung, in: Quatuor Coronati Or., Wien 1979

Luca, I. de, Das gelehrte Österreich, 2 Bde., Wien 1776

Luca, I. de, Wiens gegenwärtiger Zustand unter Josephs Regierung, Wien 1787

Magazin der Literatur von Böhmen u. Mähren. Hrsg. v. Z. Dobrovsky, Prag 1786–1787

Magazin für die höhere Naturwissenschaft und Chemie, 2 Bde., Tübingen 1784–1787

Magenschab, H., Josef II. Revolutionär von Gottes Gnaden, Graz 1979

Mährisches Magazin, Brünn 1792

Mayer, J., Abhandlungen der böhmischen Gesellschaft der Wissenschaften, Prag 1785–1891

Mayer, J., Sammlung physikalischer Aufsätze besonders d. böhm. Naturgeschichte betreffend, Dresden 1791

Meister, R., Geschichte der Akademie der Wissenschaften in Wien, Wien 1947

Meusel, J. G., Über Kaiser Joseph II., Leipzig 1790

Mikoletzky, L., Kaiser Joseph II. Herrscher zwischen den Zeiten, Göttingen 1979

Müller, J., Nachricht von den in Tyrol entdeckten Turmalinen an I. v. Born, Wien 1778

Müller, W., Josef von Sonnenfels, Wien 1882

Münter, F., Aus den Tagebüchern. Hrsg. v. O. Andreassen, Kopenhagen/Leipzig 1982

Nettl, P., W. A. Mozart. Als Freimaurer und Mensch, Hamburg 1932

Nettl, P., Mozart und die Königliche Kunst, Berlin 1956

Nicolai, F., Beschreibung einer Reise durch Deutschland und die Schweiz im Jahre 1781, 4 Bde., Berlin 1784

Nowotny, E., Geschichte des Wiener Hofspitals, in: Verein für Landeskunde von Niederösterreich und Wien, Bd. 23, Wien 1978

Österreichische Biedermannschronik, Wien 1784

Peithner v. Lichtenfels, Th., Erste Gründe der Bergwerkswissenschaften, Prag 1770

Peithner v. Lichtenfels, Th., Versuch über die Geschichte der Böhm.-Mähr. Bergwerke, Wien 1780
Pelzel, F. M., Böhmische, mährische und schlesische Gelehrte und Schriftsteller, Prag 1786
Pezzl, J., Lebensbeschreibung des Fürsten Raimund Montekukuli, des Fürsten Wenzel Lichtenstein u. des Hofraths Ignatz von Born, Wien 1792
Pezzl, J., Charakteristik Josephs II., Wien 1790
Pezzl, J., Neueste Beschreibung von Wien, Wien 1823
Poda, N., Verzeichniß der Foßilien i. d. zur allgem. Oekonomie gewidmeten Gebäude der k. k. Theresianischen Akademie, Wien 1776
Ponty, F. de, Verzeichnis der Häuser in der Stadt Wien, Wien 1779
Proft, E., Kammerbühel und Eisenbühel, die Schicht-Vulkane des Egerer Beckens in Böhmen, in: Jahrbuch der K. K. Geologischen Reichsanstalt, Bd. 44 (1894)
Przedak, A. G., Geschichte des deutschen Zeitschriftenwesens in Böhmen, Heidelberg 1904

Realzeitung der Wissenschaften, Künste und Commerzien, Wien 1770–1786
Reinalter, H., Aufklärung, Bürgertum und Revolution, Innsbruck 1978 (= Innsbrucker historische Studien, Bd. 1)
Reinalter, H., Aufklärung, Freimaurerei und Jakobinertum in der Habsburger Monarchie, in: Jakobiner in Mitteleuropa, hrsg. von Helmut Rainalter, Innsbruck 1977
Reinalter, H. (Herausgeber und Mitautor), Freimaurer und Geheimbünde im 18. Jahrhundert in Mitteleuropa, Frankfurt 1983
Richter, J., Die Eipeldauer Briefe 1785–1813. Hrsg. v. E. v. Pannel, 2 Bde., München 1917
Richter, J., Gedanken eines Profanen über die jetzige Reform des Freimaurer-Ordens, Wien 1786
Richter, J., Briefe aus dem Himmel über die Freymaurerrevolution in Wien, Wien 1786
Rollet, H. (Hrsg.), Briefe von Sonnenfels, Wien 1874
Rosenberg, A., W. A. Mozart. Der verborgene Abgrund, Zürich 1976
Rosenberg, A., Die Zauberflöte. Geschichte und Deutung, München 1981
Rosenstrauch-Königsberg, E., Freimaurerei im Josephinischen Wien, Wien 1975
Rosenstrauch-Königsberg, E., Eine freimaurerische Akademie der Wissenschaften in Wien, Duisburg 1979 (= Duisburger Hochschulbeiträge, Bd. XII)

Rosenstrauch-Königsberg, E., Ausstrahlungen des Journals für Freimaurer, in: Beförderer der Aufklärung in Mittel- und Osteuropa, Berlin 1979

Rosenstrauch-Königsberg, E., Präjakobinische Geheimbünde in der Habsburger Monarchie, in: Die demokratische Bewegung in Mitteleuropa im ausgehenden 18. und frühen 19. Jahrhundert. Tagungsbericht, Berlin 1980

Rosenstrauch-Königsberg, E., Freimaurer, Illuminat, Weltbürger. Friedrich Münters Reisen und Briefe in ihren europäischen Bezügen, Berlin 1984

Sanders, H., Beschreibung seiner Reisen, Teil 2, Leipzig 1784

Sashegyi, O., Zensur und Geistfreiheit unter Joseph II. Beitrag zur Kulturgeschichte der Habsburger Länder, Budapest 1958 (= Studia Historica Academiae Scientiarum Hungaricae, 16)

Schaller, J., Topographie des Königreiches Böhmen, Prag/Wien 1788

Schindler, N., Der Geheimbund der Illuminaten: Aufklärung, Geheimnis und Politik, in: Freimaurer und Geheimbünde im 18. Jahrhundert in Mitteleuropa, Frankfurt am Main 1983

Schlesinger, L., Geschichte Böhmens, Prag 1869

Schlichtegroll, F., Nekrolog für 1791, 2. Jg., Bd. 2, Gotha 1793

Schlözer, L. A., Privat-Sammlung zur Geschichte der Deutschen in Siebenbürgen, Göttingen 1795

Schmidt, W., Die Jesuiten in Karlsburg, in: Archiv für Siebenbürgische Landeskunde, NF. 7, Bd. I, H. 2, Kronstadt 1866

Schmiederer, K. Ch., Geschichte der Alchemie, Halle 1832

Schönmann, E., Bruder Haydn, in Baustücke der Forschungsloge Quatuor Coronati, Wien 1982–1983

Schönmann, E., Das kaiserliche Handbillet, in: Festschrift 25 Jahre Libertas, Wien 1985

Schottky, J. M., Prag wie war und wie es ist, 2 Bde., Prag 1832

Schwarz, I., Geschichte der Wiener Apotheken, Bd. 2, Wien 1919

Senft, E., Geschichte der Herrschaft und Stadt Plan in Böhmen, Plan 1876

Sichelschmidt, G., Friedrich Nicolai. Geschichte seines Lebens, Herford 1971

Sonnenfels, J. v., Ankündigung einer deutschen Gesellschaft, Wien 1761

Sonnenfels, J. v., Briefe, siehe H. Rollet

Stanescu, H., Ignaz von Born, in: Österreich in Geschichte und Literatur, H. 7, Wien 1970

Steiner, G., Freimaurer und Rosenkreuzer: Georg Forsters Weg durch Geheimbünde, Berlin (Ost) 1985

Strasser, K., Die Wiener Presse in der josephinischen Zeit, Wien 1962

Stütz, A., Beschreibung des Gold- und Silberbergwerkes zu Szekerembe bey Nagyag in Siebenbürgen, Wien 1803

Taute, R., Maurerische Bücherkunde, Leipzig 1886 (Nachdruck Graz 1971)

Vitali, V., Der Genius Bornii von Franz Anton Zauner (Manuskript)
Vlachovic, J., Die Bergakademie in Banská Stiavnica (Schemnitz) im 18. Jahrhundert, Bratislava 1964 (= Studia Historica Slovaca, 2)

Wandruszka, A., Leopold II., 2 Bde., Wien 1965
Weiss, J. C. Gründlicher Beweiß, Daß die Vestung Carlsburg . . ., 1731 (Handschrift im Kriegsarchiv, Wien)
Weißensteiner, J., Zeittafel 1780–1790 Kaiser Joseph II. und die Kirche, in: Josephinische Pfarrgründungen in Wien. Katalog 92. Sonderausstellung im Historischen Museum der Stadt Wien, Wien 1985
Werner, R. M., Aus dem Josephinischen Wien, Geblers und Nicolais Briefwechsel 1771–1786, Berlin 1888
Wiener Freimaurer-Zeitung, Wien 1923–1931
Wienerisches Diarium, Wien 1703–1780, dann als Wiener Zeitung bis heute
Wilhelm, G., Briefe des Dichters Joh. Babt. Alxinger, in: Sitzungsberichte der Akademie der Wissenschaften in Wien, phil.-hist. Kl., Bd. 140, Wien 1899
Winkler, K. A., Die europäische Amalgamation der Silbererze und silberhaltigen Hüttenprodukte, 2. Aufl., Freiberg 1848
Winter, E., Josefinismus, Brünn 1934
Wißgrill, F. K., Schauplatz des landsässigen Nieder-Österreichischen Adels vom Herren Und Ritterstande, Bd. 1, Wien 1794
Wolfsgruber, C., Christoph Anton Kardinal Migazzi, Fürsterzbischof von Wien, Saulgau 1890
Wurzbach, C. v., Biographisches Lexikon des Kaiserthums Österreich, 60 Bde., Leipzig 1875–1891

Zellweker, E., Das Urbild des Sarastro – Ignaz von Born, Wien 1953
200 Jahre Freimaurerei in Kärnten, Klagenfurt o. J.

Personenregister